我国农业成长的融资需求与农村金融类型选择

李宏伟　著

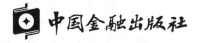

中国金融出版社

责任编辑：吕冠华
责任校对：潘　洁
责任印制：程　颖

图书在版编目（CIP）数据

我国农业成长的融资需求与农村金融类型选择（Woguo Nongye Chengzhang de Rongzi Xuqiu yu Nongcun Jinrong Leixing Xuanze）/李宏伟著 . —北京：中国金融出版社，2009.10

ISBN 978 - 7 - 5049 - 5241 - 7

Ⅰ. 我…　Ⅱ. 李…　Ⅲ. 农村金融—融资—研究—中国　Ⅳ. F832.35

中国版本图书馆 CIP 数据核字（2009）第 159350 号

出版
发行　　中国金融出版社

社址　北京市丰台区益泽路 2 号
市场开发部　（010）63272190，66070804（传真）
网 上 书 店　http://www.chinafph.com
　　　　　　（010）63286832，63365686（传真）
读者服务部　（010）66070833，82672183
邮编　100071
经销　新华书店
印刷　利兴印务有限公司
装订　平阳装订厂
尺寸　169 毫米 × 239 毫米
印张　11.5
字数　221 千
版次　2009 年 10 月第 1 版
印次　2009 年 10 月第 1 次印刷
定价　28.00 元
ISBN 978 - 7 - 5049 - 5241 - 7/F. 4801
如出现印装错误本社负责调换　联系电话（010）63263947

序

　　近年来，中国金融业为支持农村发展作出了不懈的努力和积极的贡献，通过制定金融支持政策、改革原有农村金融机构、创建新型金融机构等方式，逐步丰富和完善了农村金融服务体系，农村金融服务能力不断增强，农村金融改革取得了积极进展，但一些深层次问题仍制约着农村金融服务功能的发挥。本书选择农村金融这一中国经济金融改革中的重大问题作为研究对象，具有极强的理论意义和现实意义。

　　农村金融体系构建的逻辑起点是农村金融需求。本书从农村金融需求的分析入手，在对农村土地制度、农户预算约束、农业生产力等深入剖析的基础上，集中论述了特殊农业形态、初级农业形态、成长农业形态和现代农业形态等不同农业成长形态下的发展状况，并提出农业发展的集中形态在地域上大体呈西部、中部、东部分布，而在不同地域间或同一地域内又有所交叉。在此基础上，提出农村金融的发展应以多种形式，与不同生产力发展水平的、农业成长的融资需求相对应。

　　农村信用社是我国农村金融的主力军，在支持农村经济发展方面发挥了重要作用。从1996年以来，按照党中央、国务院的统一部署，在中国人民银行的监督管理和有关部门的大力支持下，各地农村信用社改革体制、改善管理、改进服务，各项工作取得明显成效，在支持农民、农业和农村经济发展中也功不可没，已逐步成为农村金融的主力军和联系广大农民群众的金融纽带。但是，农村信用社在产权制度、管理体制、风险防范等方面还存在诸多亟须解决的问题，严重制约了农村信用社服务"三农"作用的发挥，需要通过不断地深化改革，在发展中逐步予以解决。本书在系统分析农村金融供给的基础上，将改造农村信用社作为建立农村金融体系的重要基础展开了深入研究。

　　从农村信用社改革的历程可以看出，深化农村信用社改革，要重点解决好两个问题：一是以法人为单位，改革农村信用社产权制度，明晰产权关系，完善法人治理结构，区别各类情况，确定不同的产权形式；二是改革农村信用社管理体制，将农村信用社的管理交由地方政府负责。要解决好这两个问题，要求农村信用社必须按照现代企业管理制度要求，建立以市场为导向、以效益为中心、以发展为动力、以创新为手段，符合市场经济发展要求的、科学的、合理的激励和约束机制，切实提高经营管理水平，在同业竞争中抢占市场，筹资金、防风险、争效益，其兴衰在于自身实力和管理的优劣。因此，在当前农村信用社改革进入关键阶段，及时发现农村信用社经营管理过程中存在的问题，并对症下药，不断强化农村信用社经营管理尤为重要。

作者结合多年的工作实践，运用实证的方法，从狭义农村金融入手，全面、系统地论述和分析了我国农村信用社存在的问题及改进措施，特别是结合新一轮农村信用社改革的产权制度、管理体制和"花钱买机制"等核心问题，对改革政策设计存在的缺陷进行了评价，揭示出一些不容忽视的矛盾、难点和不足。继而提出了有实践意义的改进措施，对于我国农村信用社进一步改革提出了思考。例如，作者提出，政府职能转变是农村信用社管理体制改革的外部条件，是中国真正建立合作金融的土壤和条件；"花钱买机制"的外在资金激励机制必须与农村信用社建立健全内在激励和约束机制相结合等，都很好地实现了理论深度与实践指导的结合。

作者在借鉴美国、日本、印度等国家经验的基础上，从中国农村经济金融发展实际出发，以广义农村金融的视角，对我国农村金融类型选择政策取向进行了积极探索。作者将实现"三农"效率与公平的均衡作为选择农村金融类型的基础和出发点，指出商业性金融可以极大地促进"三农"效率的提高，政策性农村金融又能够很好地顾及"三农"公平的需求。因此，在农村金融类型选择的政策取向上应注意兼顾农村金融的效率与公平，把改造农村信用社作为建立农村金融体系的重要基础，协调正规与非正规金融，创造良好外部环境，建立农村金融体系外部保障，从而为正确研究和有效寻求适合中国国情的农村金融供给进行了积极的探索。

农村金融问题是一个"老"问题，中国农村金融虽然经历了几次重大改革，但总是没有达到预期效果。本书从一个"老"问题出发，虽然"老"，但从中细细品读总能体会出许多新意来。这是一种知识量的增长，更是一种分析思路的拓展、一种思维方式的启发。本书吸引我之处，除了我自身对农村金融问题的关注之外，更多的是其体现出作者扎实的理论基础和长期金融实践所得的真切体会。作者所坚持的从农村金融需求出发、狭义和广义金融视角下的逻辑推演，力求达到理论逻辑与历史逻辑相一致的研究风格，是本书在这一领域研究中的与众不同之处，可以说是新见迭出、别开生面。

农村金融领域问题的解决在整个中国现代化进程中具有至关重要的意义，需要理论与实践领域众多专家、学者的共同努力，需要我们长期的关注与分析。我们也期待着这一领域有更多的优秀研究作品出现。

黄小祥

2009 年 5 月 8 日

内 容 提 要

本书紧紧围绕农业成长的融资需求对农村金融类型的选择这一主题，运用相关理论的基本原理和实证方法进行了深入研究。

首先，通过建立理论分析框架，从农村金融需求入手，对影响农户融资品需求的因素进行剖析，由土地制度状况揭示出农户有无融资需求，由预算约束状况揭示出农户有对正规融资产品和非正规融资产品多样性选择的需求，由农业生产力状况揭示出怎样的农村金融产权制度和组织形式提供的融资产品能够满足农户需求等，从而为研究农村金融供给，即农村金融类型选择奠定了较好的理论基础。

其次，运用实证方法，从狭义农村金融入手，对农村信用社发展沿革和现状进行分析，特别是结合新一轮农村信用社改革的产权制度、管理体制和"花钱买机制"等核心问题，对改革政策设计存在的缺陷进行了评价。

关于产权制度问题，通过股份合作制的内容、特征以及资产专用性分析，对农村信用社在原有基础上进行的股份合作制改造提出了质疑。笔者认为在原有农村信用社基础上进行股份合作制改造不可行。因为它在建立之初和之后的发展中，从来都没有实现过劳动者与出资者的统一，反而表现为两者的分离，加之这种分离并不是自然的形成过程，而带有很强的行政色彩，使之超越了与其对应的农业成长形态，一方面，农村信用社职工可能是出资者，但绝不是农业生产的劳动者；另一方面，农村信用社可能支持出资者，但绝不是主要支持出资者。因此，不可能真正发挥股份合作制的应有作用。现在农村信用社的股份合作制是有其形而无其神。从对股份合作制农村信用社的绩效分析中不难看出，新一轮农村信用社的产权制度改革没有达到预期目的。

关于管理体制问题，重点分析了现行管理模式存在的问题及原因。同时指出，政府职能定位不合理不仅对农村信用社过去和现在的管理体制造成了重大影响，还会影响其未来。政府职能不转换，即尚未由全能政府转变为有限政府和服务政府，这是导致我国农村信用社在几十年的发展中，农村信用社合作制未能真正发挥作用的根本。如果政府职能转换不到位，无论对农村信用社管理体制在形式上作什么调整，或者虽然这些管理体制的形式在理论上是多么的科学，甚至在其他国家也被证明是成功的，但是，在我国也将无济于事。如果政府职能转换不到位的状况一直延续下去并保持不变，我国农村信用社管理体制改革不仅不会成功，农村信用社发展的外部条件也难以得到改善，换句话说，在我国也就真正失去了建立合作金融的土壤和条件。

关于"花钱买机制"问题，由于在"花钱"方式上存在的诸多不足，造成信息无法对称而让农村信用社可以延续作假的事实，给正向激励可能出现"弄假成真"的奇妙政策设想带来了困难。对于中央银行的资金激励，农村信用社缺乏建立健全激励和约束机制的内在动力。在运用最低效率规模理论（MES）的分析中，揭示出了我国农村信用社在农村市场的垄断地位是由政府的制度性安排所导致的。在这样的制度安排下，农村信用社为了维护自己的固有利益，不会因为在它们看来并不解渴的资金激励而轻易放弃自己目前非常廉价的内部人控制的经营方式。同时，本书还阐明了我国农村金融更适宜在竞争环境中生存和发展，在因制度性原因导致农村信用社垄断格局的情况下，实现"花钱买机制"的目标不容乐观。

最后，从广义农村金融入手，结合我国农村经济金融发展实际，对我国农村金融类型选择及政策取向进行了积极的探索。

笔者认为，在社会主义市场经济条件下，当一些因素已被考虑并得到满足时，效率与公平并不矛盾，它们能彼此融合、相互促进，当彼此达到均衡时，则会实现效率下的最大公平，或在公平下的最大效率，提出实现"三农"效率与公平的均衡正是我们选择农村金融类型的基点。针对"三农"的特殊性以及由此产生的对效率与公平的期望，从农村金融如何发挥资金配置效率和农村金融实施政府"扶农、助农"政策等公平的角度进行了深入分析。笔者认为，商业性农村金融可以极大地促进"三农"效率的提高，政策性农村金融又能够很好地顾及"三农"公平的诉求。将实现"三农"效率与公平的均衡作为我们选择农村金融类型的基础和出发点，即让政策性农村金融与商业性农村金融在发挥各自功能作用的互动与合作中，不断提高公平与效率在均衡基础上的期望程度，如果脱离了这个基点，任何农村金融类型选择都是不符合实际的，也很难获得成功。

根据新一轮农村信用社改革所表现出来的特征，笔者提出，必须对其进行新的改造，把改造农村信用社作为目前建立我国农村金融体系的重要基础。本书从我国农村经济发展的特点出发，在深入分析与之相适应的农村金融体系应该考虑到的基本要素的基础上，根据本轮农村信用社改革所表现出来的特征及其存在的弊端，认为如果继续保持目前的产权结构和农村信用社称谓，会严重阻碍农村经济和农村信用社自身的发展，因此，提出必须对其进行新的改造。并针对不同农业发展形态提出了改造农村信用社的基本设想。通过有效组织实施，使农村信用社改造后所形成的产权模式和组织形式正好可以与进一步构建农村金融体系需要考虑的基本要素一一对应，从而得出应该把改造农村信用社作为目前建立我国农村金融体系重要基础的结论。

通过对我国正规农村金融和非正规农村金融的论述，提出了根据我国农村经济发展的不同时期和状况，把搞好正规农村金融和非正规农村金融力量对比的协调，作为建立农村金融体系的制度性安排。本书根据我国正规农村金融的供给现状，从产权制度、组织形式与农业生产力发展水平的适应性角度进行了深入分析，对其产生、发展和作用的发挥等提出了质疑。运用经济学原理论述了非正规农村金融产生的必然性，并对它在我国农村将会异军突起，成为正规农村金融的重要补充也给予了充分肯定。笔者认为在制度安排上，需要继续放宽对社会资本进入农村金融市场的准入限制，加大增加正规农村金融数量和品种的力度，同时，也要积极鼓励、引导和支持基本符合制度规范的、以民间借贷为主要内容的、形式多样的非正规农村金融试点。在顺应农村经济发展形势的大背景下，搞好各个时期正规农村金融与非正规农村金融力量强弱的搭配，做到相互促进、相互协调和共同发展，以促进适应"三农"特点的多层次、广覆盖、可持续的农村金融体系目标的实现。

通过对影响我国农村金融发展滞后外部环境的分析，认为对税收、利率等外部环境的完善与配套是实现农村金融有效供给，建立和完善农村金融体系的重要保障。笔者分析认为，我国农村金融发展滞后是由多种因素影响所致，其中，外部环境不理想是最重要的原因之一。改革开放以来，在社会主义市场经济条件下，税收、利率、法制、社会保障、监管、保险等这些外部环境的完善与配套，对于实现农村金融的有效供给显得愈加重要。但令人遗憾的是，这些外部环境问题一直没有得到很好的解决，尽管一些农村金融组织在设立时的初衷是好的，却因环境条件的限制，也不得不对其一再作出大的调整而一次次地延误了农村金融发展的最佳时机。甚至可以说，在相当程度上，由于这些因素的影响，让农村金融因承载了过多的责任、负担和风险而变得生存艰难，在摇摆不定中使机构功能严重错位，让"农字号"金融机构距离"三农"越来越远。长期以来，农村金融不恰当地充当着"救世主"的角色，扭曲了与"三农"共生共存的基本定位，导致了农村金融类型不能得到正确的选择。因此，要建立和完善农村金融体系，还必须把良好外部环境作为重要保障。

目　　录

第一章 绪 论

2008 年 10 月，在党的十七届三中全会通过的《中共中央关于推进农村改革发展若干重大问题的决定》中，明确提出要建立现代农村金融制度。我们应当怎样理解和怎么建立现代农村金融制度呢？笔者认为，对于一个农业大国而言，既要适应较发达或发达地区农业产业升级和现代农业发展对契约式（正规）金融的需要，又要充分考虑大面积欠发达或不发达地区经济基础薄弱和发展级次低的农业产业对非契约式（非正规）金融①的需要，并注意搞好这两种金融形式的相互协调。通过设立不同的产权模式和组织形式，使农村金融更加多层次和多样化地与不同的农业生产力水平相适应。2008 年 10 月 17 日，中国人民银行和中国银监会联合发布《关于加快农村金融产品和服务方式创新的意见》，决定在中部六省和东北三省选择粮食主产区或县域经济发展有扎实基础的部分县、市，开展农村金融产品和服务方式创新试点，这也是贯彻全会精神，探索建立现代农村金融制度的重要举措。为了更好地帮助我们加深对这个问题的认识和理解，有必要结合我国农业成长的融资需求，对农村金融类型选择进行深入全面的分析。

农村金融是现代农业的核心。在统筹城乡发展和建设社会主义新农村中，为了更好地支持农业、农村、农民（"三农"）的发展，促进农业成长和农业产业升级，就应当把不断增加农业资金投入放在首位。在农村经济融资需求迅速增长的今天，如何让代表生产关系的农村金融组织与不同生产力发展水平的农业生产相适应，使得不同农业成长形态的融资需求，能够通过合理选择农村金融类型得到最恰当的服务，已经成为当前我国农村金融发展中需要解决的重要问题。

一、研究背景及其意义

到目前为止，国内外许多理论工作者和实务工作者都非常重视农村金融问题，并对农村金融进行了长时期、多角度和宽范围的研究。但是在国内，长期以

---

① 这里的契约式金融是指用各种职责、制度和规程等来规定、约束各种关系，所有的金融交易行为都是由严格、有序和规范的契约来约定，这也是对正规金融的基本要求。这里的非契约式金融是指尽管金融交易的各方存在契约约定，但其职责、制度和规程并不那么严格、有序和规范，这也是非正规金融所具有的特点。

来，由于国家的政策制约，对农村金融的研究很难有所突破，更多的只是提出一种强制性的制度安排和开出一种"包治百病"的"药方"（单一的理论模式），往往缺乏针对我国农业成长的不同时期作出多样性农村金融类型选择的深入研究。

无论农村金融还是城市金融，与经济发展的关系都必须遵循这样一个原则，即对不同发展阶段和不同规模的经济体需要与之相适应的金融组织为之服务。但是，在我国却不完全如此，例如，目前我国的城市金融服务主要体现的是生产社会化前提下的商业性质，而农村金融服务却要复杂许多，由于城乡"二元"结构明显，它要依据农业经济体的市场发育程度，即农业生产力水平来确定具体的金融服务形式。按照农业成长形态由低到高的分布，既可以有由经济体内部自发组建的互助式合作金融服务形式，也可以有半互助式的股份合作金融服务形式，还可以有与城市金融一样的商业性金融服务形式，并在这几种金融服务类型的选择中，辅之以必要的政策性扶持等，以增强金融为农业服务的能力。

我国是一个农业大国，不仅不同地域的农业生产力水平差异大，而且在同一地域内的农业生产力水平差异也大。许多理论工作者与实务工作者往往忽视了这一特点，缺乏对同一时期我国不同地域，或同一地域不同农业成长时期的融资需求与农村金融类型选择的研究，这不能不说是一个遗憾。因此，笔者认为，加强这方面的研究，特别是注意加强对不同农业生产力水平与代表生产关系的农村金融类型选择的研究，不仅可以帮助我们打开对农村金融研究的思路，而且在一定程度上还能丰富、完善和发展农村金融理论。

二、文献综述

20 世纪 80 年代以前，农业信贷补贴论处于农村金融理论的主导地位。美国经济学家 R. McKinnon 和 E. Show（1973）提出了著名的"金融抑制论"和"金融深化论"。20 世纪 80 年代以来，在对农业信贷补贴论批判的基础上产生了农村金融系统论。该理论提倡完全依赖市场机制，极力反对政策性金融对市场的扭曲，尤其强调利率的市场化。这样可以使农村金融中介机构补偿其经营成本，有效地动员农村储蓄，减少对外部资金来源的依赖。Braveman 和 M. Huppi（1991）指出：仅仅靠取消农业信贷补贴来消除发展中国家农村信贷体系低效的问题是值得怀疑的，在一定的情况下，政府对农村金融市场的介入仍然必要。20 世纪 90 年代以后，信息经济学和博弈理论在农村金融领域的扩展和应用，将农村金融理论的研究推向了一个新的高度，Stiglitz（1989）认为，发展中国家的金融市场不是一个完全竞争的市场，如果完全依靠市场机制就可能无法培育出社会所需的金融市场，因此，有必要采用政府适当介入金融市场的方式来弥补市场失灵。对农村金融而言，不完全竞争理论认为，简单地提高利率水平会引发逆向选择和道德风险，Besley 和 Stephen（1995）认为，在正规金融的信贷中，银行由于无法完全控制贷款者行为而面临道德风险的问题，但是，小组中的同伴监督却可以约束个人从事风险性大的项目，从而有助于缓解风险问题。

有关农户金融需求的研究大多是从农户借贷行为开始的。史清华（2002）对山西 745 户农户进行调查后发现，随着时间推移，发生借贷行为的农户比率呈大幅度上升趋势。曹力群（2000）和温铁军（2001）等对农户借贷规模分布作初步研究后发现，大额借款占有相当的比例，而且大额借款利率更高。20 世纪 80 年代初期，农户借款主要用于解决生活问题和购买农业生产资料。但随着经济水平提高，农户借贷资金的生产性明显增强。民间借贷利率偏高。何广文（1999）的研究发现，民间借贷大部分没有明确的还款期限，有还款期限的多为 1 年及 1 年以内的短期借贷。大多数民间借贷没有借据，只是口头协定，即使有借据也非常简单，担保也很少。曹力群（2000）和温铁军（2001）发现，民间借贷逾期贷款多，由此引起纠纷的影响也大。中国社会科学院农村发展所农村金融课题组（2000）的研究发现，在经济不发达地区，农户的生活性借贷需求比较高；低收入农户的生产性借贷比重高；生产性借贷需求与人均收入水平成正比。

关于农村金融类型设计的观点大致可以归纳为三种：第一种观点认为，我国农村金融应该强调政策性的特点，国家支持农民互助合作金融组织是合理的发展方向。其理由是，在我国的一些贫困地区，经济活动所产生的资金流量和经济效益无法支撑商业性金融机构的运行，如果实行商业化，农村金融必然会发生缺位现象，导致农村资金外流，商业银行集中化的机构和管理不适应农户分散的、多样化的和小额的需求，合作金融组织具有旺盛的生命力和良好的适应性，合作制的农村信用社存在的必要性在于它兼顾了效率与公平。程漱兰（1997）认为，向农户、农业生产单位等非法人实体提供金融服务是合作金融和政策金融的天然职责，合作金融应有政策金融作财力支撑。正规的商业化金融不能提供高度分散化的小农经济条件下的信用服务，不可能在传统农村作商业化银行改革（温铁军，2004）。第二种观点认为，农村金融改革和发展的重点应转向组建和发展股份制商业银行（谢平，2001）。其理由是，我国农村信用社的合作属性已全部丧失，合作是靠政府行政强制力量实现的，我国农村信用社从诞生时起，就没有实行真正的合作制，贷款程序与商业银行基本相同，因此，农村信用社吸引农民参与的改革，注定只能流于形式，即使是贫困农民也有能力承担商业化利率，现在应鼓励农村信用社走商业银行的路，即使为农业服务，也要讲商业化（党国英，2004）。在发展中国家，由于市场机制作用有限，银行的服务十分不充分，但是在发达国家，农民却能获得很好的金融服务，中国既然要想成为发达国家，农村金融体系商业化是题中之义（文贯中，2004）。第三种观点认为，合作金融一般只能在小范围内可以很好运作，但扩展到大范围时，合作金融所依据的信任机制和互助机制等不容易正常发挥作用，不能代替商业金融，故二者应该并重（冯兴元，2004）。中国农村金融市场未来的发展方向应当是商业化金融与合作金融共存，相互补充，共同发展。无论从国内还是从国外，从发展中国家还是从发达国家的金融市场发展情况看，商业化金融与合作金融并存是农村金融发展的共同特征。针对以上三种观点，张杰（2004）认为，各种观点的差异在于对中国现实农村经济的理解。如果按照 Schultz（1964）和 Popkin "理性小农" 的命题，中国的农户被认为富于理性，那么就没有必要单独为其设计一套农户贷款制度安排，而只需将服务于现代经济的金融体系直接延伸到农村经济，商业化的金融体系同样适用于农村地区；如果按照 Chayanov（1925）和 Scott "道义小农" 的命题，那么中国的农户则由于以生存取向而不会冒险追求利润最大化，农村地区的商业化金融安排就失去了存在的基础，合作制的金融安排则是恰当的。但由于经济发展的地区差别，没有哪一种关于中国农村经济的命题是普遍适用的，故农村金融安排绝不能 "一刀切"，到底选择哪一种模式，应尊重农村金融需求主体的选择。

农村信用社。新一轮农村信用社改革不再强调合作制，而是强调借鉴企业改革的模式，按照股份制和股份合作制的方式来改革农村信用社（周小川，2004）。谢平（2004）认为，最新方案具有重要的正向激励的效应，有助于防止农村信用社改革过程中和改革后的道德风险。陆磊（2004）认为，农村信用社体制性问题没有根本性地得到解决，扭亏为盈一方面是由于 2004 年农产品价格上升使得农民的还贷能力提高，另一方面是由于国家为使农村信用社脱困而投入了巨额的资金。李莹星、汪三贵（2005）根据对部分欠发达地区农村信用社经营管理现状的调查认为，由转贷行为所产生的虚假盈利制造了全行业扭亏为盈的假象。易宪容（2005）指出，在短时间内农村信用社资本充足率大幅提高，基本上是地方政府采取行政措施的结果。这些措施既有行政上直接的强制，也有以地方政府财政担保的间接诱导，因此不管农村信用社能否发展，都不可能建立真正的现代企业制度及有效的运作机制，反而可能成为各地方政府的附庸。陈雪飞在分析农村信用社发展的制度逻辑和经济条件约束的基础上，提出了合作制与股份制是并行不悖的两种制度选择的观点。

村镇银行。2005 年 5 月，中国人民银行 "只贷不存" 小额信贷机构的试点叩开了农村金融市场开放的大门。而从连续四年的中央 1 号文件中也可以明确地看到新型农村金融组织制度的发展有了政策依据。2006 年 12 月 20 日，中国银监会在出台的《关于调整放宽农村地区银行业金融机构准入政策　更好支持社会主义新农村建设的若干意见》中，进一步调整和放宽了农村地区银行业金融机构的准入门槛，村镇银行就在这样的背景下应运而生了。2007 年 1 月 22 日，中国银监会发布《村镇银行管理暂行规定》，为村镇银行的建立提供了具体可参照的依据。2007 年 3 月 1 日，四川仪陇惠民村镇银行、吉林东丰诚信村镇银行、吉林磐石融丰村镇银行正式挂牌开业。村镇银行的设立为民间资本进入银行业开拓了新渠道，其设立门槛也明显低于一般银行业金融机构。村镇银行业务内容与一般银行业机构类似。但有所不同的是，村镇银行在缴足存款准备金后，其可用资金应全部用于当地农村经济建设。村镇银行作为一种全新的农村金融组织形式，其成立与发展是中国农村金融市场开放的有益尝试。国家对其制度安排给予了较完整的设定，虽然实验才刚刚开始，但这无疑对于农村金融的发展具有重要意义。

农村政策性金融。目前我国农村政策性金融的现状及存在的问题是：现有政策性金融机构资金不足且来源较为单一；中国农业发展银行业务范围较为狭窄和业务经营困难重重。中国的农业政策性金融机构与外国的农业政策性金融机构相比显得不够灵活，主要还是支持粮、棉、油收购和一小部分的扶贫、开发贷款。借鉴国外经验，我国必须加强农村金融的立法工作，在规范政策性银行经营行为的同时，明确界定其与政府、中央银行、商业银行、企业等各方面的关系，摆脱外部客体超越法规的干预，维护自身的合法权益，保障资产的安全。要加强对农业政策性金融的监管，就应建立多元化、全方位的农业政策性金融监管体系，突出中国银监会的权威性，完善中国银监会对农业政策性金融的监管。

非正规金融。自从 20 世纪 50 年代以来，一些发展中国家（如印度、泰国和菲律宾等）为缓解农村地区资金紧缺的局面，减少高利贷对农民的剥削，向农村地区进行了不同程度的信贷扩张。政府强迫金融机构进入农村地区，并要求它们向农民提供一定比例的低利率贷款，试图以此将高利贷挤出农村金融市场。但是这种信贷扩张及贷款安排的结果却往往不尽如人意，高利贷等民间金融的市场份额虽然有所减少，但绝对数量依然不低；农村民间借贷的利率仍然居高不下，广大农户依然没有解决贷款难的问题，并且贷款往往流入资金并不紧缺者的手中（Aleem，1990）。相对于正规金融而言，非正规金融的形式具有信息、担保等的比较优势。非正规金融市场上的贷款人对借款人的资信、收入和还款能力相对比较了解，避免或减少了信息不对称所导致的逆向选择和道德风险问题（Braveman 和 Guansh，1986）。非正规金融在我国农村广泛存在。中国小农家庭的生存经济与其资金的非生产性需求，两者之间具有某种内在逻辑联系。对于这种非生产性资金缺口和农户贷款需求不能靠正规或商业性的金融来满足（张杰，2004）。农村经济主体的微观活动及其融资需求具有分散化、规模小、周期长、监控难、风险大等特点，难以进入商业化正规金融范围，因此小农经济天然、长期地与民间借贷相结合，而农村正规金融的退出导致农村非正规金融的迅速发展（温铁军，

2001）。特别是在转轨经济中，一方面，大量的农户存款进入国有正式金融机构而转移到非农部门，另一方面，农户的信贷需求得不到满足（张杰，2004），作为诱致性制度变迁的结果，农村非正规金融是由中国农村金融制度安排的缺陷造成的（杜朝运，2001）。由于贷款管理的落后和贷款配给的错误，大量正规金融机构的优惠贷款主要转向较富裕农户或者被用于消费，该政策并未取得预期效果，反而扭曲了农村正规金融资源的配置（吴国宝，1997），收入较低农户的信贷需求仍然要通过非正规金融得以满足（郭沛，2004）。

农业保险。理论界从不同的角度研究了农业保险的属性。李军（1996）提出，农业保险属于准公共物品。郭鸿飞（1996）提出，农业保险是政策性保险。刘京生（2000）提出，农业保险具有商品性和非商品性二重性的观点。庹国柱、王国军（2002）提出，农业保险更多地趋近于准公共物品。陈璐（2004）提出，农业保险是具有利益外溢特征的产品，且是正外部性的产品。虽然研究的角度不同，但共识是：农业保险既具有一定的政策性，也具有一定的商业性。农业保险的功能定位目前主要有四种不同的观点：第一种观点认为农业保险的功能应定位于农业风险管理；第二种观点认为农业保险的功能应定位于收入转移；第三种观点认为农业保险的功能应定位于农业风险管理和收入转移；第四种观点认为农业保险的功能应定位于社会管理。在农业保险的发展思路上，理论界主要有建立政策性农业保险制度、建立农业合作保险和发展商业性保险公司三种主张。

在农村金融的供需匹配方面，目前直接分析农村金融供给与需求匹配的研究很少，相关文献大多从金融抑制的角度间接展开。从理论上看，农村金融抑制既可能是供给型的，也可能是需求型的。叶兴庆（1998）、乔海曙（2001）认为，我国农村金融抑制属于供给型的金融抑制，导致我国农村金融抑制的主要原因是正规金融部门对农户贷款的资金有限。谢平（2001）认为，即便对于经济落后地区，由于农村居民缺乏畅通的对外沟通渠道，对现代金融服务缺乏感性认识，也不能就此认为需求不足。例如，对高寒草原地区的畜牧业而言，自然灾害保险的潜在需求必然存在。另外，某些金融服务只有在提供的过程中才能让居民和企业发现其方便快捷的好处，才能激活潜在需求。房德东等（2004）、高帆（2002）认为，在农村金融供给不足的同时，农户对正规金融部门的资金需求却相对有限。具体来说，就是农业较高的自然风险、农产品较明显的市场风险、土地制度的制约、较低的农村市场化程度、不健全的农村社会保障体系等抑制了农户的生产性借贷资金需求，同时，农村非正规金融组织对正规金融组织具有"挤出效应"，这些都使得农户对正规金融部门的资金需求相对有限。曹力群（2000）认为，一方面，正规金融部门对农户贷款的资金有限；另一方面，农户也存在融资需求约束。马晓河、蓝海涛（2003）认为，农户的融资需求不足，一方面是自然需求不足，另一方面是人为需求不足，这是产生需求性金融抑制的主要原因，其根源在于制度供给短缺，例如，由于消费信贷服务严重滞后，农民将消费信贷需求转向了非正规金融，从而减少了对正规金融的资金需求。何志雄（2003）认为，供给型金融抑制起着主导作用，其他形式的金融抑制处于从属地位，因此，只有在缓解供给型金融抑制的基础上，才会考虑需求的增加和多样性问题；在经济发展的早期阶段，金融"供给领先"模式已为许多国家，特别为东亚国家的发展所证实；供给型金融抑制有时也会以需求型等金融抑制的形式出现。对一些欠发达的农村地区，表面上看是金融有效需求不足，其实质是金融供给类型的错配。

三、研究方法

本书力求通过结合我国农业成长对融资需求影响的研究，进而提出为满足不同融资需求在农村金融类型上应作出的科学选择，以找到一条适合我国农村金融发展的正确路径。因此，笔者运用微观经济学中的预算约束与偏好理论、博弈论、新制度经济学、计量经济学、政治经济学理论的基本原理和实证方法对论题进行了深入、全面的研究。

通过农业发展形态与农村金融类型内在的相互联系，本书构建了预算约束与偏好分析框架，从农业融资产品的消费替代和机会成本、价格和收入变动带来的影响、农村金融的配给、"同质"品差异、无差异曲线对偏好的描述等方面入手进行剖析，使我们清晰地看到预算约束和偏好是决定农村金融类型的基本前提。

为了更清楚地表达针对在我国不存在信用合作条件的看法，本书构建了一次性博弈的纳什均衡与无限次重复博弈、农村土地制度与劳动合作、土地制度对信用合作的影响等，得出合作博弈是产生非契约式金融基础的结论，表明我国存不存在信用合作的条件，关键是看怎样预设前提条件。

本书运用计量经济学理论分析了农村信用社改革中资金支持政策的设计缺陷，揭示出随着成本的增加，部分农村信用社的激励净剩余为负及概率的大小，认为在"花钱"方式上存在的不足，造成信息无法对称，让农村信用社可以延续作假的事实，给正向激励可能出现"弄假成真"的奇妙政策设想带来了困难。

在对农业成长的融资供求和与之相对应的农村金融类型选择的分析中，本书除了运用上述理论和实证方法以外，还运用了新制度经济学理论和政治经济学理论，紧紧围绕建立和完善我国农村金融类型选择这个主题，并贯穿于本书的始终。在更加清楚地认识农村金融现状的基础上，笔者提出把实现效率与公平均衡作为建立农村金融体系的基点，把改造农村信用社作为建立农村金融体系的重要基础，把协调正规金融与非正规金融作为建立农村金融体系的制度安排，把创造良好外部环境作为建立农村金融体系的保障。

四、创新及其内容

（一）把农村金融需求与不同农业成长形态进行对应分析，笔者提出，（1）特殊农业形态的金融需求；（2）初级农业形态的金融需求；（3）成长农业形态的金融需求；（4）现代农业形态的金融需求。并且，提出农业发展的几种形态在地域上大体呈西部、中部、东部分布，而在不同地域间或同一地域内又有所交叉。

（二）对新一轮农村信用社改革的政策设计提出了质疑，笔者认为，（1）在原有农村信用社基础上进行股份合作制改造不可行。现在农村信用社的股份合作制是有其形而无其神。在我国目前的农村经济发展阶段，建立股份合作制农村信用组织是有基础和条件的，但不是对原来农村信用社的改建，而应该结合各类农业生产的劳动合作组织、技术合作组织等进行重建。（2）政府职能不转换，即尚未由全能政府转变为有限政府和服务政府，这是导致我国农村信用社在几十年的发展中，未能让农村信用社合作制真正发挥作用的根本。如果政府职能转换不到位，无论对农村信用社管理体制在形式上作什么调整，或者这些管理体制的形式在理论上是多么的科学，甚至在其他国家也被证明是成功的，在我国也将无济于事。如果政府职能转换不到位的状况一直延续下去并保持不变，我国农村信用社管理体制改革不仅不会成功，农村信用社发展的外部条件也难以得到改善，换句话说，在我国也就真失去了建立合作金融的土壤和条件。（3）"花钱"方式的设计不利于"买机制"目标的实现。激励机制设计理论确定的资金支持方案存在较多缺陷，在较大程度上影响了资金支持效果。农村信用社在获取资金过程中的努力程度，不是以取得资金支持额度时的边界作为衡量标准，而应该是以在取得资金支持额度后，继续最大化地收回不良贷款时的边界作为衡量标准。对于中央银行的资金激励，农村信用社缺乏建立健全激励约束机制的内在动力。

（三）结合实际，对我国农村金融类型选择及政策取向进行了积极探索，笔者提出：

1. 把实现效率与公平均衡作为建立农村金融体系的基点。针对"三农"的特殊性以及由此产生的对效率与公平的期望，从农村金融如何发挥资金配置效率和农村金融实施政府"扶农、助农"政策等公平的角度进行了深入分析。认为在社会主义市场经济条件下，效率与公平并不矛盾，它们能彼此融合、相互促进。商业性农村金融可以极大地促进"三农"效率的提高，政策性农村金融又能够很好地顾及"三农"公平的诉求。当彼此达到均衡时，则会实现效率下的最大公平，或在公平下的最大效率。提出实现"三农"效率与公平的均衡正是我们选择农村金融体系类型的基点，即让政策性农村金融与商业性农村金融在合作中提高期望程度，如果脱离了这个基点，任何农村金融体系类型选择都是不符合实际的，也不会获得成功。

2. 把改造农村信用社作为建立农村金融体系的重要基础。根据我国农村经济发展的特点，在深入分析与之相适应的农村金融体系应该考虑到的基本要素的基础上，根据新一轮农村信用社改革所表现出来的特征及其存在的弊端，认为如果继续保持目前的产权结构和农村信用社称谓，会严重阻碍农村经济和农村信用社自身的发展，因此，提出必须对其进行新的改造。并针对不同农业发展形态提出了改造农村信用社的基本设想。通过有效组织实施，使农村信用社改造后所形成的产权模式和组织形式正好可以与进一步构建农村金融体系需要考虑的基本要素一一对应，从而得出应该把改造农村信用社作为目前建立我国农村金融体系重要基础的结论。

3. 把协调正规金融与非正规金融作为建立农村金融体系的制度安排。根据我国正规农村金融的供给现状，从产权制度、组织形式与农业生产力水平的适应性角度进行了深入分析，对正规农村金融的产生、发展和发挥作用等方面提出了质疑。笔者论述了非正规农村金融产生的必然性，并对它在我国农村异军突起，成为正规农村金融重要补充也给予了充分肯定。在此基础上，笔者提出了要根据我国农村经济发展的不同时期，把搞好正规农村金融和非正规农村金融力量对比的协调，作为建立农村金融体系的制度性安排，以促进建立适应"三农"多层次、广覆盖、可持续的农村金融体系目标的实现。

4. 把创造良好外部环境作为建立农村金融体系的保障。我国农村金融发展滞后是由多种因素影响所致，其中外部环境不理想是最重要的原因之一。改革开放以来，在社会主义市场经济时期，税收、利率、法制、社会保障、监管、保险等这些外部环境的完善与配套，对于实现农村金融的有效供给显得愈加重要。但令人遗憾的是，这些外部环境问题一直没有得到很好的解决，使得尽管一些农村金融组织在设立时的初衷是好的，却因环境条件的限制，也不得不对其一再作出大的调整，而一次又一次地延误了农村金融发展的最佳时机。因此，要建立和完善农村金融体系，必须把创造良好外部环境作为重要保障。

本书共分为三个部分：

第一部分是理论分析和实证分析，包括第一章、第二章、第三章。

第一章从研究背景开始，对农村金融的理论基础、农村融资需求、农村金融的类型设计、农村金融的供需匹配等方面进行了综述，揭示出由于对建立农村金融体系的方法论仍不明确，加之对农村信用社改革等的认识仍然不清晰等，为弥补这方面的不足和提出建立现代农村金融制度的设想提供了研究基础，同时也对研究方法、创新及内容作了交代。

第二章从农业成长形态与农村金融类型分析入手，通过设定条件，从预算约束与偏好的角度对农业融资需求、农户选择融资产品进行论述，分析了正规金融供给的弊端。笔者把农村金融看做是生产关系的范畴，运用生产力决定生产关系规律的理论，对农村金融与不同农业发展形态的关系和生产关系与融资产品交换方式的关系进行论述，运用合作博弈理论对非正规金融存在的可行性和必要性进行论述，由此提出，农村金融的发展应以多种形式，与不同生产力水平的、农业成长的融资需求相对应。

第三章集中论述了特殊农业形态、初级农业形态、成长农业形态、现代农业形态等和与之相对应的金融需求。

第二部分是对我国农村金融主体，即对农村信用社的分析，包括第四章、第五章、第六章。

第四章对新中国成立以来到最新一轮改革，农村信用社各个阶段及其变化特点进行了分析，笔者认为，（1）农村的信用需求主要来自于农户的生产和生活需要。（2）农村的信用供给由于制度性原因，更多地表现为低效供给或无效供给。（3）农村信用社的公有化导致农村信用社偏离合作制性质越来越远。（4）政府在对农村信用社进行产权制度安排的同时，又造成对入股社员利益的最大损害。

第五章在对农村信用社新一轮改革背景分析的基础上，介绍了农村信用社改革方案的主要精神，从对农村信用社改革方案的设计和操作办法的分析中，揭示出了一些不容忽视的矛盾、难点与不足，提出需要引起有关方面的高度重视：一是商业化改革目标与政策性的多经营目标难以兼顾；二是政府的深度参与，在确定改革方案等方面决定着农村信用社的改革走向，这与政府作出由农村信用社自主选择资金支持方式和产权模式等的承诺相矛盾；三是作为改革关键的产权制度设计，可能因论证不充分而最终导致新的产权组织难以有效实现其功能；四是省联社代表省政府对农村信用社管理的越位，可能会延缓农村信用社建立"四自"的进程；五是在外部竞争环境尚不具备的条件下，要求农村信用社完善法人治理结构无异于自欺欺人；六是资金支持方案使得票据在申请和兑付期间，让中国人民银行承担了过多和承担不了的责任；七是在产权制度设计上努力想体现区别对待，而在两种资金支持政策设计上却体现为"一刀切"；八是降低不良贷款、提高资本充足率等的时间要求及操作方式，使人们不能不对其最终的真实性与合规性产生怀疑；九是规定省级政府承担风险处置责任，并要求其对紧急借款作出归还的承诺，无疑会加重政府干预农村信用社经营管理的筹码；十是改革政策设计方案中的激励约束机制的缺陷，难以促进农村信用社真正实现"花钱买机制"的目的。

第六章重点对农村信用社产权改革中的股份合作制、管理体制改革的决定因素和"花钱买机制"的可行性等关键性问题进行了深刻的分析。

第三部分是在借鉴国外经验的基础上，对我国农村金融类型选择及政策取向进行了重点分析，包括第七章、第八章。

第七章在对美国、日本、印度等国的农村金融分析基础上，得出上述国家的经验有如下几处可供借鉴：一是合作金融是各国农村金融制度的基础，二是商业性金融是各国农村金融的主体，三是农业政策性金融对农业的支持力度日益加强。

第八章从提出把实现效率与公平均衡作为建立农村金融体系的基点，把改造农村信用社作为建立农村金融体系的重要基础，把协调正规金融与非正规金融作为建立农村金融体系的制度安排，对把创造良好外部环境作为建立农村金融体系的保障等方面进行了深入全面的论述，为正确研究和有效寻求适合我国农业成长融资需求的农村金融类型选择及政策取向，进行了有益探索。

第二章　基本理论分析

　　农业是我国经济发展中的弱质产业，一直都受到政府和社会各界的高度关注，可以说，农业成长关系到产业结构的调整与升级，也关系到国家的粮食安全和社会稳定。但是，长期以来，国家把经济布局和产业发展的重点放在了城市和工业上，使得许多包括资金在内的要素配置也向城市和工业方面倾斜，造成了我国农业成长长期处于较低层次，发展迟缓。当农业成长的弱质性，已经成为工业化进程重要制约的时候，它才真正得到决策层的重视，并为了尽快解决这一问题在制度和政策方面给予支持。资金是农业成长的第一推动力，因此，在所有的支持要素中，农村金融的制度变迁和政策支持就显得尤为重要。

一、农业成长形态与农村金融类型

　　农业成长决定农村金融，农村金融又反作用于农业成长。也就是说，农业发展不同阶段形成的生产力，决定了与之相对应的、不同的农村金融类型；相应的，与多种生产力水平相适应的农村金融类型的不断完善，则有利于加快农业成长，促进农业产业的不断升级。我国幅员辽阔，由于地理和气候条件的巨大差异，使得农业成长呈现出不同的发展形态，不同的农业发展形态对融资需求的数量和用途都有所不同，因而，要求应该有不同的农村金融类型可供选择。但是，我国目前农村金融状况离这样的要求还存在很大差距：由于农村金融类型单一，不能满足不同生产力状况的农业成长的融资需求。因此，要改变这种状况，就需要把建立现代农村金融制度，特别是把深化农村金融改革作为金融工作的重点，健全农村金融基础服务体系，充分发挥各类农村金融组织的作用，加快建立健全适应"三农"（农业、农村、农民）特点的多层次、广覆盖、可持续的农村金融体系①（见表2－1）。

---

　　① 胡锦涛在中央政治局第43次集体学习时强调"充分认识做好金融工作重要性，推动我国金融业持续健康发展"，载《人民日报》，2007－08－30。

表 2 – 1　　　　　　　农业成长的融资需求对农村金融类型的选择

融资方式	政策性补贴辅之以非正规金融	非正规金融辅之以政策性补贴	正规金融与非正规金融相结合	正规金融和金融市场
农业成长形态	生产力水平：生产工具落后，山区，生产单位零星分散，盈利机会少，收入水平低 特殊农业形态	生产力水平：生产工具落后，山区和丘陵，生产单位小且分散，有一定盈利机会，收入水平较低 初级农业形态	生产力水平：生产工具较先进，丘陵和平原，有一定产业规模，非土地等盈利机会较多，收入水平较高 成长农业形态	现代农业形态 生产力水平：生产工具先进，平原和浅丘，专业化和商品化程度高，乡镇企业发达，盈利机会多，收入水平高
金融产权模式	以互助制为主	以互助制、合作制为主	以合作制为主	以股份制为主

注：①表中反映了我国农业的现实状况和农村金融应该与之相对应的情况。曲线揭示了农业成长和农村金融将是一个逐渐向上、共同由低级形态向高级形态发展的过程。静态地看，农业发展的各个形态若按降序排列，大体呈西部、中部、东部地区分布；动态地看，农业发展的各个形态在各地域间或某一地域内又有所交叉。

②农村金融的发展应以多种形式，与不同生产力水平农业成长形态的融资需求相对应。

如果我们把特殊农业形态看做是初级农业形态的一个特例，那么，从初级农业形态到现代农业形态，因为生产环境、生产条件、生产规模、生产方式、财富增长能力——生产力水平存在很大差异，各种形态的农业发展对属于生产关系范畴的融资需求的方式和数量也不相同，所以，对于农业成长各个阶段的不同融资需求，要求农村金融应以恰当的产权模式和组织形式与之相对应。也就是说，对于不同的农业发展形态，要有与之相适应的金融组织来提供融资服务，并形成一个完整的金融组织体系，这样才有利于农业经济与农村金融相互促进，由较低的形态向更高的形态不断演进。

为了便于进行深入的分析，我们假设把农村金融划分为正规金融和非正规金融（见图 2 – 1）。

正规金融是被政府登记和监管、经营活动公开的金融组织。目前，在我国农村地区的正规金融，从组织类型上，尽管包含有政策性银行、农村信用社、商业银行等机构，但长期以来，一直是由农村信用社发挥着农村金融的主渠道作用。它们（不包括政策性银行）的产权模式主要为股份制（而有的金融机构产权不清晰，如农村信用社），由于受政府的控制，其共同的特点是：资产规模较大但

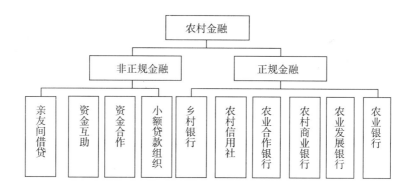

注：农村金融中的融资性金融组织。该图主要表明农村金融类型的确定应与不同农业成长形态的生产力水平相适应，也就是说，由左至右的融资方式对应的是一个农业生产力水平由低向高的发展过程。

图 2 - 1　农村金融体系

运行质量差、机制构成追求完善但运行效率低、经营方式粗放且运行成本高，因而离农户较远，金融产品单一且价格偏高，主要为有较高支付能力和有支付意愿的农户提供融资服务。

非正规金融是未被政府登记和监管，经营活动较为公开、半公开或不公开的金融组织，主要包括民间借贷、小额贷款组织、资金互助组织、合作制金融组织、微型金融组织等（目前在我国农村金融中的非正规金融主要是民间借贷）。它们的产权模式或是独资，或是合伙，为私人所有或出资者共有，由出资人自行管理，其共同的特点是资产规模较小但运行质量好、机制构成简单但运行效率高、经营方式灵活且运行成本低，因而离农户很近，金融产品单一但价格不算太高（实际的调查结果表明，非正规金融提供的许多金融产品的价格还是相对较低的，当然也有人认为价格偏高，特别是民间借贷许多都是高利贷，这是因为其融资产品价格高出了正规金融提供的同类产品的价格。我们应该怎样看待高利贷呢？是否可以这样来认识：农户选择高利贷是理性的，因为正规金融不愿意或根本不能为他们提供融资服务，即便可以获得融资，相比较之下所产生的交易费用却高于高利贷的利息支出），主要为有较低支付能力和有支付意愿的农户提供融资服务。

稀缺性是经济学产生的基础，资金是一种稀缺的资源。无论是正规金融还是非正规金融都是经营资金的组织。因此，它们都在设计金融产品，力图供需求者选择。但目前的实际情况是，它们各自设计的融资产品种类单一，融资产品的名义价格与实际价格差异大。农户作为农业生产单元，成为资金需求的实际承担者，也是融资产品的消费者。为此，他们时刻面临着要对不同的融资产品作出选择的问题，这是由农民的收入、融资产品的价格和政府对农村金融的供给方式所决定的。

二、农业融资需求的预算约束

我们假设把不同农业成长时期的涉农经济组织（包括作为生产单元的农村家庭、专业生产小组、生产合作社和乡镇企业等）看做农户的集合，把正规金融和非正规金融看做农户为了实现融资需求而可供消费选择的两种融资产品。令 w_1 代表正规金融提供的融资产品的数量，w_2 代表非正规金融提供的融资产品的数量。整个消费束就可以用 (w_1, w_2) 来表示。这样将有利于帮助我们理解各个农业成长阶段农户对融资产品的选择机理，以及面对这样的选择，农村金融应该如何应对。经济学家认为，消费者总是选择他们能够负担的最佳物品。那么，对于农户选择上述两种融资产品而言，什么是他们"能够负担"的，什么又是他们认为"最佳"的呢？我们尝试着作如下考察。

我们先看什么是"能够负担"。(w_1, w_2) 表示融资产品的消费束，假设我们可以知道两种融资产品的价格 (p_1, p_2) 和农户要花费的货币总数 m，则农户购买融资产品要受以下条件的约束，即

$$p_1w_1 + p_2w_2 \leqslant m \qquad (2-1)$$

就是要求花在这两种融资产品上的货币数量不超过农户能花费的总数。我们把价格为 (p_1, p_2) 和收入为 m 时能够负担的融资产品消费束称为农户融资需求预算集。预算集（见图 2 - 2）中的那条向右下方倾斜的直线是预算线（即农户用于购买融资产品的费用正好等于 m 的消费束），也就是说，这些融资产品消费束正好可以把农户的货币用完，即

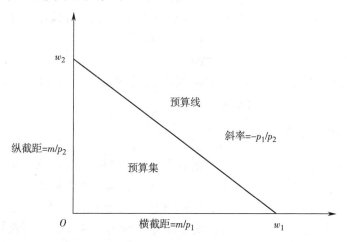

注：预算集是由融资产品特定的价格和农户收入能够负担的所有消费束组成。

图 2 - 2 预算集

$$p_1 w_1 + p_2 w_2 = m \qquad (2-2)$$

在预算线以下是农户用于购买融资产品的费用少于收入的消费束；在预算线以上是农户用于购买融资产品的费用多于收入的消费束，我们可以把等式（2-2）重新变换一下，得

$$w_2 = \frac{m}{p_2} - \frac{p_1}{p_2} w_1 \qquad (2-3)$$

m/p_2 为纵截距，表示能够购买非正规金融产品的数量；$-p_1/p_2$ 为斜率，它既可以看成是替代率，也可以看成是机会成本。

（一）融资产品的消费替代

我们先看 $-p_1/p_2$ 作为替代率的含义。根据正规金融和非正规金融所具有的特点，$-p_1/p_2$ 可以作这样的理解，它表示农户在收入减少时，愿意用 w_2 来替代 w_1 的比率。譬如，假设农户根据自己的支付能力，准备把对 w_2 的消费增加 Δw_2，那么，为了满足预算约束，他对 w_1 的消费会作如何变动呢？我们用 Δw_1 表示他们对 w_1 的消费所作出的变动。

如果要满足预算约束，在农户作出变动之前和之后都必须满足

$$p_1 w_1 + p_2 w_2 = m$$

和

$$p_1 (w_1 + \Delta w_1) + p_2 (w_2 + \Delta w_2) = m$$

可得

$$p_1 \Delta w_1 + p_2 \Delta w_2 = 0$$

这就是说，因为替代形成的此消彼长，农户消费融资产品变动的总价值必定等于零。同样，当农户货币收入增加时，用 w_1 替代 w_2，仍然能满足预算约束，得

$$\frac{\Delta w_2}{\Delta w_1} = - \frac{p_1}{p_2}$$

这正是预算线的斜率。如果要继续满足预算约束，那么如若多消费 w_1，就得相应减少消费 w_2，反之则相反。

（二）融资产品的机会成本

我们再看 $-p_1/p_2$ 作为机会成本的含义，也就是用 $-p_1/p_2$ 来计量农户在消费 w_2 时的机会成本，即农民为了多消费 w_2，就得放弃一部分 w_1 的消费，而放弃消费 w_1 的机会正是多消费 w_2 的经济成本。例如，在我国的一些农村地区，有的农户为了获得信贷资金，但因在农村信用社无法得到借款（由于离农村信用社路程较远、手续复杂、无担保物等原因）而被迫求助于民间借贷。对一些资金需求量小的农户来说，可以通过亲戚朋友在不需要支付利息或少支付利息的情况下

就可以筹得资金；对一些资金需求量较大的农户来说，可以从民间借贷组织那里通过支付比农村信用社多的利息来筹得资金。我们来比较融资的机会成本，先看从亲戚朋友那里筹得资金的农户，他为了消费非正规金融提供的融资产品而放弃了正规金融提供的融资产品的消费，因为他认为从消费非正规金融提供的融资产品那里所得到的收益会比消费正规金融提供的融资产品的收益高，这就是他在放弃消费正规金融提供的融资产品的机会后所消费非正规金融提供的融资产品的成本。再看从民间借贷组织那里筹得资金的农户，他是被迫放弃正规金融提供的融资产品的消费转而消费非正规金融提供的融资产品的，尽管他支付的利息比农村信用社更多，但是，由于他从农村信用社那里根本得不到或很难得到借款，即便得到借款，可能也比在民间借贷组织那里支付的交易费用（包括时间和精力的支出等）要高，两相比较，他仍然会认为从消费非正规金融提供的融资产品那里所获得的收益比消费正规金融提供的融资产品的收益高，这便成为他在放弃消费正规金融提供的融资产品的机会后所消费非正规金融提供的融资产品的成本。

（三）价格和收入变动带来的影响

前面我们对融资产品价格和农民货币收入不变的情况作了分析。事实上，在价格和货币收入变动时，农户能够负担的融资产品集也会发生变动。先看货币收入的变动，等式（2-3）显示，农户货币收入增加会增加购买融资产品的数量（增加截距）而不会影响预算线的斜率。因此农户增加收入导致了预算线向外平行移动。同样，减少货币收入会引起预算线向内平行移动。

接下来再看价格变动的情况。先看提高正规金融提供的融资产品的价格，并使非正规金融提供的融资产品的价格和收入保持固定不变的情况。根据等式（2-3），提高正规金融提供的融资产品的价格不会改变纵截距，但它会使预算线的斜率变得更陡峭，因为正规金融提供的融资产品的价格与非正规金融提供的融资产品的价格的比率 p_1/p_2 会变大。再看预算线是怎样变动的，如果把所有的钱都用于购买非正规金融提供的融资产品，那么，提高正规金融提供的融资产品的价格不会改变所能购买的非正规金融提供的融资产品的最大数量——因而，预算线的纵截距没有变。但是，如果把所有的钱都用于购买正规金融提供的融资产品，而正规金融提供的融资产品的价格已比原先提高了，那么，你必然要减少对正规金融提供的融资产品的消费。这样，预算线的横截距必定向内移动。

当正规金融提供的融资产品和非正规金融提供的融资产品的价格同时变动时，预算线又会出现怎样的变化呢？假设把正规金融提供的融资产品和非正规金融提供的融资产品的价格提高一倍，在这种情况下，横截距和纵截距都会因此而向内移动一半，预算线也会向内移动一半。下面我们再看价格和货币收入同时变动的情况。两种融资产品的价格上涨，农户货币收入减少会发生什么变化呢？如

果 m 减少而 p_1 和 p_2 两种融资产品的价格提高，使得购买两种融资产品的数量减少，那么 m/p_1（横截距）和 m/p_2（纵截距）一定会缩短，这就意味着预算线将向内移动。预算线的斜率又会怎样呢？假如非正规金融提供的融资产品的价格的上涨幅度大于正规金融提供的融资产品的价格，那么 $-p_1/p_2$ 就会减少（绝对值），于是预算线会变得平缓（农户对 w_2 的消费量要小于 w_1 的消费量）；假如非正规金融提供的融资产品的价格的上涨幅度小于正规金融提供的融资产品的价格，预算线则会变得更陡峭（农户对 w_1 的消费量要小于 w_2 的消费量）。

（四）农村金融配给

长期以来，我国政府对金融实行严格管制，农村金融表现得尤为突出。我们可以把政府对农村金融的严格管制理解为在农村实行金融限制性供应（事实上城市金融也是如此），从农村的正规金融和非正规金融来看，政府对后者的管制要强于对前者的管制。也就是说，政府对正规金融通过配给（如只配给农村信用社）限制，而村镇银行等商业性银行和政策性银行供给不足。非正规金融的供应量（即农户对非正规金融的消费量）则更受限制（如零星小额贷款组织试点），数量更是有限。我们甚至可以这样认为，假设 w_1 和 w_2 是实行配给供应的，那么，农户对 w_1 的消费量不得多于 $\bar{w}_1$；对 w_2 的消费量不得多于 $\bar{w}_2$。于是，农户对购买融资商品的预算集看上去就如图 2-3 所示的那样：它仍是原来的预算集，只是正规金融被砍掉了不小的一块，被砍掉的那不小的一块由农户购买得起但却受到 $w_1 > \bar{w}_1$ 限制的所有消费束组成的；非正规金融被砍掉了一大块，被砍掉的那一大块由农户购买得起但却受到 $w_2 > \bar{w}_2$ 限制的所有消费束组成的。通过上述分析，我们不难看出，目前在我国农村金融的供给中，无论是正规金融还是

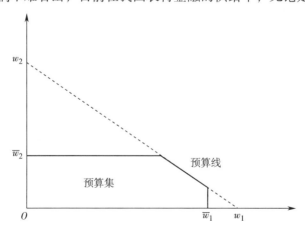

注：如果非正规金融或正规金融实行的是严格配给，那么预算集超过数量的那一块一定被砍掉。

图 2-3 受配给限制的预算集

非正规金融，与农业成长对融资需求的增长速度相比，都是不足的，特别是非正规金融严重不足。这需要政府在对农村金融发展的制度安排中予以高度关注。

三、农户对融资产品的偏好

关于农户总是选择他们能够负担的最佳融资产品进行消费的行为，在上一节我们已经弄清"能够负担"的含义之后，这一节我们将要进一步弄清"最佳融资产品"的概念。

（一）同质性产品的差异

犹如在冬季雪地里的雪橇和在骄阳似火的沙漠里的雪橇是截然不同的产品一样，我们将在不同农业成长形态所在地区的农户得到的同样的融资产品看成不同的产品是非常有意义的。因为在不同情况下，农户对正规金融或非正规金融提供的融资产品的评价也许是不同的。农村地区的正规金融和非正规金融的目标都是为了出售各自的融资产品，以实现自己的预期收益。它们提供的融资产品都具有同质性，但是，不同货币收入水平的农户对看似相同的融资产品却有着不同的偏好。在农村，由于农业成长形态不同引起的货币收入差异很大，因为受收入预算的约束，所以对 w_1 和 w_2 的偏好也有所不同（例如，在现实的经济生活中，有的 w_2 的价格低于 w_1，因此他们偏好于 w_2；有的 w_2 的价格高于 w_1，尽管如此，但因 w_1 的机会成本高于 w_2，他们仍会偏好 w_2）。我们假设给定任意两个融资产品的消费束 (w_1, w_2) 和 (z_1, z_2)，农户可以按照自己的意愿对它们进行排序。也就是说，农户可以决定其中一个消费束的确比另一个好，或者两个消费束对他来说是无差异的。如果农户在 (z_1, z_2) 可以得到的情况下总是选择 (w_1, w_2)，那自然可以说这个农户偏好的是 (w_1, w_2) 而不是 (z_1, z_2)，这就是说，只要有机会农户就会选择这个消费束而不选择另一个，或者两个消费束对他来说是无差异的。无差异的意思是说，按照消费者的偏好，他消费另一个消费束与消费这个消费束相比，所获得的满足程度完全一样。

（二）无差异曲线对偏好的描述

事实上，我们发现用人们熟知的无差异曲线这个概念来描述偏好非常方便。无差异曲线的一个重要原理是：不同的偏好水平处在不可能相交的无差异曲线上。偏好与无差异曲线是这样联系的，假设我们确定一个消费束 (w_1, w_2)，再考虑给农户稍微增加一点正规金融提供的融资产品，即 Δw_1，使他的消费束变为 $(w_1 + \Delta w_1, w_2)$。那么，要使农户在现在的消费点上与原先的消费点之间无差异，该如何变动 w_2 的消费？把这个变动记为 Δw_2。我们要问：假如 w_1 已变动，要使农户在（$w_1 + \Delta w_1$，$w_2 + \Delta w_2$）与（w_1，w_2）之间无差异，w_2 该如何变动？一旦决定了对某一个消费束所作的变动，就得到无差异曲线的一部分。再试着变动另一个消费束，依此类推，直至一个清晰的无差异曲线被全部展现出来。

（三）边际替代率

但是，在用无差异曲线描述偏好时遇到的一个问题是，它们仅仅告诉你消费者认为无差异的消费束，而没有告诉你哪些消费束更好些和哪些更差些。对此，我们把无差异曲线上某一点的斜率提出来研究，可以帮助我们解决这个问题。无差异曲线的斜率实际上就是边际替代率。它衡量的是消费者愿意用一种产品去替代另一种产品的比率。

假设我们从农户那里取走一小部分正规金融提供的融资产品 Δw_1，然后给他恰好能够使他回到原先的无差异曲线上去的一部分非正规金融提供的融资产品 Δw_2。因而在这里，用一部分正规金融提供的融资产品替代非正规金融提供的融资产品之后，他的境况与以前一样好。我们认为，$\Delta w_2 / \Delta w_1$ 就是农户愿意用非正规金融提供的融资产品替代正规金融提供的融资产品的比率。如在我国的农村地区普遍存在着各种形式的民间借贷，只要再深入一些分析就会发现，一些地区通过民间借贷进行融资的农户数量较多，一些地区通过民间借贷进行融资的农户数量较少。农户数量较多的地区说明正规金融留下的金融服务空白较多，农户愿意用非正规金融提供的融资产品去替代正规金融提供的融资产品的比率较大；反之则说明正规金融留下的金融服务空白较少，农户愿意用非正规金融提供的融资产品去替代正规金融提供的融资产品的比率较小。现在设想 Δw_1 是一个很小的变动，即一个边际变动。于是，$\Delta w_2 / \Delta w_1$ 就成为衡量非正规金融提供的融资产品替代正规金融提供的融资产品的边际替代率。随着 Δw_1 逐渐变小，$\Delta w_2 / \Delta w_1$ 就趋于无差异曲线的斜率。如图 2-4 所示。

（四）交换率

我们认为，边际替代率的比率总是对无差异曲线斜率的一种描绘：农户正好愿意按此比率用一小部分非正规金融提供的融资产品来替代一小部分正规金融提供的融资产品。现在我们为农户提供一次交换融资产品的机会：他可以用 w_1 换取 w_2，或者用 w_2 换取 w_1，并且按某个"交换率 E"，他可以进行任何数量的交换。这就是说，如果农户放弃 Δw_1 单位的 w_1 作为交换，他能得到 $E\Delta w_1$ 单位的 w_2，反之则相反。这等价于提供给消费者一个这样的机会，即沿着一条穿越（w_1，w_2）点的斜率为 $-E$ 的直线任意移动，如图 2-5 所示。从（w_1，w_2）点向左上方移动涉及用正规金融提供的融资产品去换非正规金融提供的融资产品，向右下方移动涉及用非正规金融提供的融资产品去换取正规金融提供的融资产

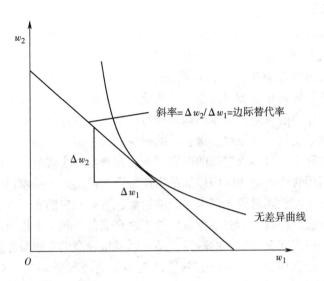

注：边际替代率衡量无差异曲线的斜率。

图2-4　边际替代率

品。无论怎样移动，交换率都是 E。

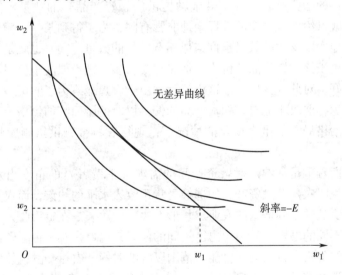

注：若允许消费者按交换率 E 交换产品，这意味着消费者可以沿着一条斜率为 $-E$ 的直线移动。

图2-5　按交换率进行交换

　　因此，无差异曲线的斜率，也就是边际替代率，衡量了有关消费者行为的一个比率，按此比率，消费者恰好处在交换或不交换的边际上。而按任何不等于边际替代率的交换率，消费者总想用一种产品去交换另一种产品。但是，如果交换率等于边际替代率，消费者就会保持不动。也就是说，农户正处在愿意"支付"一些正规金融提供的融资产品去多换一些非正规金融提供的融资产品的边际上。例如，随着农业的不断成长，农户对融资需求会出现这样两种情况，一是农户的货币收入增长速度没有生产投入对资金需求增长的速度快（如种子、化肥、农用机具等生产资料价格涨幅超过农产品价格），表明农户的实际支付能力不仅没有相应提高，还会随着生产成本的增加而有所降低，对这部分农户而言，会有不少农户处于愿意支付一些正规金融提供的融资产品去多换一些非正规金融提供的融资产品的边际上，以寻求较低的融资成本，其现实的实现形式可能表现为建立信用互助或信用合作等金融组织以满足生产融资的冲动。二是农户的货币收入增长速度不慢于生产投入对资金需求增长的速度，表明农户的实际支付能力有所提高，对这部分农户而言，会有不少农户处于愿意支付一些非正规金融提供的融资产品去多换一些正规金融提供的融资产品，以寻求较高的金融服务质量，其现实的实现形式可能表现为要求正规金融增加更多的金融服务形式（如个性化服务和金融市场服务等）。因此，为了满足农户的融资需求，无差异曲线的斜率衡量了农户的边际支付意愿。边际替代率衡量了农户为了得到正规金融提供的融资产品（或非正规金融提供的融资产品）的一个边际量的额外消费而愿意支付的非正规金融提供的融资产品（或正规金融提供的融资产品）的数量。但是，在现实的农村金融供给中，农户的选择余地非常有限，为了得到某一个额外的融资消费品数量，他实际支付的数量也许与他愿意支付的数量不同。也就是说，他应该支付多少取决于该融资产品的价格，他愿意支付多少则不取决于价格——而是取决于他的偏好。对此，我们可以这样认为，由于农户最终为了购买一个融资产品实际支付多少，取决于他对该融资产品的偏好以及他所面临的价格。所以，在我国的经济政治格局不发生大变化的情况下，现行农村金融供给制度将面临重大变迁。

前面我们着重是从农户对融资产品的需求（消费者）的角度出发进行考察的。主要想说明农户对融资产品的选择受货币收入水平的约束，而农户货币收入状况则是由所处的不同地区的农业成长形态决定的。农户在货币收入一定的情况下，他们对不同的融资产品表现出了不同的偏好，当农户对某种融资产品的偏好及其所面临的价格在自己的支付能力范围以内的时候，农村金融就能够实现他们的最佳融资消费需求；反之则相反。从消费者需求行为角度出发进行分析很重要，它对于我们在后面研究融资产品的供给会有很大帮助。

四、限制非正规金融进入：农村金融的制度性缺陷

到目前为止，我们弄清了不同农业成长形态所在地区的农户如何在能够负担

的情况下实现对融资产品的最佳选择。那么我们不禁要问，为什么农村地区在有了正规金融的情况下会产生非正规金融呢？产生非正规金融有什么意义呢？

（一） 正规金融供给的弊端

假如我们把农户所拥有的货币看成是一种特殊产品的话，为了获得融资产品以满足对融资消费的需求，他们就需要在金融市场上进行产品交换，就需要有特定的金融组织来满足这种交换关系，而金融组织的产生过程表现为一种契约选择，即被表述为一种契约类型（如工资和租赁契约）代替另一种契约类型（如信贷市场契约），金融组织的资产所有者将选择交易费用较低的制度安排。

但是我们知道，在我国农村，政府只为农户提供了"有限"的正规金融供给，对非正规金融采取严格限制的市场进入政策。我们暂且忽略交易费用的问题，仅看农村金融供给本身就存在许多问题。在正规金融服务不能完全覆盖融资需求的情况下，留下了较大的金融服务空白。[①] 随着这种"有限"的进一步强化（中国农业银行基层机构的收缩等），农村信用社便成为了服务农业、农村和农民的主力军。在缺乏竞争的条件下，农村信用社的垄断地位凸显。垄断性金融机构与竞争性金融机构的重要区别在于：它属于价格的搜寻者或制定者，农村信用社能够认识到它对市场价格的影响能力。但是，它不能独立地选择资金价格和资金供给量，因为借款者的需求行为决定了任何价格下能够贷款的数量，或者任何数量的贷款能够获得的贷款利率。假设农村信用社面对的反市场需求函数为 $P = P(q)$，成本函数为 $C(q)$，垄断农村信用社的行为可以模型化为 $\max_{q} qP(q) - C(q)$。即垄断农村信用社选择贷款数量，而市场需求决定价格。当然，我们也可以把模型设定为垄断农村信用社制定价格，借款者选择贷款需求数量，即 $q = D(p)$，那么，垄断农村信用社的行为可以模型化为 $\max_{p} pD(p) - C(D(p))$。

判断农村信用社的垄断市场效率主要是看它所控制的贷款量是否实现了总剩余最大化。因为总剩余 = 借款者剩余 + 利润，如果农村信用社选择的贷款量实现了利润最大化，这意味着它增加贷款量可以增大总剩余，但是，这并不符合农村信用社的利益，因为借款者剩余的损失部分转移为了农村信用社的利润，这部分转移并不影响总剩余。有人批评这种垄断是低效率的，是由于有一部分借款者的损失没有转变为垄断利润，因此说，农村信用社的垄断存在福利的净损失，即无谓损失。

再来看交易费用，它是新制度经济学的核心范畴。它是由科斯在发表于1937 年《企业的性质》中提出来的，但科斯并未给交易费用一个完整的定义。

---

① 农村信用社只能接触到 20% 的最贫困农户（温铁军，2001；IFAD，2001）。有关资料显示，截至 2003 年 6 月，农村信用社农户贷款覆盖面仅为 25%，多达 75% 的农户没有享受到贷款（张红宇，2004）。

一般是指企业在经营过程中除直接生产成本以外的所有其他费用，或者说企业在企业之外，即市场交易中必须面对的成本。威廉姆森把交易费用分为两部分：一是事先的交易费用，即为签订契约、规定双方的权利和责任等所花的费用；二是签订契约后，为解决契约本身所存在的问题，从改变条款到退出契约所花的费用。阿罗则使交易费用概念更具一般性，"交易费用是经济制度的运行费用"。

既然在交易中存在交易费用，那么，交易费用的影响因素是什么呢？威廉姆森从参加交易的行为人的有限理性和机会主义的假设出发，定义了交易水平的三个因素：资产专用性、不确定性和交易频率。资产专用性是指一项资产可调配用于其他用途的程度，或由其他人使用而不损失生产价值的程度。只有在不完全契约的背景下，它的意义才会显得重要起来。资产专用性的经济意义在于：由于资产专用性的存在，保持交易的稳定性和持久性是有价值的，为支持这类交易，各种契约的组织的保障措施才会出现。不确定性与有限理性密不可分。事实上，不确定性是引起有限理性的主要原因。它既包括事前只能大致甚至不能推测的偶然事件的不确定性，以及交易双方信息不对称的不确定性，而且包括可以事先预料，但预测成本或在契约中制定处理措施的成本太高的不确定性。不确定性在不同的交易中所起的作用不同，而且不同治理结构对环境干扰的适应性不同，这就为交易的契约安排和协调方式的选择留下了广阔的空间。最后一个因素是交易频率，即交易次数。它并不会影响交易费用的绝对值，而只是会影响各种交易方式的相对成本。如果交易次数很多，则交易各方构造一个治理结构来维持稳定的交易关系就是值得的，因为它可以分摊到多次交易而降低每次的交易费用。相反，若交易是偶然发生的，为其设置一种契约安排的成本就相对高昂。因此，交易频率是通过影响交易费用而影响交易契约安排的。

科斯制度起源理论的一个独到之处就是"制度选择思想"。可从三个层次来理解：一是如果交易费用为零，不管初始权利如何配置，自由交易都会达到资源的最优利用状态。二是在正交易费用的情况下，法律在决定资源如何利用方面起着极为重要的作用。三是在不同的经济、法律环境下，外在性问题存在不同的最佳解决办法。因此，需要我们在几种制度安排中间进行选择。在科斯看来，选择的依据是两个层次上的比较：一个层次是不同的、可供选择的制度类型的交易费用比较；另一个层次是制度变迁、操作的成本与其带来的收益的比较。科斯中性定理表明，在交易费用为零时，任何一种制度安排只对财富或收入分配有影响，而对资源配置没有影响。科斯定理则表明，在交易费用大于零时，制度安排不仅对分配有影响，而且对资源配置有影响，因为在某些制度安排下会产生较高的交易费用，从而使有效益的结果不能出现。

从前面已述及的内容可知，农村信用社所提供的融资产品的价格的成本部分，是由直接生产成本和除此以外的所有其他费用构成的。融资产品的价格＝成本（直接和其他）＋目标利润。按科斯表述，交易费用只包括"其他"，按阿罗的表述则包括"直接和其他"。其实无论哪种表述，只要存在交易费用，都会对融资产品的总价格产生较大影响。从直接成本看，它一般包括筹集资金、贷款管理、设备维护、不良资产占用和固定支出等，概括起来就是费用（经营费用和人头费用）占经营收入比重的高低。农村信用社特殊的发展历程和面临的许多现实问题，使得费用率可以在不顾及收益的状况下，独自长期居高不下且刚性增长。由于费用支出偏高，许多农村信用社在制定融资产品的价格（确定利率）时，即便按实际费用率进行保本定价，都会远高于社会平均利率水平，那么，年初所确定的目标利润也很难实现。如果再把非经济意义的费用因素考虑进去，农村信用社的综合定价水平几乎不能覆盖风险。通过分析，笔者认为，由于存在诸多的不确定性，初级农业形态和成长农业形态所表现出的以土地产出为主的生产特征，使得农户融资数量与融资次数都会受到较大的限制，因此，农村信用社的现行治理结构导致交易费用不仅大于零，而且会产生较高的交易费用，形成高昂的契约安排。当然，农村信用社融资产品价格高企，并不一定能够得到农户的普遍响应，在此种情况下，不仅对农村信用社员工的分配有影响，而且对信贷资源的配置也有影响，从而使农村信用社的经营出现不经济的结果。

假定农村信用社对社会信用环境带来损害（即一方面，因提取的拨备不能覆盖风险使存款人的利益存在损失隐患；另一方面，因贷款流程不科学或根本无法满足当地农村的融资需求，增大了农户的借款难度，也增大了农户的融资成本），如果市场能无代价地运行，即交易费用为零时，无论农村信用社是否负有损害责任，都不会对农村信用社的经营产生影响，因为双方当事人可以通过谈判达成一项协议，无论谁承担损害的责任，这项协议达成的解决方案是相同的。而当存在正交易费用时，不同的制度安排会引起不同数量的交易费用。因此，某些制度安排会导致无效率的解决方案，使农村信用社的信贷资源配置达不到最优。既然农户与农村信用社之间进行交易的费用是一个不为零的正数，并且数量很大，那么它也是节约的对象，制度的一个主要功能就是实现这种节约。这种节约不仅包括对农村信用社内部业务流程再造等，也包括农村金融体系的重新构建，这就是制度的效率性质。对社会信用环境带来的损害是农村信用社的负外部性，它也是由制度设计不科学造成的。

（二）农村金融与不同农业成长形态的关系

我们再来看农村信用社的产权模式与经营方式是否能与不同农业成长形态相适应。如果不能相适应又是什么原因？为了说明这个问题，有必要回顾一下生产力决定生产关系规律的理论，因为我们在这里把农村金融看做是生产关系的范畴。

所有制形式。社会生产的发展过程必然发生两个方面的关系，一是人与自然的关系，表现为生产力；二是人与人的关系，表现为生产关系。生产的主体不是劳动者，也不是生产三要素（劳动者、劳动工具、劳动对象），更不是生产资料，而是社会，是建立了一定生产关系的人们构成的社会机体。生产关系是人们为了生产，借助于生产三要素建立起的一种社会关系，它包括生产资料所有制关系、交换（分配）关系和生产组织形式等。作为提供融资需求主体的农村金融组织，为了实现与农户间的商品交换，首先要确立其生产资料的所有制关系。

我们从前面所述及的农村金融体系（见图2-1）的分析中可知，按照非正规金融和正规金融的排列由左至右的顺序看，它们的所有制关系（即产权制度）呈逐级上升之势，大体可分为：互助式组织→合作制组织→股份制组织。它们的产权制度由低级到高级，规模由小到大，信息对称程度由强到弱，服务的范围由窄到宽，组织管理方式由简单到复杂，由此带来的交易费用也由少到多，与农户联系的程度也由近到远。在这里，我们大致可以把三种农村金融类型作如下界定：互助式组织是农户通过资金互助的方式实现个体劳动的延续，因而互助资金的规模较小且分散，属于弱者与弱者之间的资金调剂。合作制组织是农户通过筹集资金实现互相配合做某事或共同完成某任务（劳动合作），由于劳动的相对集中，因而要求资金的规模也相对集中，合作制仍然属于弱者与弱者之间的联合。股份制组织是投资者通过资本聚集，促进并实现其规模的裂变，属于强者与强者之间的联合。当与之相对应的农村生产力水平提高，农户的生产剩余增加到一定量的时候，农村金融组织的产权关系也一定会随之提高。

自我需求与社会性需求。由表2-1可以进一步分析得知，我国农业正处于不同成长形态并存的时期，也就是说，是以小生产（生产工具落后、单户分散、小规模生产和自给自足）为特征的生产力发展和以大生产（专业化生产，且产业化和商品化程度高）为特征的生产力发展并存的阶段，而且这种情况还将在相当长的时期内存在。在小生产的发展阶段，生产工具主要是手工工具，手工工具的经验技能性特点还没有产生出真正的分工，至多在不同的生产者之间存在一些简单的协作，劳动者的收入主要依附于土地的产出，劳动者是自己管理自己。在大生产的发展阶段，生产工具的自动化程度更高，具体劳动过程内部分化出来专门从事管理活动的职能，劳动者的收入除了来自土地以外，更多的还来自非土地方面（养殖、打工、经商、办企业等）。作为劳动产品（如上所述，我们仍将农户的货币收入视为特殊商品）的所有者，他有权用自己的劳动产品与融资产品进行交换。而他之所以成为交换者，是因为分工把他的劳动产品变为个别劳动的产品，生产发展的要求又使他对融资产品的需要成为社会性需要，他只有通过劳动产品与融资产品的交换才能满足自己的社会性需要。

（三）生产方式与融资产品交换方式的关系

这里需要特别注意的是，目前我国农村信用社的改革事实上走的是股份制（是三类农村金融组织产权制度的最高级形式）和商业化发展的路子。这样的改革是否符合我国农村的实际呢？如果从需求的角度讲，由于农户的货币收入水平不同（当然，一个农户货币收入的多与少，从本质上反映的是这个农户生产方式的先进与落后），农户对与融资产品交换的方式和要求是不同的。这种交换方式可以理解为直接的借贷方式（如亲朋好友间借贷和资金互助等）、比较直接的借贷方式（如信用合作制等）和间接的借贷方式（如银行和农村信用社借贷等）。而农村信用社的改革模式更适合在生产力水平较高、农户的盈利机会较多、市场发育比较成熟、农业经济已进入现代农业形态的地区实行，而不适合在与此条件相反的地区实行。道理很简单，就是因为农村信用社改革后的产权制度和经营管理方式所代表的生产关系，不能完全满足各种农业成长形态所对应的生产力水平。因此，在初级农业形态和成长农业形态的、以分散和简单生产为特征的生产力发展阶段，需要以商品交换的交易费用更低、与农户贴得更近、由农户自行出资（或由其他民间资金构成）、自行管理的金融组织形式来满足农户的融资需求，即非正规金融组织。我国在严格的金融市场准入管制下，正在进行非常有限地放松金融市场准入管制的试点。因步子迈得太小、太慢，很难适应这一农业成长形态所在地区经济发展对非正规金融的渴求，反过来又在较大程度上阻碍了这一农业成长形态所在地区生产力的发展。

总之，非正规金融所表现出来的生产关系是把各个具体劳动通过货币形式结合为小组、社区等劳动的方式，即劳动产品所有者之间的交往形式。非正规金融更多体现的是互助与合作，实质就是人与人的合作，我们甚至可以说互助是合作的初级形态。这里有两个层次的合作需要特别强调：最直接、最基本的合作是农户在具体劳动过程的较小范围和数量较少的信用合作（即互助式或合作制），这种合作表现为，在以小生产为特征的生产力条件下，货币能力的交往。通过这种交往使参与合作的劳动者齐心协力，在有投入保障的前提下生产出劳动产品。比较间接和复杂的合作是在社会总资本形成过程中的更大范围和数量更多的资本合作，这种合作表现为，在以大生产为特征的生产力条件下，以资本品为中介的社会需要交往。通过这种交往使不同的投资者在交换中转化为社会总资本的有机组成部分，成为能满足社会需要的有效投资。因此，我们必须把具体货币（或资本）形成过程中的农村金融类型和农业发展过程中农户与融资产品的交换形式也看做是生产关系。在这两种交往形式中，人与人的经济利益关系，是以货币能力合作关系和社会化的资本投资合作关系表现出来的。当进行经济体制改革时，我们必须注意生产关系中所包含的上述利益合作关系。在不改变社会根本经济制度的前提下，进行经济体制的改革，而且这种改革的根本目的是促进生产力发展。因此，农村金融类型和农户与融资产品交换形式的变革将具有更加突出的作用。

五、合作博弈：非契约式金融产生的基础

从前面对非正规金融产生的原因及其意义的分析中看到，非正规金融在与它所对应农业生产组织的生产力条件下的适应状况，无不透出一种精神为我们所感知，那就是合作。即以农户出资（或由其他民间资金）的信用合作方式来实现劳动合作，以促进生产力水平的提高。非契约式金融博弈主要是指在生产力水平较低的条件下，农户间所进行的信用合作。这种信用合作尽管产生于市场经济，但由于合作的形式表现为共同管理，且信息对称，获得融资需求的手续简便、快捷，所以属非契约式金融组织（非正规金融）。那么我们要问，这种合作能否实现？合作的基础又是什么呢？

（一）一次性博弈的纳什均衡——非可持续的合作

假设农户出资进行的信用合作不是事前协商的结果，而是各自独立的行为；这种合作在两个农户之间进行（对两个农户的分析同样也适用于多个农户的情况），它是一个协调博弈，不一定会带来帕累托最优的结果。例如，考虑如图2-6所示的博弈，矩阵的每个方格中的文字含义代表的是每个农户被指派给不同收益的效用。每个农户在合作过程中都可以选择守信和不守信。如果只有一个人不守信，那么，这个人就可以占得便宜，另一个人受到损失。如果两个人都选择守信，那么，他们都会获得一样的收益。如果这两个人都选择不守信，那么，他们都将没有收益。

		农户 B	
		守信	不守信
农户 A	守信	收益，收益	损失，占便宜
	不守信	占便宜，损失	零，零

图 2-6 博弈的收益矩阵

从农户 A 的角度看，如果农户 B 守信，那么，农户 A 选择不守信一定会使自己的境况更好一些，因为他将占得便宜。同样，如果农户 B 不守信，那么，农户 A 不守信也会使自己的境况更好一些，因为农户 A 尽管没有收益，却不会损失。因此，不论农户 B 做什么，不守信都是农户 A 的较好选择。同样的情形也适

用于农户B——不守信也会使得农户B的境况更好些。因此，这个博弈的唯一的纳什均衡是两个农户都不守信。实际上，两个农户都不守信不仅是纳什均衡，也是占优策略均衡，因为每个农户都拥有相同的独立于另一个农户的最优选择。

但是，如果他们都选择守信，那么，他们的境况就要比在其他选择下更好一些。如果他们都能够确信另一方会守信，那么，每个人最终能够得到收益，从而使他们的境况变得更好。这里，（守信，守信）是帕累托有效率的策略组合——没有其他的策略选择能够使他们的境况变得更好——而（不守信，不守信）则是体现不了帕累托低效率的策略组合。

（二）无限次重复博弈——可持续的合作

问题在于这两个农户无法协调他们的行动。如果每一个农户都能够信任另一个农户，那么他们的境况就会得到改善。如果这个博弈只进行一次，那么不守信——似乎是合理的策略。毕竟不论其他人选择什么策略，选择这样的策略会使这个农户的境况更好一些，并且这个农户无法影响其他人的行为。但是如果这两个农户重复进行这个博弈，那么情形就会有所不同。在这种情况下，每个农户都将面对新的可选择策略。如果其他农户在某局博弈中不守信，那么，这个农户就可以在下一局中也选择不守信。因此，这个农户的对手就会因他的不良行为而受到惩罚。在一个重复博弈中，每个农户都有机会树立合作的声誉，从而鼓励其他农户也这样做。

这种策略是否可行，要取决于这种博弈是有限次重复博弈还是无限次重复博弈。

我们先考虑第一种情况，在这种情况下，两个农户事先都知道博弈将进行一个固定次数，如5次。结果会怎样呢？我们先看第5次。根据假设，这是最后一次博弈。此时，看起来每个农户都会选择占优策略均衡，即选择不守信。毕竟，最后一次的博弈恰如一次性博弈，所以我们可以预测到这样的结果。现在我们再看第4次会出现什么情况。我们刚刚得到的一个结论是：在第5次，每个农户都会选择不守信。既然如此，他们又为什么要在第4次合作呢？如果一个农户选择守信，另一个农户也仍然可选取不守信的策略，从而利用守信农户的善良获利。由于每个农户都进行这种推理，所以他们在这一次也都会选择不守信。依此类推，如果每个农户都知道博弈的次数是固定的，那么，他们就会在每一次都选择不守信。也就是说，如果无法在最后一次实行合作，那么在倒数第2次也不可能有办法实行合作。

农户之所以要进行信用合作，是因为他们希望在已有或将要有的经济合作中，通过信用合作会引致将来的进一步的合作。但这样的合作总是存在将来博弈的可能性。如果最后一次不再有将来博弈的可能性，则没有人愿意采取合作的战略。因此，为什么还要有人在倒数第 2 次采取合作的策略呢？或者，在倒数第 3 次采取合作的策略呢？其他各次情况也是这样。在一个次数固定并且已知的上述博弈中，合作解要从最后一次来阐明。如果博弈重复无限次，你就会有办法影响对手的行为：如果这次他拒绝合作，那么下一次你也可以拒绝合作。只要双方都关心将来的收益，那么，将来不合作的威胁就足以使他们采取帕累托有效率的策略。这一策略也称做"针锋相对"，它非常令人满意，因为它能够立即对不守信者实施惩罚。它也是一种宽恕的策略：对于每次不守信，农户只受到一次惩罚。如果农户开始采取合作的策略，那么，"针锋相对"的策略就会给予这个农户合作的奖赏。看来这是一个能够使无限重复的博弈实现有效率结果的极佳的机制。

（三）合作的载体：农村土地制度

再来看看这种合作的基础。我国农村经济发展的实践表明，生产合作决定信用合作，信用合作对生产合作具有积极的促进作用。那么，是什么决定生产合作呢？新中国成立以后，从我国农村生产关系变革和调整所经历的土地改革、农业生产合作社、人民公社、家庭联产承包责任制和以多种形式流转土地承包权五个阶段来看，无不与土地有着直接而密切的关系。例如，第一阶段的土地改革，是因为封建土地制度严重阻碍了生产力的发展，中央及地方政府顺应了新解放区 3 亿多人民强烈的进行土地改革的意愿。核心内容是废除封建地主土地所有制，实行农民的土地所有制，土地归农民个人私有，由此带来的结果是解放了农村生产力，促进了农村经济的发展。在土地改革后，由于我国农业仍然是一家一户分散经营，农民当时缺乏生产工具、资金，难以解决水利等农业基础设施建设等问题，难以抵御自然灾害，不能合理使用耕地和先进的生产工具，农产品满足不了国家工业化建设的需要。按照国家统一安排，农村经济开始走农业合作化道路，进入到了第二阶段。核心内容是把土地等生产资料由私有制转变为公有制，实现集体经营，促进了农业生产能力的进一步提高。农业合作化以后，由于受农业合作化规模越大，公有化程度越高，就越能促进生产发展的思想影响，开始了第三阶段的人民公社。核心内容是提高公有化程度和规模，结果严重挫伤了农民的生产积极性。第四阶段是在改革开放以后，党中央正确总结了农业合作化和人民公社的经验教训，作出了经济体制改革的决策，在农村全面实行家庭联产承包责任制。核心内容是坚持土地公有制的前提下，改变经营管理方式，实行分田承包、自负盈亏等。再一次极大地调动了农民生产积极性，推动了农业生产的发展。由于土地的分散经营和因土地承包制度限制而出现的"撂荒"，限制了土地规模效益的发挥，为解决这一问题，党的十七届三中全会开始了我国第五阶段的农村土地制度改革。核心内容是允许农民以转包、出租、互换、转让、股份合作等形式流转土地承包经营权，关键是让土地增值和资本化。我国是一个农业大国，有约七成的人口从事着农业生产，而土地又是主要的农业生产资料，在许多地区，还以分散农户为生产单元的农业生产中，生产资料所有制形式是否与农业的生产力水平相适应，将直接影响农民的生产积极性。

（四）土地制度对信用合作的影响

土地制度的变迁不仅影响着农业生产合作形式的变化，也影响着农村信用合作形式的变化。对此，我们从两个方面来进行讨论：当农民对土地拥有所有权或使用权的时候，农民生产的积极性主要表现为愿意向土地增加劳动投入和资金投入，在单个农户资金不足的情况下，他们自然地会增加融资需求。在土地改革阶段，实现融资需求的方式是多个农户共同出资，通过信用合作方式实现资金互助，这个时期农村信用社的产权制度形式也适应了当时的生产力发展状况。在家庭联产承包责任制阶段，农民的生产积极性又一次得到释放，他们增加融资需求的渴望程度甚至超过土地改革阶段，实现融资需求的方式主要依靠农村信用社。但是在这个时期，农业融资需求的迅速增加与农村金融的有限供给形成了巨大反差，除了农村信用社和零星的其他非正规融资形式以外，再也没有别的农村金融组织来满足农业生产的融资需求了。况且，这个时期的农村信用社已经基本不能满足农业发展不断增长的融资需求，其产权制度的单一性也与我国不同地区多层次的农业发展形态的生产力水平不相适应。因此，在这个时期，农村信用社能够满足农户不断增长的融资需求的能力非常低。当农民对土地不再拥有所有权或使用权的时候，如人民公社时期，农村土地已收归集体所有，农民的劳动也变成了属于集体而不属于个人，这从根本上打击了农民的生产积极性，主要表现为农民已经没有再向集体土地投入劳动和资金的积极性，因此，农村信用社也就失去了合作的基础。这个时期，农村信用社的股权尽管仍然属于农民，但农民却无权贷款，并停止了向农户贷款，贷款的主体变成了大队或生产队。

根据上述情况，我们可以得出如下结论：农村的土地一旦能为农民所掌握或者使用，使他们在土地上的劳动成为真正的个人劳动，那么，土地与劳动力结合就一定会产生效益，否则就不会有效益。当然，在产生效益的同时也就产生了融资需求，当融资方式能够满足他们的融资需求时，就会更有力地促进效益的提高；当融资方式不能够满足他们的融资需求时，则会极大地削减效益。

我们还可以进一步作如下分析，农村的土地问题不仅关系到农户是否愿意投入劳动和投入资金，以解决他们对所拥有土地的最佳投入产出的问题，而且还关系到能否将有限的以及分割的土地资源，按照土地的承包经营权顺利实现流转，使之能够实现土地的连片生产和经营，即通过专业生产合作等形式在有生产技能和资本实力人员的带领下，逐步实现由土地的规模化经营转变为土地的资本化经营。笔者认为，如果把土地的单块生产与土地的连片生产经营相比较，后者的比较效益不仅要远远高于前者，而且后者的生产经营方式能够节余更多的剩余劳动力，也就是在土地以外还能够为他们带来更多的盈利机会，促进社会财富的加快增长。

这里需要特别强调的是，土地在实现规模经营的过程中，因为生产技术含量的提高和生产工具的不断改善，加之其他盈利机会的增加，对融资的需求数量也会迅速增加，这就要求要有与之相适应的农村金融组织为其服务。但不管怎样，在经济的市场化进程中，随着农业成长和农业融资需求增长速度的加快，农业成长分化的速度一般要快于融资分化的速度，这也是长期以来农村金融的发展为什么总是表现为滞后于经济发展的原因，在农村，这样的情况表现得更加突出。根据前面的分析可知，因地区不同和农业成长形态不同，土地规模化生产和经营的程度也会有所不同。如果农村金融不随农村土地经营层次的增加而在产权制度上及时作出相应的调整，就会对农业的成长造成极大的阻碍。为了适应土地制度改革带来的变化，也相应要求农村金融必须打破目前只有农村信用社独家垄断的单一的服务组织形式，使得农村金融服务形式更加丰富和多样。只有当农村金融类型能够一一对应，并满足不同农业发展时期的生产状况时，才能够促进土地资源效能的充分发挥。

第三章　不同农业
成长形态的金融需求分析

在弄清楚了信用合作产生的现实可能性和实现这种合作的基础之后，紧接着，就应该对我国农村信用社的情况进行具体分析。但在此之前，我们还有必要再回过头来看一看表2-1，对于不同的农业成长形态，到底为什么要以不同的融资方式和不同的金融类型予以应对呢？当把这个问题弄清楚之后，对农村信用社的认识才能更加清晰和深刻。

"中国一切政党的政策及其实践在中国人民中所表现的作用的好坏、大小，归根到底，看它对于中国人民的生产力的发展是否有帮助及其帮助之大小，看它是束缚生产力的，还是解放生产力的。"① 可见，制定经济政策必须实事求是，合乎经济规律。生产关系变革或调整必须有利于生产力的发展，超前或滞后都会阻碍生产力发展，因此，生产关系必须与生产力水平相适应。

一、特殊农业形态的金融需求

特殊农业形态（贫穷）地区的特点是土地贫瘠，以坡地、山地为主，因受地理、气候、交通、通信等条件的限制，生产力水平非常落后，由于缺乏有效的融资方式，特殊农业形态地区的农户长期不能摆脱生产生活的困境，如我国西南地区的甘孜藏族自治州、阿坝藏族羌族自治州、凉山彝族自治州（"三州"）比较具有典型性。尤其是甘孜藏族自治州与内地相比，它的"面积像一个省，人口像一个县，财政像一个乡"，因此它在"三州"中更具有代表性。"三州"地处青藏高原东麓和横断山脉核心地带，属于祖国西南的自然生态屏障，但是，因民族众多、地理环境复杂、自然灾害频发，经济发展十分落后且不平衡，许多地方还处于原始农业生产方式，年人均收入约为1 200元。根据中国人民银行成都分行2006年的调查显示，在生产总体落后和人均收入不高的地区，相对贫穷的农户更渴望得到融资，而"三州"的情况也印证了这一调查结论。

那么，在特殊农业形态地区的农村信用社能否满足农户的这种融资需求呢？

① 毛泽东：《论联合政府》，见《毛泽东选集》，第3卷，1053～1098页，北京，人民出版社，1991。

调查的结论是不能。不仅不能，而且在这一地区的相当一部分农村信用社根本没有可持续发展的能力。它们的经营收益难以支撑高昂的运营成本，使之长期处于亏损状态。运营成本长期居高不下的原因，归纳起来主要有以下几点。

一是体制性问题。农村信用社缺乏有效的激励，平均主义严重，员工无论是盈利还是亏损都能够按月领得一份固定的，而且在当地还不算低的工资，员工无工作激情，使得农村信用社发展停滞不前，经营效益极低。同时，农村信用社有不少数量的退休员工还要由在职员工供养，包括支付员工遗属生活补贴等，加重了农村信用社的负担。

二是农户收入低。农村信用社筹集不到更多的存款，严重制约了贷款数量的增加，使得有限的贷款利差收入难以应付固定成本的开支，抗风险的能力也显得非常脆弱。根据当地农村信用社行业主管部门测算，农村信用社要达到保本经营点，人均存款要达到300万元以上，资金利用率要达到70%以上，新增贷款的回收率要在90%以上。而"三州"实际人均存款在100万元以下的就有83家，占全部法人社的22%；"三州"农村信用社人均存款仅为214万元，低于四川省人均存款水平182万元。如果剔除较高的不良贷款比率，人均可用存款更低。

三是服务半径太大。由于"三州"多以单个农户为生产单位，加之地广人稀，借款额小且分散，管理成本非常高。如甘孜藏族自治州雅江县西俄洛农村信用社服务4个乡，其中，到柯拉乡后从乡到各个村往返需要4天时间，如果包车，往返需要花费约700元。费用增加也极大地限制了农村信用社员工的增加，而员工数量不足与服务对象点多面宽形成的巨大反差，又严重制约了农村信用社功能作用的发挥。

四是产权不明晰，法人治理结构难以完善。由此带来的明显弊端是：农村信用社内部人控制的现象十分突出，一方面，经营者的工资收入不受盈亏的约束，也就是说，他们可以不对盈亏承担任何责任；另一方面，在经营亏损的情况下，工资的来源不是上级社的利润补给，而是直接将客户的存款，或将中国人民银行的支农再贷款用来发放工资，长此以往，农村信用社必将会被逐步掏空。同时，还存在着极大的道德风险，如1998年在甘孜藏族自治州某县联社原副主任自杀后发现，由他经手的100多万元贷款，大部分是冒名贷款和关系贷款，而且手续混乱，无法进入司法程序，该县联社的信誉因此受到严重损害，存款迅速下滑，并出现支付危机。仅几年之后，该县联社又发生了违规放贷收入不入账等，造成资金损失50多万元的案件，连续发案造成了该县联社元气大伤，一蹶不振。

农户对融资类型的选择取决于融资方式的确定，而融资方式的确定又取决于农业的发展水平。从上面的分析可以看出，特殊农业形态地区因受地理和自然条件的制约，农业生产处于原始状态，牧民处于游牧状态，生产力水平低下，多数农户非常贫困。把农户的收入水平（预算约束）与农村信用社提供融资产品的高昂价格相比较，融资产品的价格已远在预算约束线以外，如果用是否"能够负担"来衡量，我们可以清楚地看到，他们根本没有能力承受正规金融（农村信用社）的"高价"融资服务。在这样的情况下，我们可以肯定地认为，一般农户不会将正规金融（农村信用社）提供的融资产品当做"最佳融资产品"予以选择（偏好）。之所以有部分农户不得不选择它们的融资产品，完全是由于强制性供给所导致的。

　　这里需要注意的是，在特殊农业形态地区，要改变农牧民的生存状态，必须改变他们的生产方式。如果要改变他们的生产方式，仅仅依靠解决融资问题是很难做到的。为此，首先应该考虑政府补贴（参照市场化的方式进行），即通过进一步加大对退耕还林还草的财政支持力度等方式，引导和促进新的生产方式的形成，帮助游牧民实现定居，并与其他农户一道按照新的生产方式从事生产。同时，辅之以适当形式的金融支持：或以强制性制度变迁让昂贵的正规金融机构（如农村信用社等）从这个区域退出；或对全州的农村信用社实行扁平化改革，以缩短战线，同时，以诱致性制度变迁引导非正规金融组织（资金互助组织、民间借贷等）进入这个区域，并促使其逐步壮大力量，使之成为特殊农业形态地区的主要融资方式，让农户得到最能够贴近自己的金融服务，以满足他们生产生活的融资需求。

　　民间借贷在甘孜藏族自治州主要有亲朋好友间借贷、寺庙借贷和其他借贷等形式，其中，主要是亲朋好友间借贷占81%，寺庙借贷占17%，其他借贷为2%。[1] 特殊农业形态地区的农户在对融资类型进行选择时，更加注重信息优势和交易成本优势。民间借贷基于非正式契约，手续简便，用途、期限、利息偿还方式十分灵活，极为贴近农户需求。而农村信用社由于不具备信息优势，需要办理各种手续、签订规范的标准化的贷款契约，或者通过提高门槛来控制道德风险，结果其手续烦琐，贷款品种单一，价格优势并未真正体现，甚至导致非货币成本（精力、时间、抵押、担保和手续烦琐等）大大高于货币成本的现象发生，使得图2-2的斜线变得更为陡峭，也就是说，在这一地区，民间借贷等非正规金融会更受农户的欢迎。

　　互助式金融可以让农民通过资金互助的方式满足融资需求。实现资金互助的基本条件是：土地、劳动力和一定量的资金剩余。由于特殊农业形态地区受自然等条件的约束，盈利机会少，劳动力和少量资金剩余成为农民可支配的最大资本，土地成为自己资本注入的主要对象和赖以生存的依靠，因此对获得融资需求

---

① 杨宇焰：《当前农村信贷市场中的利率与竞争》，载《成都分行调研》，2006（34）。

的服务一定是便宜和便捷的。便宜，是相对于农户一定的实际收入水平而言，根据融资产品价格的高低和自己所能购买数量的多少，也就是说，购买的数量越多越便宜。由前面分析得知，资金互助因为是合作的初级形式，而农户间在有合作意愿和合作基础的前提下，他们可以实现对互助资金的共同管理。其实，在农户间实现合作的基础中，也隐含了因相互间都熟悉和了解（信息对称）而节约的信息搜寻成本。便捷，是相对于农户获得融资产品的难易和快慢程度而言的。资金互助方式能够让农户很容易获得资金支持，也是基于其信息的对称性，因为农户在得到资金的流程设计上，可以削减掉为了防止信息不对称会带来风险的那些环节，因而在流程的简化方面也能够带来部分成本的节约。再就是由特殊农业形态地区的特点可知，生产单位零星分散，多（多个资金互助组织）对多（多个农户集合）的服务方式与一（一家农村信用社）对多（多个分散的农户）的服务方式相比较，由于服务的距离大大缩短，前者的成本要远低于后者。

笔者认为，在特殊农业形态地区，由于正规金融交易费用太高，使其提供的融资产品价格远在农户所能承受的预算线以外，而非正规金融（互助金融、民间借贷）所具有的成本优势，使其提供的融资产品价格落在预算线以内，因此，微型的互助金融和民间借贷等非正规金融便是这一地区农户能够负担的最佳选择。

二、初级农业形态的金融需求

初级农业形态（不发达）地区与特殊农业形态地区基本相似，因此，前面分析的情况许多也适用于初级农业形态。所不同的是前者的自然、地理和生产等条件略好，人口密度更大且农业人口的比重更高等。据此，笔者认为，目前农村金融组织在融资方式的制度安排上与初级农业形态地区的生产力水平仍然不相适应，这在很大程度上影响了初级农业形态地区农村经济的有效增长。如在我国西部除特殊农业形态地区以外的大部分地区，初级农业形态特征较为明显。

四川省巴中市位于中国版图的正中，辖三县一区，其中，三县为国定贫困县，一区为省定贫困区，是具有一定代表性的农业地区，属于典型的种养型农业结构。据中国人民银行成都分行[①]对巴中市 545 个样本农户的抽样调查显示，人均耕地面积为 0.83 亩，表明人多地少，劳动力剩余，因此外出打工人数较多，以打工收入为第一收入来源的占当地农户的 56.4%。调查还显示出这样一个重

---

① 中国人民银行成都分行金融研究处：《融资约束下的农村金融现实需求研究》，载《成都分行调研》，2006。

要特点，即子女教育和医疗支出占农户支出总额的 37.5%，这一比例由中低收入到高收入家庭呈逐步降低的态势。通过对样本农户的分析，其结论是，在巴中农村地区，无论收入水平的高低，农户均有贷款需求，并且收入水平较低的农户的信贷需求更为突出。收入水平较低的农户的信贷需求之所以更为强烈，是因为与高收入农户相比，低收入农户家庭依靠自我积累来满足生产生活需求的能力较弱，从而更多地需要寻求外源性资金的支持。这可以通过对未申请（不需要）贷款农户的原因分析来获得印证：没有申请贷款的低收入水平农户仅占 16.3%，而没有申请贷款的较高收入水平农户占 53.8%。这与特殊农业形态地区的情况也基本相似。

我们再来看农村信用社农户融资需求的满足情况。调查显示，在向农村信用社等金融机构提出贷款申请的农户当中，有 75.3% 的农户能够获得信贷资金；在获得信贷资金的农户中，有 81.6% 的农户能够获得满足自身意愿的融资需求。可见，向农村信用社提出融资需求意愿的农户中，只有占总体样本 52.6% 的农户能够获得融资需求的满足。也就是说，在 545 户样本农户中，除了有 8.6% 的农户没有融资需求以外，其余 38.8% 农户的融资需求得不到满足，这也是农村金融在这个地区留下的服务空白。进一步看，对于不同收入水平的农户从农村信用社所获得的融资需求的满足程度，我们发现，收入水平越高的农户获得融资需求的满意程度越高。

通过对巴中市样本农户的研究，我们可以对初级农业形态地区的金融配给作出进一步的分析，与特殊农业形态地区相同的方面我们不再赘述，重点研究它们不同的方面。一是人多地少产生的劳动力剩余，一方面，转移了部分劳动力外出打工；另一方面，又在寻求非土地的其他经营方式。由于打工增加收入的原因，在农业生产方式和生产规模仍然维持原来状态的情况下，自然形成了一部分无融资需求的农户，而非土地经营方式的出现，则会对融资数量提出更多的需求。二是由于农户的平均收入水平高于特殊农业形态地区，加之这个地区的农户有一定金融意识，人均存款略高。同时，又因为农户的收入水平差距较大，为农村金融提供了更多的选择机会，即融资产品主要集中于收入水平较高的农户身上，而对于收入水平低、无资产抵押、距离较远和融资需求量小的农户少给贷款或不给贷款。三是从农户支出的排序可以看出，农户融资的目的主要是为了解决子女教育和医疗等支出问题。四是农村信用社因员工数量多、员工素质低和多年形成的粗放经营模式，在短时间内难以改变，加之上级社加大了对利润和不良资产考核的力度，农村信用社对单一农户的贷款呈逐步萎缩的趋势。

结合初级农业形态地区生产单元分散、总体收入水平较低的实际，农村信用社的经营成本决定了它的融资产品价格偏高，使得相当部分的农户因受预算约束线较低的制约而"不能够负担"。值得一提的是，农村信用社的人均存款尽管不算太低，但由于长期处于垄断地位，疏于市场细分和面对合理定价的压力，实行高浮动系数利率成为它们的普遍做法，这样的价格水平肯定会落在农户的平均预算约束线以外。尽管高浮动系数利率对于有的贷款而言可能并不算太高，但可以最大限度地覆盖风险，增加收入；高浮动系数利率对于有的贷款而言可能又确实太高，但它的融资产品因为始终处于卖方市场，在保持一定比例"高端"客户的情况下，它还可以通过货币市场或协议存款等方式，找到不错的资金出路。特别需要高度重视的是，农村信用社提供的融资产品中，多数被农户用于子女教育和医疗支出，这本来应该由政府通过增加公共产品给予保障的领域，却让农户承包的土地承载了过多的额外负担，也让农村信用社承担了过多的政治义务，无疑会给农村信用社带来更大的风险隐患。

根据表2-1所示，按照不同的农业成长形态在各地域间或在某一地域内有所交叉的含义，如果把某一地域内（西部的大部分地区）少数高收入的农户从中予以剔除的话，农村信用社对中低收入农户的融资缺口达58%，融资的满足程度是非常低的，其道理如同特殊农业形态地区一样。所以，如果我们集中考察初级农业形态地区的情况，同样可以得出农户因收入水平较低不能够负担，因而不会把农村信用社提供的融资产品作为最佳选择。在初级农业形态地区，发展非正规金融有着比特殊农业形态地区更好的条件，这是因为他们拥有一定数量的打工收入，还有打工者带回来的新观念和一定的金融意识，特别是通过小规模的农业生产技术互助，能够带动资金互助，在资金互助的推动下，可以加快生产互助的不断深化。当然，合理的民间借贷作为最活跃和最灵活的金融元素，也会在这一农业成长形态中找到它最适合的位置，即作为未参与生产和资金互助的农户也能够便宜和便捷地获得融资产品消费的有益补充。由于初级农业形态地区也在相当程度上受到气候和地理等条件的制约，除西部的特殊农业形态地区以外，其他大部分地区退耕还林还草的任务仍然相当重，并且教育和医疗问题也在这个地区逐步凸显，如果财政补贴和公共职能的作用得不到有效发挥，将会严重阻碍初级农业形态地区稳固农村经济发展基础。所以笔者认为，对初级农业形态地区的融资方式，应为非正规金融并辅之以政府补贴，以互助式金融、民间借贷的非正规金融模式为主，正规金融为辅。

三、成长农业形态的金融需求

成长农业形态（较发达）是一个由摆脱农业小生产向农业大生产过渡的非常重要的时期，如果这个时期的生产力水平能够得以稳固和不断提高，我国的农业发展将会顺利地全面跨入现代农业形态，实现农业的现代化。成长农业形态地区的主要特点是生产工具较先进，以丘陵和平原为主，交通通信比较发达，在多种专业生产和技术合作的带动下，农业产业化和规模化有了一定的基础，农业人口向非农领域转移的速度开始加快，非土地等盈利机会较多，农户的收入水平较高。

笔者选择与成长农业形态特点比较接近的湖北省天门市为例。① 天门市是湖北省的农业大市，经济发展水平等各项指标在全省处于平均水平。农业人口比重为73.2%，农业总产值占比为21.6%，人均耕地为0.92亩，农村居民家庭人均纯收入为3 087元，上述指标均高于全省水平。据对三个镇、六个村的198个样本农户进行的抽样调查，在样本农户中，有初高中文化的占52%，户均4.3人，从事种养业的农户数占比为20.7%，农业与非农兼业占比为72.2%，非农行业占比为7.1%。

从上面的数据可以看出，在人多地少的情况下，兼业农户的占比很高，说明在以外出打工等为主的前提下兼业种地，较好地帮助了这部分农户的收入得以提高。同时还有一定比例的农户自愿放弃务农，从事其他经营活动。非农盈利机会的增加，也会有力地促进农民自身文化素质的提高。这些都是成长农业形态与前两种农业成长形态的最大区别之处，因此，这种区别既成为农业经济由成长农业形态跨入现代农业形态的重要基础，也成为农业发展对融资需求迅速增长的"助推器"。这在接下来的一组数据中可以得到印证。

文化程度为文盲的农户的融资需求比例约为30%，文化程度为小学的农户的融资需求比例约为40%，而文化程度为高中的农户的融资需求比例约高达58%。从事种养业和兼业农户的融资需求比例比较接近，约为35%，兼业农户的比例略高。而从事非农业的农户对融资的需求比较强烈，在64%以上。农户的耕地面积与融资需求也呈高度相关关系，耕地面积小于10亩时，有融资需求的农户户数仅为总户数的26%，随着耕地面积扩大到30亩及以上时，有融资需求的农户户数占总户数的比例也逐渐上升至56%左右。在有借贷经历的63户农户中，将借款用于农业再生产的占比为65%，用于供子女教育和医疗的占比为15%，用于其他经济活动的占比为11%。从这组数据的分析中还可以看出：融资需求的数量与农民的文化程度和所获得的非农盈利机会呈正相关关系，即除土地以外的其他经济活动越多和农民文化程度较高的人数越多，对融资需求的数量也越多。融资需求的数量与土地面积的数量呈现出的正相关关系说明，在人均耕地面积非常有限的情况下，要使耕地面积有所增加，如果土地在分散经营的条件下，有效途径之一就是实行以农业专业生产技术改进为先导的生产合作。尽管土地还是以家庭为承包单位，但因为生产合作要求对生产和经营进行统一规划，实

---

① 熊学萍、阮红新、易法海：《农户金融行为、融资需求及其融资制度需求指向研究——基于湖北省天门市的农户调查》，载《金融研究》，2007（8）。

现土地因承包权流转而在联合的基础上的连片生产和特色经营，以提高土地的产出效益。同时，处于成长农业形态地区农户的融资需求的主要目的是生产和经营，而用于子女教育和医疗的比例要大大低于初级农业形态地区。

在成长农业形态地区，农户意愿融资渠道与实际融资选择所显示出来的情况也很有意思。如果把农村信用社、亲朋好友间的借贷、中国农业银行等商业性金融组织和民间借贷分别作为农户的第一融资意愿进行排序的话，那么，农村信用社为最高，约为52%；亲朋好友间的借贷次之，约为41%；中国农业银行等商业性金融机构再次之，约为6%；民间借贷最低，仅为1%。而农户的实际融资选择按上面的顺序分别为23%、69%、5%、3%。从这两组数据的对比中我们发现，意愿融资与实际融资选择出现严重背离，其中，他们的背离值分别达到29个、-28个、1个、-2个百分点，农村信用社和亲朋好友间的借贷的背离值最大。我们还进一步发现，在正规金融（农村信用社、中国农业银行等商业性金融机构）不能如农户融资所愿的情况下，非正规金融（亲朋好友间借贷、民间借贷）却被迫成为超过农户意愿的现实融资选择。

由于中国农业银行等商业性金融组织在农村地区的融资占比极低，因此，我们可以不予考虑。这里我们重点对农村信用社、亲朋好友间借贷和民间借贷的情况作一分析。

如前所述，由于农村信用社的产权不清晰和管理体制等问题长期得不到有效解决，造成农村信用社的分配体制不合理，经营者对盈亏漠不关心，经营粗放。高浮动系数利率的普遍性已成为其弥补风险识别能力不足的基本定价方式，由此带来"重大户，轻小户；重城镇，轻农村"等问题，加之农村信用社的机构少，力量弱，其服务面也难以覆盖全部农村市场，使得农村信用社为农服务的功能一直得不到很好的发挥。我们不禁要问，如果将农村信用社的机构和人员数量增加数倍，能否满足农户的融资需求呢？回答是否定的。因为在成长农业形态地区，农户的生产方式有所改变，金融意识有所增强，但生产的合作还是比较初级的，规模不大，技术含量不高，生产工具仍然比较落后。在这种情况下，农户虽然有从农村信用社融资的强烈渴望（这种渴望实质上表现的是广大农户朴素地把农村信用社当成国家扶农、助农的信用保障和相对于大多数民间借贷来讲有更低的名义利率），但是由于农村信用社的性质、体制和机制，特别是这个时期农户自身的信用状况并不理想，这些都决定了它们不能满足农户的这种渴望。在现有的条件下，它们的资产规模和服务的覆盖面只能保持一个较低的比率，约为30%，如果高于这个比率，亏损和信贷资产不良率就会增加，不利于农村信用社的可持续发展。而在意愿融资与实际融资选择中，亲朋好友间的借贷出现严重背离的事实说明，从表面上看，好像并不是农户的初始意愿，但实质上，这就是现实的必然。与前面分析初级农业形态所谈到的道理一样，成长农业形态的现实农业生产状况是，尽管生产的合作形式更加丰富多样，但是最根本的一点是其合作的规模不大且分散，因此在农村信用社"远水难解近渴"的情况下，农户不得不就近通过亲朋好友间借贷的方式来满足他们的融资需求。而亲朋好友间这样大比例地借贷，实际上已经暗含了资金互助的意思。因为随着农业的不断成长，对于生产互助组织而言，往往会出现资金需求的增长快于互助资金自身积累的增长，在这样的情况下，当农村信用社不能满足农户的融资需求时，自然会出现最原始、最简单和最便捷的亲朋好友间的借贷。

根据前面的图 2 - 1 可知，亲朋好友间的借贷是民间借贷的形式之一，笔者认为，当这种借贷形式有效地促进农户的金融意识增强以后，它会与更大规模的生产合作相结合，从而形成比资金互助组织更高层次的资金合作组织。这是与成长农业形态地区生产力水平相适应的生产方式，也是农户的收入水平能够承担的最佳融资产品。这里需要特别注意的是，重视和增强农村金融的本土化力量，既能够顺应生产力与生产关系相适应的规律，也能够满足农户在不同预算约束条件下对获得最佳融资产品的需求。当然，这个时期与之相适应的农村金融组织形式按照不同农户的预算约束要求，也开始呈现出多元化，如非正规金融中的小额贷款组织等以及正规金融中的乡村银行、农村合作银行、农村商业银行等。

四、现代农业形态的金融需求

现代农业形态（发达）是农业发展的最理想状态。它的主要特点是农业生产设备先进，规模化、专业化和商品化程度高，乡镇企业发达，形成以工带农、以农促工的格局，城乡统筹更加协调，农业人口的比重大大降低，城镇化率高，盈利机会多，收入水平高。在这方面，尤其以我国东部地区的江苏省和浙江省等农业地区最具典型意义，这里我们以江苏省兴化市戴南镇为例。[①] 戴南镇地处江苏省中部，全镇辖 33 个行政村，4 个居委会，总人口为 9.26 万人，面积为107.8 平方公里，产业结构调整和劳动力转移促进当地农民人均纯收入快速增长。2007 年，当地农民人均纯收入为 9 318 元（是 2000 年的 2.5 倍），分别高出兴化市、江苏省平均水平 51 个百分点和 36 个百分点，如表 3 - 1 所示。"十五"期间，戴南镇经济发展速度加快，到 2005 年，全镇人均 GDP 达 3.4 万元（到2006 年已达 4.1 万元），固定资产投资为 12.3 亿元，工业户数达 1 058 个（是2000 年的 1.6 倍，到 2006 年该镇已有年产销售过亿元的企业 12 家）。

---

① 周闯、王峰：《"戴南现象"的金融透视》，载《金融时报》，2007 - 08 - 23；另见戴南镇政府网。

表 3 – 1　　　　　戴南镇"十五"期间主要经济指标及分析

年份	社会总产值（万元）	地区生产总值（GDP）（万元）	预算内财政收入（万元）	农民人均纯收入（元）	固定资产投资（万元）	年末各项存款余额（万元）	工业总产值（万元）	镇区绿化覆盖率（%）	工业户（个）
2000	221 205	68 659	3 993	3 808	26 355	41 036	160 673	7	671
2001	275 659	88 030	8 855	4 293	24 712	64 841	211 025	12	766
2002	375 438	118 879	12 259	4 905	35 538	61 770	300 816	22.6	834
2003	537 578	191 186	20 036	5 489	89 616	76 744	450 903	30	910
2004	761 888	245 868	31 281	6 271	101 151	92 093	632 978	35	1 044
2005	1 050 068	313 188	35 168	7 116	123 338	118 060	868 628	38	1 058
5 年平均增速（%）	36.55	35.46	54.51	10.64	36.16	23.52	40.15	40.3	—
2005 年是2000 年的倍数	4.7	4.6	8.8	1.9	4.7	2.9	5.4	5.4	—

资料来源：江苏省兴化市戴南镇政府网，2006 – 02 – 08。

　　戴南镇人均耕地仅为 0.76 亩，与成长农业形态地区一样，是人多地少，但是为了提高单位土地产出的附加值，他们更新农业生产观念。2007 年，规划建设万亩高效现代农业示范区，进行园区基础设施配套，建设大棚西瓜、苗木花卉、温室草菇生产以及生态鹅养殖等现代农业种养模式。为了加大对农作物统防统治力度，还成立了农机植保协会。

　　从戴南镇和先进农业经济区的经验可以看出，首先，他们积极构建现代农业体系，一是推进现代农业发展：打造生态农业科技示范园，强化其科技兴农和农业招商的载体功能，打造支柱产业，逐步增强自我发展能力；提升农作物的产业水平，调优结构，以实施栽培为抓手，坚持以无公害化生产为突破口和方向；推进养殖小区建设，着力推进畜牧业工业化、产业化和现代化进程；扶持龙头企业的发展，进一步优化发展环境，把发展和壮大龙头企业作为推进农业产业化的关键措施来抓，逐步形成布局区域化、产业特色化、企业规模化、经营集约化的发展格局。二是着力提升农民组织化水平，即随着农村生产力发展的加快，及时调整和完善农村生产关系。主要是发展农民专业合作社。围绕特色优势农产品产业，大力扶持和发展运作比较规范、带动能力较强的农民专业合作组织。为推广新型机具，加快农业机械化进程创造条件，也为在提高土地产出效率的同时节约更多的劳动力。三是积极探索农村社区股份合作，特别是探索农村土地股份合作。按照"依法、自愿、有偿"的原则，提高农业适度规模经营水平。

其次，是加快城镇化建设步伐，在戴南镇107.8平方公里的总面积中，集镇老区面积为4平方公里，集镇新区为4平方公里，科技园区面积为8平方公里。戴南镇有5万人在吃"不锈钢饭"，超过了常住人口的一半。

再次，发展乡镇企业，有效提高吸纳农业剩余劳动的能力。戴南镇是全国"不锈钢名镇"、全国重点镇。在不锈钢产业的辐射和带动下，戴南镇周边形成了以不锈钢产业为主体，横跨苏中、苏北三市七镇，包括机械制造、电力供应、交通运输、纸箱包装等相关行业的国内第二大不锈钢产业集群，吸收就业人数达8万多人，不锈钢年销售额达150亿元。

最后，农业保险比较完善。目前，戴南镇城镇登记失业率只有0.5%，低保覆盖率达100%，新型农村合作医疗覆盖率为100%，高于目标值15个百分点，农村基本养老保险和基本医疗保险覆盖率均达95%以上。

以上就是戴南镇，这个先进农业区给我们展示出了现代农业形态的图景。面对这样一个生产力水平高的农业发展时期，它会对融资需求的数量和方式提出更高的要求，也给农村金融提供了广阔的市场空间和新一轮的发展机遇。2006年，戴南镇各项贷款余额为28.22亿元，比年初增加5.9亿元，分别占兴化市商业性贷款余额及增量的40.1%和50.9%。2002~2006年的5年间，各金融机构对重点骨干企业——兴华钢帘线股份有限公司的贷款数量增长了2.5倍，达到13.5亿元。同时，在信贷服务中，对融资产品进行创新，针对固定资产占用多而流动资金占用低的中小企业，在土地证和房产证（"两证"）齐全的情况下可办理固定资产基础贷款，针对该市多数乡镇地区中小企业的用地多为征用性质、"两证"不全且流动资金占比较大的情况，规定企业可用库存原材料或产成品作质押取得贷款等，同时还要求运用金融市场，以增加农村经济发展的融资渠道。在满足支付结算，提升服务水平方面提出了更高的金融服务需求，如推广现代化小额批量支付系统、实施同城交换、推广银行卡联网通用业务和提高外汇服务水平等。

现代农业的发展需要以生产技术的革新和生产方式的变革为先导，以实现农业生产方式的转变；现代农业的发展需要有工业的有效支撑，以实现产业的合理布局和升级；现代农业的发展需要有城镇化建设的有力配合，以实现农业剩余劳动力的顺利转移和劳动力素质的提高；现代农业的发展需要有与之相适应的农村金融服务体系，以不断提高对"三农"迅速增长的融资需求的满足程度。

在现代农业形态地区，生产力极大发展的重要标志是农村和城镇产业的互动，既加快促进了农村剩余劳动力向第二产业的转移，也加速了为农村经济和城镇工业经济服务的第三产业的发展，进而也促进了这个阶段产业结构的迅速调整和不断升级。这样的经济结构和发展水平应当需要更多的正规金融来为其融资，以及提供更多的其他金融服务。当农户生产越集中和经济规模越大，农户的经营就越规范,正规金融的成本(信息搜寻、贷后管理、抵押担保、心理感受、精力和时间等)也会大大降低。加之正规金融的融资能力强、操作规范和信用度高等也正是现代农村经济发展所需要的。那么,农户收入的增加(能够负担),使得预算线向外移动;正规金融提供的融资产品的相对价格降低导致需求增加,而对非正规金融的需求减少,使得预算线变得愈加平坦(达到最佳状况),在逐步实现以正规金融为主的情况下,实现正规金融提供的融资产品与非正规金融提供的融资产品的供需均衡。之所以在现代农业形态下,要以正规金融为主,是因为它与前几种农业成长形态相比较,还表现出如下特点:农户迅速增长的融资需求主要是用来满足生产的需要;农村保险体系的完善消除了农村金融因承担部分公共财政职能可能带来的风险隐患。需要注意的是,这里隐含了这样的一层意思:即便是在现代农业阶段,仍然需要辅之以非正规金融。因为一个产业集群的形成是由一个核心经济体对相关经济体辐射形成的积聚效应,这些相关经济体往往是由分散的、规模小甚至是微小的组织组成的。在前面的分析中我们也能够发现,除农村经济的主体方面,包括乡镇企业、大型农产品示范区和有一定规模的农业生产合作组织成为各正规金融组织支持的重点以外,正规金融的力量还是不能全部覆盖农村金融市场,像一些有特色的小型农业生产合作组织、以家庭为单位的生产和微小企业等作为主要经济体的必要补充和配套,仍然需要非正规金融的服务。

随着农村生产力水平的不断提高,从制度安排的角度来讲,在现代农业发展时期,作为农村生产关系范畴的农村金融,也应该及时调整和建立与之相适应的服务体系。按照生产力适应生产关系规律的要求,在进一步规范和完善政策性农村金融的基础上,其他正规商业性农村金融大都应实行股份制形式;同时,根据农村经济发展不同层次的要求,又需要发展形式多样的农村金融组织,以便于各种农村金融组织能够按照各自不同的产权模式和组织形式完善其法人治理结构,充分发挥其为农服务的功能。对于农村信用社则应该"一分为四",并将其作为建立现代农村金融制度的重要基础:即一部分实行股份制,如农村商业银行等;一部分实行合作制,如农村合作银行等;一部分实行退市,同时在退出市场后,建立具有真正意义的信用合作组织或其他非正规金融的组织形式,如农村信用合作社或小额贷款组织等;一部分实行彻底退市。对此,我们将在后面作进一步的探讨。

第四章　新一轮改革前农村信用社的发展沿革

农村信用社在我国农村地区长期以来担当着重要的角色，也是我国农村地区最重要的正规金融的代表。因此，从狭义的农村金融改革的角度讲，[①]目前，我国农村信用社的改革思路、产权制度、经营形式和管理体制等，都有必要对其进行认真分析，只有这样，我们才能对农村信用社的定位和改革的方向有一个更加清晰的认识，进而加深对广义的农村金融改革的理解。本章重点分析农村信用社在最新一轮改革之前的发展沿革，为下一章分析农村信用社的新一轮改革奠定良好的基础。

根据新制度经济学的分析，国家的权威总是操纵在一个或少数统治者手中，而统治者也是一个具有福利和效用最大化行为的"经济人"，他们同样面临生存和发展以及潜在竞争者的威胁等问题。国家及其统治者为了获得福利和效用最大化以及稳定的统治地位，需要和它的选民作一种交换，即国家利用具有垄断和强制性的权力为社会成员界定和保护产权，而社会成员则为此向国家及其统治者提供一定的税收。诺斯指出，在国家提供上述服务时，存在着两个基本目标：第一个目标是界定形成产权结构的竞争和合作的基本原则，即在要素市场和产品市场上界定所有权结构，以使统治者的租金最大化；第二个目标是国家提供一系列公共产品或服务的供给，以便降低交易费用，使社会产出最大化，从而增加国家税收。这两个目标是不完全一致的。第一个目标是企图确立一套基本规则以保证统治者自己的收入最大化。第二个目标包含一套能使社会产出最大化而完全有效率的产权。诺斯对经济史的研究发现，在历史上的许多阶段，"在使统治者的租金最大化的所有权结构与降低交易费用和促进经济增长的有效体制之间，存在着持久的冲突。这种基本矛盾是使社会不能实现经济增长的根源"。[②]在诺斯看来，一方面，没有国家就没有产权，国家权力是构成有效产权安排和经济增长的一个必要条件；另一方面，国家权力介入产权安排和产权交易，又极易使国家统治者为了实现自己短期利益最大化而对个人财产权利造成侵害，导致无效率产权安排的产生和经济增长的衰退。这个著名的

---

①　周小川在2004年把农村金融改革分为广义和狭义两个范畴，广义的农村金融改革包括国家对农村资金流动的引导、农村融资媒介的创新和发展等。狭义的农村金融改革具体是指当前所进行的农村信用社改革。

②　诺斯：《经济史中的结构与变迁》，上海，上海三联书店、上海人民出版社，1994。

诺斯"国家悖论"在农村信用社的发展历程中也表现得淋漓尽致。

一、合作社与信用合作

1843 年冬，在英格兰北部的罗虚代尔小镇，有一个法兰绒纺织厂。工人要求增加工资的罢工斗争失败后，生活十分穷困，28 个工人为了生存而商量自救的对策。在欧文的学生胡瓦斯和柯伯尔的协助下，决定在一起组织消费合作社。从当日开始，每人每天积攒两三个便士，1 年后，共积攒了 28 英镑。该消费合作社于 1844 年 12 月 12 日开始营业，主要是经营少数日常用品，每天营业 2 小时，由 28 位发起人轮流担任销售员。该消费合作社被命名为"罗虚代尔公平先锋社"。到 20 世纪 30 年代，该消费合作社的社员已达 4 万多人，有合作商业大厦以及上百个分店，还创办了工厂，成为世界上第一个取得成功的合作社。1937 年，国际合作社联盟将罗虚代尔公平先锋社的章程和记录，归纳为 7 个方面的内容，即"罗虚代尔原则"：（1）门户开放；（2）民主管理；（3）按交易额分配盈余；（4）股本利息应受限制；（5）对政治和宗教中立；（6）现金交易；（7）促进社员教育。另外，还附加了 4 项：（1）只对社员交易；（2）社员入社自愿；（3）按时价或市价交易；（4）创立不可分的社有财产。

1995 年，国际合作社联盟第 31 届代表大会对合作社作出了权威的定义：合作社是人们自愿联合组成的自治的协会，以通过共同所有和民主控制的企业来满足其经济、社会和文化方面的共同需求和渴望。国际公认的"合作社原则"有：自愿与开放原则；民主管理和一人一票原则；非盈利和社员参与分配原则；自主和不负债原则；教育、培训和信息原则；社际合作原则；社会性原则。

威廉·雷发巽于 1849 年在任德国佛拉梅斯佛尔德市市长期间，为了解决当时日益严重的农民问题，抵制一些商人对农民的高利贷盘剥，他受合作制思想的影响和启发，在当地组织了 60 个家境较富裕的人，创立了"佛拉梅斯佛尔德清贫农人求助社"。以后该求助社又设立了储蓄和贷款业务，从而成为信用和储蓄合作社。这是世界上第一个信用合作社。1854 年雷发巽出任赫德斯多夫市市长，组建了信用合作社，称为"赫德斯多夫储蓄金库协会"。这两个信用合作社都有非农民参加，资金是由热心人赞助的，因而带有慈善和救济性质。1862 年他在普鲁士组建了农民信用社，这是一个真正具备合作社性质的信用合作社。

雷发巽的思想和实践对于信用社的发展产生了重要影响。1872 年，德国莱茵地区第一个农民信用合作社联合社成立。1876 年，各地的信用合作社联合社又联合起来，组成信用社的中央机构，后来改称为德国雷发巽银行。雷发巽信用社在德国获得了极大成功，并且很快为世界各国所效仿，到 20 世纪初传入亚洲。

合作社这种经济组织形式已经覆盖了经济生活的许多方面，金融就是其中之一。尽管合作金融是一种不同于一般商业的金融组织，但是，这种金融制度的本质却是根源于合作社的原则。所以，合作金融是合作社的特殊形式，是以国际通行的合作社原则为标准，以金融资产形式参与合作，并在规定范围内专门从事金融活动的经济组织形式。

二、新中国成立以来的农村信用社

按照毛泽东在《新民主主义论》中的论断，中国革命必须分两步走，即是建立新民主主义社会和建立社会主义社会，在这个向社会主义过渡的阶段中，必须以经济建设为中心，实现由农业国向工业国的转变，而实现这种转变的基本途径则是合作化。他认为，"中国的现代性工业的产值虽然还只占国民经济总产值的百分之十左右，但是它却极为集中，最大的和最主要的资本是集中在帝国主义者及其走狗中国官僚资产阶级的手里。没收这些资本归无产阶级领导的人民共和国所有，就使人民共和国掌握了国家的经济命脉，使国营经济成为整个国民经济的领导成分。这一部分经济，是社会主义性质的经济，不是资本主义性质的经济。"……"占国民经济总产值百分之九十的分散的个体的农业经济和手工业经济，是可能和必须谨慎地、逐步地而又积极地引导它们向着现代化和集体化的方向发展的，任其自流的观点是错误的。必须组织生产的、消费的和信用的合作社，和中央、省、市、县、区的合作社的领导机关。这种合作社是以私有制为基础的在无产阶级领导的国家政权管理之下的劳动人民群众的集体经济组织。中国人民的文化落后和没有合作社传统，可能使得我们遇到困难；但是可以组织，必须组织，必须推广和发展。单有国营经济而没有合作社经济，我们就不可能领导劳动人民的个体经济逐步走向集体化，就不可能由新民主主义社会发展到将来的社会主义社会，就不可能巩固无产阶级在国家政权中的领导权。谁要是忽视或轻视了这一点，谁也就要犯绝大的错误"。[①] 由此可以看出，当时将信用合作社的性质定性为是以私有制为基础的劳动人民群众的集体经济。毛泽东认为，有国家的管理和国营经济的领导就可以保证它的社会主义性质。

这个时期，农村信用社的发展大体上经历了四个阶段：新民主主义阶段、合作化阶段、人民公社阶段和改革开放阶段。

（一）新民主主义阶段的农村信用社

从 1950 年年末到 1952 年下半年，在全国普遍实行的土地改革基本完成。完

---

① 毛泽东：《在中国共产党第七次中央委员会第二次全体会议上的讲话》，见《毛泽东选集》，第4卷，1424～1439 页，北京，人民出版社，1991。

成土地改革的地区的农业人口占到全国农业人口总数的 90% 以上，土地改革使广大农民分得大约 7 亿亩土地和大批生产资料，分得土地的农民成了土地的真正主人。在土地改革开始后的 3 年中，政府积极着手推动农村信用社发展。1951年 5 月，中国人民银行召开第一次全国农村金融工作会议，决定全面开展农村金融工作，普遍建立区级银行营业所和大力发展农村信用社。为了推动农村信用社的发展，中国人民银行颁布了《农村信用社章程准则草案》、《农村信用社互助小组公约草案》和《农村信用社试行记账办法草案》。到 1953 年年末，全国共建立信用社、信用互助组和供销社附设的信用部三种形式的信用合作组织达25 290个，其中，农村信用社有 7 785 个，占比为 30.8%，社员有 425 万人，股金为 1 201 万元，存款为 1 100 万元，贷款为 2 399 万元；信用互助组有 14 912个，占比为 59%；供销社内附设信用部共有 2 593 个，占比为 10.2%。

　　土地改革让农民生产积极性非常高涨，从而使农业生产力获得了极大的解放，农业生产由恢复走向发展，农村的商品经济开始发展，使得农民在生产和生活上存在着客观的融资需求，这也是促成农村信用社产生的前提条件。在生活借贷方面，部分农民因为生活贫困，在农作物青黄不接的季节缺钱、缺粮，加之因生病、婚丧嫁娶或自然灾害等，需要进行借贷。在生产借贷方面，刚刚分得土地的农户，成为新的生产单位之后，生产的积极性很高，但部分农户因缺乏劳动力和畜力，也没有足够的钱购买肥料、种子和农具等生产资料，不得不进行借贷。

　　在新民主主义阶段，信用合作组织表现出如下特征，需要特别注意的是，一是土地的所有权归农民，这是农民产生贷款需求的根本原因。二是农民有贷款需求，但由于无金融意识，因此需要由中央政府推动。三是当时因全国 90% 以上的人口为农业人口，加之农村普遍贫穷，劳动生产率十分低下，为了适应当时的状况，信用合作组织主要选择的是信用互助组的形式。四是信用合作组织的三种形式体现了真正的合作社性质，即由农民出资和由农民自主管理等。五是由于国家银行无法满足农民的贷款需求，因而国家在提供农村金融的供给时，结合当时的农业生产条件，农村信用合作社成为必然选择。

（二）合作化阶段的农村信用社

　　毛泽东在全国第三次农业互助合作会议上批判了互助合作运动中的右倾保守思想，以后又在全国进行了反右倾的斗争，掀起了这次农业合作化的高潮。[1] 在农业生产合作蓬勃发展的推动下，1954 年，农村信用合作进入了高潮和大发展阶段。中央农村工作部召开的第二次全国农村工作会议指出："供销合作、信用合作、造林合作、渔业合作、手工业合作的发展，均已成为群众日益迫切的要

---

① 卢汉川：《当代中国的信用合作事业》，北京，当代中国出版社，2001。

求，必须努力搞好。其中尤以信用合作需要最急，又具备着迅速大量发展的条件，但发展较差，故需多加一把力，积极而又迅速地加以发展。"1955 年，原定建立 30 万 ~ 35 万个农业合作社，却被各省自定的 60 万 ~ 90 万个农业合作社所取代。在农业合作化快速发展的推动下，农村信用合作组织也迅速发展。到 1956 年春，全国农村信用社已发展到 16 万个，全国 97.5% 的乡都有了信用社，入社的农户近 1 亿户。1956 年在农业合作化运动高潮中，中央决定撤区并乡，将原来的小乡合并成为大乡，原来的小乡农村信用社也随之合并。所以，到 1957 年年末，全国共有农村信用社 88 368 个。农村信用社数量虽然大大减少，但社员股金却增加到 3.1 亿元，比 1953 年增长了 24.8 倍；存款增加到 20.7 亿元，增长了 186.8 倍。

农业合作化的一个直接结果是土地实现了集体所有。农业合作化以后，农村信用社是否还有存在的必要，是让其保持独立并继续发挥作用，还是并入银行或农业生产合作社，全国产生了不同的认识。1956 年 4 月，毛泽东在听取了中国人民银行的汇报后说："信用社不能改为农业社的信用部，并入了，银行就没有脚了。"[1] 1957 年 1 月，中国人民银行召开全国信用合作会议，确认在生产合作化以后，农村信用社仍有独立存在的必要，应当坚持长期办社的方针，要求采取措施巩固、发展农村信用社，继续发挥它的作用。农村信用社的成立，使中国农村有了正规的、贴近农民的金融组织，使农民的贷款和储蓄服务的可获得性大为增强（见图 4 - 1），促进了农业生产发展。同时，也打击了高利贷，帮助银行开展农村金融业务，培养了农民的储蓄意识等。

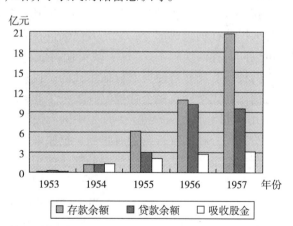

资料来源：尚明：《当代中国的金融事业》，北京，中国社会科学出版社，1989。

图 4 - 1　"一五"时期农村信用社存贷款业务

① 卢汉川：《当代中国的信用合作事业》，北京，当代中国出版社，2001。

　　合作化阶段呈现出的特征提示我们，需要注意以下几点：一是土地归集体所有，从新民主主义到社会主义的过渡时期很短，农业合作化运动实质是实现生产资料公有的初期。因为这个时期的农民还沉浸在对美好生活的期待中，所以农民的劳动热情仍然很高。二是 1957 年在基本实现信用合作化的时候，中央明确指出了农村信用社不是官办的而是民办的，强调农村信用社完全由群众自愿组织，绝不强迫命令。但是，随后召开的全国农村工作会议又成为了农村信用社"大跃进"的"助推器"。三是信用合作化与农业生产合作化一样，政府行政性控制的痕迹明显，具有较强的政治色彩。四是有人认为，农民在农村信用社入股分红，具有半社会主义性质，在当时集体主义的主流意识形态下，入股农户的分红被停止，不仅不能退股、不能参与民主管理，连贷款的权利也丧失了。[①]

（三）人民公社阶段的农村信用社

　　1958 年 8 月，中共八届二中全会正式通过"鼓足干劲，力争上游，多快好省地建设社会主义"的总路线。同月，中央通过了《关于建立农村人民公社的决议》，各地掀起了将高级社过渡到人民公社的高潮，人民公社化运动很快遍及全国。作为政企合一的组织，人民公社具有管理生产建设、财政、粮食、贸易、民政、文教、卫生、治安、民兵等各项工作的权力，既是经济组织，又是基层的政权单位。这个阶段从 1958 年到 1977 年，一共经历了 20 年。其间，农村信用社的管理体制也几经变革：

　　1958 年，农村信用社归人民公社管理。当时国务院颁发的《关于人民公社信用部工作中几个问题和国营企业流动资金问题的规定》中，第八条规定："人民公社的信用部既是人民公社的组成部分，又是人民银行在当地的营业所。为了便于工作，信用部可以同时挂两块牌子。"这一政策使得农村信用社的性质发生了重大变化，即由于两种所有制并行使得农村信用社的产权关系模糊不清；政企合一的结果，使农村信用社完全受人民公社控制，失去了业务经营自主权。

　　1959 年，农村信用社归生产大队管理。5 月，中国人民银行召开全国分行行长会议，决定把下放给人民公社的银行营业所收回，把原来的农村信用社从人民公社信用部里分出来下放给生产大队，变为信用分部。信用分部的职工和盈亏由生产大队管理与核算，业务经营由生产大队和人民公社信用部双重领导。在当时"共产风"和"浮夸风"的影响下，信用分部被当做调动社员财物的工具。

　　1962 年，农村信用社归政府管理。11 月，党中央和国务院批转了中国人民银行《关于农村信用社若干问题的规定》，决定恢复农村信用社的性质和任务。规定明确农村信用社组织独立，是国家银行的助手，是我国社会主义金融体系的

---

　　① 周脉伏：《农村信用社制度变迁与创新》，北京，中国金融出版社，2006。

组成部分。在业务上受中国人民银行的领导，农村信用社干部的待遇按照人民公社同级干部的待遇标准执行。

1969 年，农村信用社归贫下中农管理委员会管理。1 月，中国人民银行召开农村信用社体制改革座谈会，确定了两个根本性问题：一是把农村信用社交给贫下中农组织管理（在人民公社或生产大队成立贫下中农管理委员会，农村信用社的人权、财权和资金使用权都由这个委员会管理）；二是农村信用社职工由脱产改为不脱产，走"亦工亦农"的道路。

1977 年，农村信用社归中国人民银行管理。国务院在 11 月颁布的《关于整顿和加强银行工作的几项规定》中，第七条规定："信用社是集体金融组织，又是国家银行在农村的基层机构。"为此，1978 年 5 月，中国人民银行对农村信用社的机构设置、领导关系、人事管理、工作任务、业务经营、财务制度、会计核算等都作了具体规定。在机构设置上，明确规定："在一个公社已有银行营业所又有信用社，所社合为一个机构，实行统一领导，挂两块牌子，使用两个印章，办理银行和信用社业务。只有信用社没有营业所的，只挂信用社的牌子，使用信用社的印章，由信用社承办银行和信用社的各项业务。以上两种机构形式同样都是国家银行在农村的基层机构，执行统一的金融政策，统一的计划管理，统一的规章制度。"这样，农村信用社完全成为中国人民银行的一个基层机构。

人民公社是继高级农业合作化运动后，继续追求不断扩大经营规模，提高生产资料公有化水平的产物。生产资料公有化程度的提高，意味着农民对土地不再拥有所有权。农民也为此失去了生产性投入的基础，生产积极性受到严重挫伤。生产资料公有使得种植业的生产劳动由个体劳动变为了集体劳动，养殖业在农户自给自足以外的生产则被视为应被革除的资本主义尾巴。在这样的条件下，农户在农村信用社除了只剩下一部分存款需求外，几乎没有借款需求，集体经济则成为了农村信用社的主要借款需求者（见图 4 - 2 和图 4 - 3）。

从图 4 - 2 和图 4 - 3 可以看出，1958～1977 年的 20 年间，农村信用社存款余额增长了 2.8 倍，其中，集体存款余额增长了 3.4 倍，农户存款余额增长了 1.3 倍。由于农户不是独立的生产单位，因此，农户存款只是用于生活需要，在个人生活消费受限制的体制下，农户存款的增长速度仅为集体存款的一半。农村信用社的贷款增长速度则更为缓慢，20 年间仅增长了 0.6 倍，其中，集体贷款增长了 0.4 倍，农户贷款更是仅增长了 0.03 倍。

在人民公社阶段，信用合作组织呈现出的特征，需要我们注意以下几点：一是在失去对土地的所有权以后，农民对信用需求如同他们的生产热情一样，几乎降至零。二是在集体经济条件下，对农业的投入也显得严重不足，因而农民收入的增长相当缓慢，使得绝大多数农户长期处于贫困状态。三是农村信用社在政府的高度控制下，农村信用社入股社员的权利被剥夺并被排除在决策层之外，其合

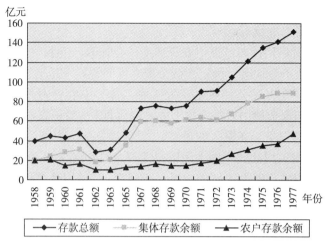

资料来源:《中国金融年鉴》,中国金融年鉴编辑部,1989。

图4-2 "二五"至"五五"时期农村信用社存款业务

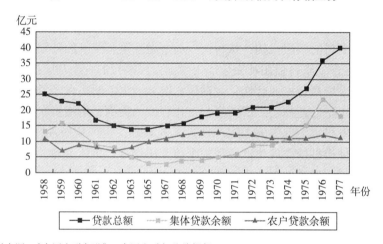

资料来源:《中国金融年鉴》,中国金融年鉴编辑部,1989。

图4-3 "二五"至"五五"时期农村信用社贷款业务

作制的性质已名存实亡,与农户的距离也越来越远。四是在政府没有向农村信用社注入资本金的情况下,将农户的入股资金无偿占用(其间农村信用社停止了向入股农户分红),侵害了入股农户的利益。五是农村信用社不仅极少把筹得的信贷资金投向农业,还把由此形成的大量农村剩余,转移到了工业,拉大了工业和农业的差距。

(四)改革开放到新一轮改革前的农村信用社

党的十一届三中全会以后,随着经济体制和金融体制改革政策的逐步出台,各专业银行以及其他金融机构相继恢复和建立。1979年1月，为了加强对农村经济的扶持，国家也成立了农村信用社的管理部门。中国农业银行成为四大国有专业银行中，专门服务农业的金融机构。中国人民银行委托中国农业银行管理农村信用社。1992年，党的十四大明确了我国改革开放的目标是建立社会主义市场经济体制。1994~2003年，这一期间重点是国有商业银行改革阶段，对于农村信用社来说，从1996年9月开始，全国5万多个农村信用社和2 400多个县联社逐步与中国农业银行脱钩。农村信用社的业务管理和金融监管分别由县联社和中国人民银行承担。

　　改革开放以后，随着以阶级斗争为纲转向以经济建设为中心的重大转变，党在全国农村范围内开始推行家庭联产承包责任制。农村土地的改革又一次极大地激发了农民的生产积极性，同时，使亿万户农村家庭成为农业生产的经营主体。农村由计划经济开始向商品经济转化，商品经济的发展又使得农户对融资产品提出了新的更多的要求，表现出农户融资需求的迅速增加（见图4-4和图4-5）。农村信用社的重点支持对象也由农村集体经济组织转向分散的农户。20世纪80年代，随着乡镇企业的大发展，以及财政"分灶吃饭"等，促使了地方政府加大了对金融机构（包括对农村信用社）的干预力度。20世纪90年代以后，社会主义市场经济对农村信用社的影响也是巨大的。从融资方面看，农业作为弱质产业，农民作为弱势群体，在市场竞争中明显处于不利地位。银行体制改革，特别是国有专业银行的商业化，使农村信用社脱离了中国农业银行的领导而相对独立，农村信用社也因此出现了严重的内部人控制的问题。农村合作基金会的出现曾对增加农业投入、缓解农民生产资金短缺发挥了积极作用，在一定程度上弥补了正规农村金融的不足，但因后来运行中的体制官办化、业务金融化、贷款非农化、资金风险化、监管无序化，造成了很大的负面效应。[①] 1999年农村合作基金会被关闭。1997年亚洲金融危机后，随着风险意识的增强，从1999年开始，国有商业银行逐步收缩机构，使农村信用社成为农村正规金融的主力军，形成了农村信用社在农村金融领域的垄断地位。

　　从图4-4和图4-5可以看出，改革开放到2002年的25年中，农村信用社存贷款迅速增长，2002年与1978年相比，各项存款余额增长了130倍，各项贷款余额更是增长了350倍。1977年农村信用社的贷存比为26%，到2002年农村信用社的贷存比达到了70%。在1958~1977年的20年中，农户贷款仅仅只增加了0.3亿元，而在1978~2002年的25年中，农户贷款却增加了3 226亿元。在这个时期，集体贷款在逐步萎缩，乡镇企业贷款则迅速增长。

---

　　① 马忠富：《中国农村合作金融发展研究》，北京，中国金融出版社，2001。

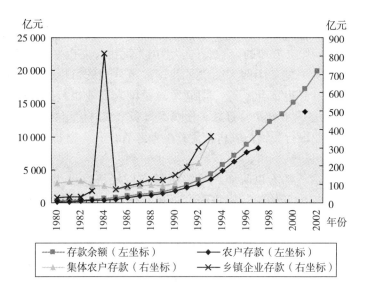

资料来源:《中国金融年鉴》,中国金融年鉴编辑部,1981~2003。

图4-4 "六五"至"十五"时期农村信用社存款业务

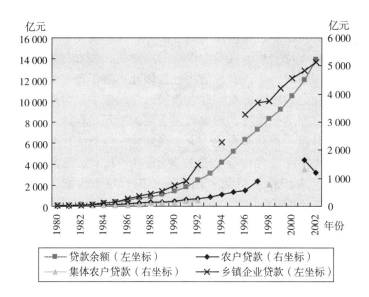

资料来源:《中国金融年鉴》,中国金融年鉴编辑部,1981~2003。

图4-5 "六五"至"十五"时期农村信用社贷款业务

从改革开放到新一轮改革前的阶段,信用合作组织呈现出的特征,需要我们注意以下几点:一是土地联产承包责任制,使农民拥有了自己对土地的使用权,在农户对生产和向土地投入的热情又一次极大高涨的基础上,表现出农户对融资产品的需求迅速增加。二是财政体制的改革，促使基层政府重工轻农，使农村信用社在政府控制下，经营出现偏差，一方面，农业生产得不到贷款支持；另一方面，贷款向乡镇企业倾斜，使农村信用社形成了大量的不良资产。三是国家想让农村信用社恢复"三性"的设想落空，反而离农户越来越远。四是亚洲金融危机促使金融改革步伐加快，国有商业银行加大了对基层机构的收缩力度，以及合作基金会的关闭，为农村信用社营造了唯我独大，无任何竞争的环境，使农村信用社在农村金融中继续处于绝对垄断的地位。

三、新中国成立以来农村信用社发展特征

50 年来，我国农村信用社从建立之初到后来的发展，它的产权模式、经营方式、管理体制等几经反复，并经历了较大变化。它在培养农户的金融意识，促进农业增收、农村经济发展和提高农民生活水平等方面起到了积极作用。同时，我们也不难看出，随着生产资料公有化程度的不断提高，农村信用社过多地承担了服从政治需要的职责，在相当长的时间里，没有发挥出农村信用社作为合作制金融组织的固有功能。农村金融的缺失，也在很大程度上阻碍了农村经济的发展，使得农民长期处于贫困状态。

（一）合作性质变异

新中国的农村信用合作社制度起源于合作化时期，合作化在中国的大发展，是在 1949 年中国共产党取得全国政权后开始产生的。从毛泽东在《新民主主义论》的相关论述中可以看出，当时将合作化的性质定为是以私有制为基础的劳动人民群众的集体经济。因为这个时期占了全国人口绝大多数的农民还处于小农经济的状态，农民在拥有了土地以后，其农业生产单位小而且分散，在国家银行无法满足农民贷款需求的情况下，银行在农村工作的任务已从单纯由国家供应资金、发放农户贷款为主，转变为以调剂资金为主，即在农村组织存款，用农村的钱支持农村经济发展。1951 年，中国人民银行制定了《农村信用互助小组公约》、《农村信用合作社章程准则（草案）》、《农村信用合作社业务规范（草案）》、《农村信用合作社计账办法（草案）》。这些组织章程是在借鉴国际合作联盟 1937 年确定的合作原则基础上，结合中国的国情制定的。从农村信用合作社试点所形成的信用合作社、信用互助组和供销社信用部三种组织形式看，也是基本符合上述合作原则的，特别是信用互助组在总的数量中占了约 60%，也是与当时农业成长形态和农业生产方式相适应的。

但令人遗憾的是，这一过程非常短暂。为了达到从政治上实现迅速把私有经济改变为集体经济的目的，1954 年，在对合作化试点还没有来得及进行很好的

总结的情况下，就将农村经济合作化推向了高潮，把合作社由初级社很快过渡到高级社，1958年又从高级社过渡到人民公社，并且带有很浓厚的行政色彩，与此相对应的是，农村信用社的规模也迅速扩大。

由此看来，农村信用合作化也只不过是为政治服务的工具罢了。因此说，农村合作化的发展同国家对合作制的认识以及党在农村的政策紧密相连。农村合作金融的建立和发展深受当时经济、政治和意识形态等制度环境的影响。农村信用社在合作化时期的特点主要是：明显地表现为政府供给型的制度安排，因信息不对称程度的加剧使农民贷款的可获得性程度降低，阶级性使农村信用社滑向救济穷人的慈善机构，股金不规范（贷款入股等）很难以股金实力来承担信贷风险，农村信用社的私人产权变为集体产权后的产权模糊，使其更容易被政府控制和摆布，政府指定农村信用社主任的做法使民主管理完全流于形式，停止分红使得分配制度未能得到有效执行。

人民公社时期的农村信用社管理权先后三度下放，又两度被收回，表现出管理体制反复多变的显著特征，集中反映为：中央政府与地方政府、农村信用社之间的利益博弈加剧，农村信用社完全成为政府的附属物使得政府既是控制者也是最后的风险承担者，"三会"制度的完全废止使得无人对农村信用社的财产真正负责，得不到分红和不承担亏损责任，使得农村信用社的盈亏与社员无关，在借助银行争夺金融控制权的过程中，使得农村信用社职工的身份待遇"国家干部化"。

从改革开放到2002年的25年中，同前一个时期相比，农村信用社获得了一定的经营自主权，总体是一个放权让利时期，但由于产权改造不成功，仍然在政府的控制之中，其主要特点是：从中国农业银行的管理到中国人民银行的管理，都由于公有的产权模式和农村信用社所拥有的既得利益，使得它并没有形成一个健全的法人治理结构。1984年以后的几次扩股都是以流于形式的、不能承担风险的"存款化股金"和政府成为事实上的控制者而告终。由国有产权导致的负外部性通过普遍存在的内部人控制得以显现，农村信用社把经营的多元目标冲突形成的不良资产和亏损最终转移给了中央。分配制度上实行不与业绩挂钩的固定工资制，助长了农村信用社职工对经营业绩漠不关心的风气。

从农村信用社几个发展阶段的特点，我们可以比较清楚地看到，合作制的性质出现显著变异，最终的结果表现为：产权不清晰、盲目追求规模、违背了民主管理原则、社员非自愿（被强迫）入股、商业化经营特征明显、机构集中度逐步提高、离农民越来越远等。

（二）公有制超现实

农村信用社的发展历程表明，合作金融除了在本次改革试点期间考虑了农业生产的不平衡性而选择了三种不同产权模式的组织形式以外，在其他各个发展阶段几乎都是一种产权模式的组织形式。事实上，这样一种农村金融供给制度的设计，不仅不利于农村经济的发展，还会对农业生产能力的提高带来很大阻碍。我国是一个农业大国，长期以来，农业人口占了全国总人口的很大比例。改革开放30年来，尽管我国经济发展已达到了前所未有的历史最好水平，也是经济社会发展的最好时期，但是，我们仍然没有摆脱农业经济原有的社会特征，因为与发达国家相比，我国的城镇化率低、农业人口占比高等状况仍然没有根本改变。这也从另一个角度说明，我国的农村生产力长期处于较低水平，而且在不同的区域间或同一个区域内农村生产力水平也极不平衡。在这样的条件下，仅靠单一的农村信用社类型选择显然难以适应农村经济和农业生产发展的需要。

随着农村经济公有化程度的提高，农村信用社的产权模式也发生了很大变化。实际上，从农村信用社的建立一直到后来的几个阶段，政府从来没有向农村信用社注入过资本金，只是建立初期农民投入的股金，以后的几次扩股也是由农民"投资"增加的、不具有真正资本金意义的"存款化"股金，但是，在农村信用社的经营管理上却完全受政府的控制，出现了"民有资本官营"的局面，把农民的初始股金和后来的"存款化"股金都变成了集体（政府）所有，这是农村信用社由"民有资本民营"变为"民有资本官营"的全部过程，也是农村信用社由民主管理的合作性质变为政府管理的公有制性质的全部过程。

农村信用社的公有制把自己变得更加昂贵，因而它所面对的客户群也更加有限，在合作化初期主要向距离农村信用社近、生产规模大、经济条件好的农户发放贷款；在高级社和人民公社时期主要向社队等集体经济组织发放贷款；改革开放以后农户贷款有所增加，但在政府的干预下又向乡镇企业倾斜。农村信用社产权以公有的形式几十年一路走来，一方面，在产权不清晰的情况下，农村信用社的贷款成为了大家"不拿白不拿，拿了也白拿"的"唐僧肉"，给后来留下了巨大的包袱。另一方面，农村信用社产权的公有程度远远超过了农业生产力水平，如果我们把合作化初期和改革开放后的情况进行对比考察，就会发现，因为土地制度关系的变化，尽管农户对融资产品的需求迅速增加，但是在农业生产以分散的农户为基本生产单位，即生产力水平总体偏低的情况下，农村信用社因受机构集中和产权制度的约束，管理成本偏高，导致融资产品价格居高不下，使得农村信用社根本没有发放农户小额贷款和提高信贷覆盖面的积极性，因此，有相当数量的农户的生产得不到正规金融的信贷支持。我们再对合作化后期和人民公社时期的情况进行考察，也是因为土地制度关系的变化，使得农户依靠土地进行小生产还没来得及解决温饱，在适合当时生产力水平的土地制度下的生产潜能还未能得到充分释放的情况下，就急于把土地和劳动收归集体所有。与此同时，为集体经济体制服务的农村信用社的公有程度也随之提高，在连集体资金都极少用于农业生产的情况下，农业对融资产品的需求也随之大幅下降，表明农村信用社的供给失效，不能有效发挥其应有的支农功能。也因为"集体经济"充满不公，相当部分农户的生活仍然处于十分贫困的状态。

（三）重工轻农政策

根据前面的叙述可知，从新中国成立以后的第一个五年计划到第五个五年计划的25年中，农村信用社的存款大大高于贷款。到1977年，存款余额与贷款余额差为112亿元，当年的贷款总额中还包含了乡镇企业贷款余额10亿元，如果剔除这个因素，实际差额达122亿元，其差额数就约占存款总额的80%。这组数据表明，农村信用社的资金不仅外流数量增加，而且外流的速度也在加快，国家银行通过农村信用社渠道从农村抽走了大量剩余资金。事实上，这种情况到后来也一直在延续，从来都没有停止过。

是什么原因造成这样的结果呢？1952年下半年，国民经济开始全面恢复，土地改革也在全国基本完成，抗美援朝已取得决定性胜利，中央开始加紧酝酿过渡时期的总路线。1953年6月，毛泽东在中央政治局会议上正式提出："党在过渡时期的总路线和总任务，是要在十年到十五年或者更多一些时间内，基本完成国家工业化和对农业、手工业、资本主义工商业的社会主义改造。"1954年9月，全国人民代表大会第一次会议制定了《中华人民共和国宪法》，在序言中把党在过渡时期的总路线正式规定为国家在过渡时期的总路线。过渡时期的总路线实际上是选择了工业化的发展战略，这一战略主要是根据当时的政治、军事需要，与国内外的政治经济环境有关。但是，要实现这样一个发展战略，需要投入巨额的资金，因此，资源尤其是资金的短缺已经成为实施工业化战略的最大制约因素。从西方发达国家所走过的工业化道路来看，有选择比较外露的，靠军事掠夺别国资源完成工业化资金的积累，以及通过增加税收等方式从国内获得工业化所需资金。而我国则是选择比较隐蔽的，靠从农村抽取农业剩余的方式，即通过农产品收购的"统购统销"政策，农业产品价格和工业产品价格巨大的"剪刀差"，来获得工业化所需的资金。

"统购统销"（统一收购，统一供给）政策的实施，对农村金融产生了两个方面的影响：一个是在农产品收购的时候，国家要拿出大量的收购资金，资金使用比较集中，这就会与工业所需资金形成矛盾，进而加剧了国家的资金紧张程度。因此，就需要通过设立能够贴近农民的金融组织来吸收农民的储蓄，以缓解资金紧张的压力。另一个是在农产品收购以后，农民手中掌握着大量的现金，如果不能及时回笼，不但会产生通货膨胀的压力，也会减少可供国家支配的资金数量。因此，这在客观上就需要有贴近农民的金融组织，及时将农民手中的现金回笼为国家所用。这样，农村信用社就成了国家为实现工业化战略而聚集资金的重要工具。

(四) 信用需求抑制

我国农村的信用需求，主要表现为农户的生产和生活对资金融通的需求。就解决生活资金而言，有三条渠道，一是自己的劳动所得，二是向正规农村金融组织借得，三是向亲朋好友或非正规金融组织借得。当劳动所得不能维持正常生活开支或突发性开支的时候，就只能依靠向外借款。在通常情况下，因为生活性开支属于消费性支出，如果没有足够的生产收入作为还款的保证，除少数高利贷者（非正规金融组织）愿意发放这种高风险贷款外，正规金融组织在一般的情况下是不愿意发放此类贷款的。因此，除了合作化初级社时期和改革开放以来，农户在农村信用社有一定比例的生活性借款以外，在合作化高级社和人民公社时期，几乎没有借款需求（包括生活性借款，也包括生产性借款）。合作化初级社时期农户需要生活性借款与改革开放以后的情况还大不一样，合作化初级社时期，因为农户普遍贫困，尽管种地不需要多少投入，但由于农业生产周期长、收入少、青黄不接的情况很常见，为了保证农民的基本生活，农村信用社承担了相当数量的生活性贷款，由此带来不能还款的风险大多也由政府承担。而在改革开放以后，情况却有了很大的不同，农户同样在拥有土地使用权的情况下，绝大多数农户的基本生活已经得到解决，但医疗、教育和建造房屋等支出却大大增加，我国在这一时期的大多数农户要通过生产所得来支付这些开支是非常困难的，这种情况一直延续到现在，所以，从某种程度上说，农村信用社长时期以来也承担了一定的财政职能。当然，要在农村信用社获得生活性借款，农户必须用地里的农作物或房屋等与贷款额度价值相当的物品作抵押，这又会在很大程度上限制了更多农户生活性借款的可获得性。

对于农村信用社而言，如果农户生活性贷款是属于被动抑制的话，那么，农户的生产性贷款则属于主动性抑制。经济学理论告诉我们，需求能创造供给，供给也能创造需求。农村信用社作为融资产品的供给者，必须要在有相应市场需求的前提下才有存在的基础，才能设计和提供适合农村市场需求的融资产品。从存款需求来看，农户只要有收入来源，对于节俭剩余，无论数量的多少，出于安全和增值的愿望，农户都会有储蓄的需求。从贷款需求来看，除了前面所讲的生活性借款需求之外，生产性借款需求主要是看生产者有无对生产投入的动机，而在合作化高级社和人民公社时期，农户个体的生产动机已被集体经济所取代，而集体生产又因为政策性原因受到严重抑制，直接影响了农村经济对融资需求的有效增加，这从图4-4和图4-5中已得到充分的反映。在合作化的初级社和改革开放时期，农户不仅有了生产动机，而且还十分强烈，但是，为什么信用需求却上不来呢？在合作化初级社时期，由于这一时期经历的时间很短，农业的生产力水平低，农户的生产规模比较小，并且以种植业为主，农户可通过把农作物拿到市场上去出售，其收入可以大部分满足农业生产的再投入，因而对融资产品的需求并不大。但是，在改革开放时期则有所不同，由于农民的生产积极性再一次高涨，生产动机非常强烈，加之与初级社时期相比，因农业政策的调整和不断改善，农村生产力的总体水平有了很大提高，经济范围也由种植业扩展到养殖业、农产品加工业、运输业等方面，生产规模也得到较大扩张，农户的收入大大增加，而且这一过程得以长时期的保持。

随着农业生产规模的日益扩大，农村经济发展对融资产品的需求也迅速增加，这本来为农村金融的供给带来了非常好的发展机遇，然而在政府对农村金融的严格管制下，农村金融的发展（供给）大大落后于城市金融的发展，甚至在一些阶段，农村金融市场出现了混乱的局面：农村合作基金会在无监管的状态下自由生长且不规范运行、农村信用社虽有监管却因监管不力致使经营方向出现偏差、邮政储蓄因单纯地吸收存款而无贷款功能、农业银行因信贷权限上收迫使基层机构资金上存等，大量农村资金"跳农门"并流出农村地区，造成农村金融的发展长期严重滞后。农户的融资需求因得不到满足而受到了严重的抑制，"农民贷款难"的普遍事实已向现行的农村金融供给制度提出了严峻的挑战。

（五）政府持续控制

长期以来，我国农村信用社都是在政府的控制下运行的，因此，它的现有产权制度、管理形式、经营方式、职工身份、分配制度等与合作制的要求也出现了较大差距，既影响了农村信用社的发展，也影响农村金融体系的建立和完善。

合作化时期，政府在成立农村信用社和促进其经营管理中起到了决定性的作用，因为它是由政府组织推动建立并迅速发展起来的，通过国家银行提供费用对农村信用社员工进行培训，利用政治资源给农户施加压力，动员他们把多余的钱存入农村信用社，同时也承担了农村信用社的经营风险。尽管《农村信用社的章程》上明确，当农村信用社"有亏损时，按股扣除"，但事实上，农村信用社的亏损都是由政府通过银行予以弥补的。当时，农村信用社的成立是由政府通过国家银行采取以下步骤进行的：一是调查农户合作意愿和物色干部，特别是通过地方党政的关系，在群众中物色有威信、办事公正和有办法的人担任信贷干部，而不是在培养基础上选拔有业务能力的人。二是组织筹委会，筹委会的成员包括社区范围内各村的党政、青年团、民兵、妇女等方面的主要负责人，对农户进行动员，而不是依照农业生产发展的实际需求自发组织设立。三是依靠行政的力量迫使农户入股，而不是农户的自愿行为。四是召开社员大会，入股结束后，筹委会便召开社员大会或社员代表大会通过《农村信用社章程》，选举理事、监事。分别主持召开会议，推选正副主任，同时按生产合作社、互助组或行政小组等划分小组，带有很浓厚的行政意向，形似而神不似。五是宣布农村信用社开业后筹委会解散，政府的支持不但使农村信用社成立的进程大大加快，而且使农村信用社获得了政府信誉。当然，这也为政府干预和控制农村信用社埋下了伏笔。在这个时期，政府对农村信用社的控制主要表现在以下几个方面：一是带有明显的政治色彩。在社员的资格方面，《农村信用社章程》规定：入社者必须为"劳动人民"。由于农业生产合作化的普及，对《农村信用社章程》作了修改，但是，尽管允许非"劳动人民"入社，但他们的权利却受到限制。1957 年的《农村信用社示范章程》中规定："过去的地主、富农分子和反革命分子，在入社后的一定时期内，没有被选举权，不得担任社的干部。"在贷款方面，对贷款对象作了带有政治色彩的区分，社员贷款优先，如果资金宽裕，对非社员也发放贷款，但不放款给地主、富农和商人。这在一定程度上使农村信用社成了救济穷人的慈善机构。二是私人产权变成了集体产权。在农村信用社成立之初，承认个人产权，从表面上看，产权是清晰的，但是，随着合作化运动的完成，民有化变成了集体化，社员个人的金融产权变成了集体金融产权。尤其是由小社合并为大社、停止股金分红后，社员的个人所有权无法在经济上得到体现，农村信用社的产权由清晰变得模糊。产权的模糊使农村信用社更容易被政府控制。社员个人产权被剥夺使得他们对农村信用社的经营也变得漠不关心，同时也失去了对农村信用社的经营权和管理权。三是民主管理流于形式。在 1951 年和 1957 年的《农村信用社章程》中，都按照国际准则，对农村信用社制定了符合合作制原则的规定，如规定：社员代表大会是最高权力机关，社员代表由社员直选，必须实行民主管理，不论股金多少，每人均只有一票表决权等。但事实上，农村信用社主任的产生都是由政府指定的，随着农村信用社规模变大之后，流于形式的民主管理使得社员对农村信用社的经营状况漠不关心。

人民公社时期，农村信用社的管理权在中央政府与地方政府、农村信用社与中央政府的博弈中三度下放，又两度收回。但无论管理体制如何反复，农村信用社的风险都是由国家承担，农村信用社由农民个人的产权变为了国家的产权。其主要表现：一是成为国家的附属物。在当时高度集中的经济体制大背景下，农村信用社没有也不可能获得独立的经营地位。农村信用社完全听命于政府，最终的控制权是掌握在政府手中。二是"三会"制度已被废止。农村信用社主任的任命连形式上的合法性都没有了，完全直接由地方政府或银行来控制。贫下中农管理委员会由于是政治组织而非经济组织，它对农村信用社的监督权也是来自政府而非社员，他们不会对农村信用社的财产真正负责。三是盈亏与社员无关。这个时期，普遍停止了股金分红，即使是盈利社也不再分红。当然，农村信用社的亏损也没有让社员来承担，最多时有半数的农村信用社亏损，都是由国家给予补贴。① 四是职工身份待遇"国家干部化"。农村信用社职工的身份和工资待遇，从农村信用社成立之初和到后来 1962 年的 10 年里，在不脱产、半脱产和脱产，以及工资的补贴、工资制之间几经反复。随着农村信用社规模的增加，农村信用社职工借助于国家银行争夺金融控制权的努力，使国家银行现实地成为了农村信用社与政府谈判的代理人，并逐步提高了自己的待遇，最终获得同国家干部一样的地位。

改革开放以来的前 25 年中，我们从国家对农村信用社的政策调整过程看到，在人民公社后期，农村信用社成为国家银行基层机构后，其经营流程和工作制度同国家银行完全一样，因而离农民越来越远，这种低效率的状况引起了中央政府的高度关注。1980 年 8 月，中央财经领导小组认为："把农村信用社下放给公社办不好，搞成官办的也不对，这都不是把农村信用社办成真正集体经济的金融组织。农村信用社应该在银行的领导下，实行独立核算，自负盈亏。它要办得灵活一些，不一定受银行一套规定约束，要起民间借贷作用。如果把农村信用社搞活了，社员的家庭副业也就搞活了，这将大大有利于农村经济发展。"② 1982 年 10 月，党中央和国务院的全国农村工作会议，要求恢复农村信用社的"三性"，即组织上的群众性、管理上的民主性和经营上的灵活性。提出农村信用社要坚持合作金融的性质。总体来说，这是一个放权让利的时期。但是，由于产权制度改造不成功，农村信用社仍在政府的控制之中，其主要表现：一是政府控制。在涉及农村信用社的所有政策性文献中，很难看出农村信用社的真正归属，政府文件规定往往与农村信用社实际运作状态不一致。一开始政府将农村信用社定为社员的互助合作金融组织，属于社员个人所有；后来又将农村信用社视为集体金融组织，属于集体所有；1996 年后，按照合作金融进行规范，将其认定为合作金融。但事实上农村信用社是政府说了算，是受政府控制的。二是内部人控制。由于农村信用社社员不是真正的所有者，社员股金的"存款化"问题使得社员与农村信用社之间形成了实质上的债权债务关系，农村信用社的委托人不是所谓的社员而是政府，农村信用社的"三会"治理结构形同虚设。随着农村信用社的独立，其经营自主权逐步扩大，在缺乏有效监管的情况下，由资产所有者缺位导致的负外部性有所显现，因而产生了内部人控制，即农村信用社的内部人员，利用自身掌握的代理权，为自身谋利益，侵害出资人的利益。三是目标多元化。农村信用社因受到多重目标的制约，并且这些目标之间又相互矛盾而难以协调，使农村信用社的经营无法准确定位。中央要支农，地方要发展，监管部门要防范风险，农

---

① 卢汉川：《当代中国的信用合作事业》，170 页，北京，当代中国出版社，2001。
② 汪澄清：《金融创新论》，224 页，北京，经济科学出版社，2003。

村信用社自身要生存。这种多目标的金融组织必然造成经营思维混乱和经营者的机会主义问题。[①] 四是"三会"制度形同虚设。尽管农村信用社从恢复"三性"时期就开始恢复"三会"，但是，在很多地方，"三会"只是流于形式，许多农村信用社的主任兼理事长，副主任兼监事长，理事会成员大多是农村信用社内部职工，农村信用社的经营管理权掌管在农村信用社主任手中。主任的产生是由政府决定，所以，农村信用社的经营管理权最终是政府说了算。

（六）信贷配置低效

在对我国农村金融有关时间序列数据的分析中，我们重点关注改革开放以来的情况，因为在这之前的绝大部分时间里面，对农户的贷款基本上是停止了的，而对集体经济的资金配置的低效率也是可想而知的。但在此之后就有所不同，农户贷款开始恢复，农村金融体系的资金配置效率明显提升。但到底情况怎样呢？从 1979 年至 2002 年的 24 年间，我国农村资金配置效率可以通过计算农业信贷增长率与农业增加值增长率的简单相关系数、乡镇企业信贷增长率与乡镇企业增加值增长率的简单相关系数来粗略衡量，其理论依据在于，如果增加值有较快的增长，这表明该部门经济效率较高，从而在资金的配置上是有效率的情况下，该部门应该获得更多的资金。从对农业信贷增长与农业增长、乡镇企业信贷增长与乡镇企业增长的相关分析中可以得知，乡镇企业信贷增长率与乡镇企业增加值增长率的简单相关系数要高于农业信贷增长率与农业增加值增长率的简单相关系数。但是在 t 检验中按 5% 的显著水平来衡量，两个相关系数均不显著，5% 显著水平下单尾右侧检验临界值为 2.074，双尾检验临界值的绝对值为 1.717。

如果换一种农村资金配置效率分析方法，我们可以借助于 Jeffrey Wurgler（2000）提出的资本配置效率模型：

$$\ln(I_{it}/I_{it-1}) = \beta\ln(Z_{it}/Z_{it-1}) + u_{it}$$

I 代表农业（乡镇企业）贷款余额，Z 代表农业（乡镇企业）增加值，i 代表不同的省份，t 代表时间，参数 β 表示信贷资金投向农业（乡镇企业）的配置效率，u 为误差项。利用各省 1999～2002 年有关数据，运用固定效应比较法估计出我国东部、中部和西部地区农户贷款及其乡镇企业贷款的配置效率，其结论如下：在农户贷款效率配置上，西部地区表现最差，其农户贷款配置效率仅在 10% 显著水平上显著。由于乡镇企业在农村中的重要性，我们还应该关注乡镇企业贷款情况，除东部地区表现较好外，中部地区乡镇企业贷款配置仅在 10% 显著水平上显著，而西部地区乡镇企业贷款配置效率即便在 10% 显著水平上也是不显著的。

---

① 谢平：《中国农村信用社体制改革的争论》，载《金融研究》，2001。

四、对新一轮改革前农村信用社的基本结论

通过上述对农村信用社各个历史阶段的发展沿革分析，我们可以尝试得出如下结论：

（一）农村的融资需求主要来自于农户的生产和生活需要

对于比较贫困的农户来说，主要表现为生活性的融资需求，因为他们的生产活动单一，范围较窄，以土地耕种为主，由于属于小农经济，农作物的附加值较低，靠种植农作物换取的收入仅够基本生活，为了弥补因农作物生长在未换得收入期间而带来生活费用不足的问题，需要向农村信用社借款。对于相对富裕的农户来说，主要表现为生产性的融资需求，因为他们拥有比较良好的生产技能和较多的商业机会，解决生活所需并不是他们产生融资需求的主要目的，他们有着更多的投资渴望，由此也会随之带来对融资需求的不断增加。因此，我们可以看出，农户生产是促进农村经济扩大融资需求的主要动力。土地归农户所有后，会从两个阶段带来对融资需求的影响：第一个阶段是带来个体劳动生产热情的释放所产生的融资需求；第二个阶段是在个体劳动技能提高和合作意愿增强的基础上，带来的生产力发展并迅速产生对融资需求的放大效应。而集体经济融资需求的抑制并不是集体经济本身的问题，当集体经济与劳动者个体的利益相分离的时候，这时所表现出来的产权关系是不清晰的，因而这样的集体经济是低效率的，也不会产生大的融资需求。反之，融资需求就会大大增加。因此，土地归农户使用（所有）是产生农村融资需求的基础。

（二）农村的金融供给由于制度性原因，更多地表现为低效供给或无效供给

新中国成立初期，农户被土地改革激发出很高的生产热情，但由于他们没有金融意识，因此，他们对融资所拥有的潜在需求并没有真实地显现出来，具体表现为对融资的现实需求要大大低于因生产热情提高所蕴涵的潜在融资需求。为了激发和实现农户的潜在融资需求，增加资金（信用）供给，在国家银行不能满足的情况下，政府大力组织和推动农村信用组织发展的愿望是好的，也是正确的。但是，政府开始时的良好愿望，在经过较短时间后，就被作为为政治服务的工具，以一种单一的组织形式和非正常的产权模式（民有资本官营）予以制度化，不论经济制度变化后金融供给方式是否合适，仍然进行强行配给。尽管在这一时期，政府也试图通过调整农村金融管理体制来适应经济制度的变化，但由于只是形式上的改良而并未触及也不可能触及明晰产权关系这个根本，因而大大削

弱了农村金融制度性供给的效率。

（三）农村信用社的公有化导致农村信用社偏离合作制性质越来越远

我国的农村信用社是在接受国外合作社思想的基础上逐步建立和发展起来的。而合作社的原本含义应该是"自愿、民主和共同所有"。但是，我国农村的合作社发展在经历了短暂的新民主主义时期以后，迅速进入社会主义，而社会主义是通过合作化运动由初级社、高级社和人民公社的形式迅速提高其生产资料公有化程度而建立起来的，作为实现社会主义公有化服务的农村信用合作社，也是在这一过程中，随着自身产权关系由清晰到模糊而走向公有化的。这里需要强调的是，农村信用社的公有化并不是由政府向其注入资本金，而是政府通过运用行政权力，剥夺了农村信用社民有资本的权利。在计划经济制度条件下，政府的控制力已全面渗透到经济社会的各个方面，市场原则已不复存在，作为代表社会生产关系的农村金融组织的农村信用社的产权结构，实际上已经远远超越了同一时期的农村生产力发展水平，使得农村金融的合作制性质被"非自愿、政府控制和公有"等特征所取代，在这样的背景下，农村信用社关于合作的原意已经被改变，因此，它当初贴近农户生产的优势也随之迅速消退。

（四）政府在对农村信用社进行产权制度安排的同时又造成对入股社员利益的最大损害

政府在行使行政权力的时候，实际上也是以追求自身利益最大化为目标的。在对待农村信用社和农户的问题上，从本质上讲，他们三者都是不同的利益主体，因而在追求各自的利益时，他们有着不同的行为方式，主要表现为政府、农村信用社和农户之间的利益博弈过程。根据前面的分析可知，对农村信用社进行控制，政府具有很大的激励，即在农村现有资源条件下，可以低成本地实现为"三农"融资的目标。面对政府的行为，农村信用社和农户会怎样呢？由于每次政府对农村信用社的改革，都忽视了对它们的正向激励，而农村信用社又不愿意失去它的既得利益，并充分利用自己所掌握的信息、资源、改革的具体操作权来阻挠产权制度改革，使得合作制形同虚设。对农户而言，农村信用社改革给他们带来的是这样一种预期：即使入了股，农村信用社也不是他们自己的金融机构，民主管理的权利也轮不上让他们来行使，在农村信用社普遍亏损，并不能为其带来多少或根本没有利益的情况下，与其把钱用来入股，还不如把钱存放在农村信用社更安全。因此，在整个的博弈过程中呈现出这样一种情况：政府为了满足农村信用社的需求，对农村信用社产权制度的确定（无论产权制度是否得当）提供了保障，从而使其产权制度得以稳定，内部人控制的利益得以维持；同时，政府为了实现自身利益的最大化，又要将农村信用社作为实现自身利益的工具，拥有或长期拥有对农村信用社控制力的做法，导致农村信用社和入股社员的利益受到了极大侵害。最终致使政府想实现的为"三农"融资的目标落空，"农户贷款难"的问题的长期存在使政府和农村金融处于尴尬境地。所以，笔者认为，政府未能及时从对农村信用社所拥有的控制权力中退出来，是造成农村信用社历次改革失败的根本原因。

第五章　新一轮农村信用社改革

　　将前一章农村信用社的发展沿革与本章分开叙述，是因为它们既有共同点，也有不同点，但更多的是不同点。共同点的存在说明新一轮改革在一些方面还是有所改进，但是，多年来一直制约农村信用社发展的深层次问题仍然未能得到根本性突破。其不同点尽管反映出了一些新意，但在现实条件下，这些新意却也难以取得令人满意的效果。

　　对新一轮农村信用社改革的分析与以前的情况比较，我们能够将农村信用社发展存在的症结，从历史的角度看得更清楚。在新一轮改革之前，农村信用社的合作制并不规范，未能真正实现农村信用社管理的民主性，农村信用社的产权不清晰；农村信用社离农户的距离仍然较远，农户贷款难的问题依然严重。亚洲金融危机引发国有商业银行从县及县以下地区撤出机构之后，扩大农户贷款覆盖面的呼声越来越高，因此，农村金融问题已经成为制约农村经济发展的瓶颈。农村信用社作为农村金融的主力军，所起作用与政府和农民的要求极不相称，在这样的情形下，农村信用社的又一轮改革就变得愈加迫切。

　　为了进一步深化农村信用社改革，改善农村金融服务，促进农业发展、农民增收、建设社会主义新农村，2003 年 6 月，国务院制订并下发了《深化农村信用社改革试点方案》。该方案明确了这次改革要按照"明确产权关系、强化约束机制、增强服务功能、国家适当支持、地方政府负责"的总体要求，加快农村信用社产权制度和管理体制改革，把农村信用社逐步办成由农民、农村工商户和各类经济组织入股，为农民、农业和农村经济发展服务的社区性地方金融机构，充分发挥农村信用社作为农村金融主力军和联系农民金融纽带的作用，更好地支持农村经济结构调整，促进城乡经济协调发展。2003 年，浙江、山东、江西、贵州、吉林、重庆、陕西、江苏 8 个试点省（直辖市）的深化农村信用社改革工作迅速展开。2004 年 8 月，国务院决定将深化农村信用社改革试点扩大到另外 21 个省（自治区、直辖市）。至此，农村信用社的产权制度框架和省级政府管理制度初步建立。

一、农村信用社改革的背景

　　进入 20 世纪 90 年代中后期，"三农"问题已经成为各方关注的焦点，融资难的资金瓶颈严重影响了农民增收、农业增长和农村发展。同时，农村信用社自 1997 年至 1999 年连续三年出现了增亏的局面，截至 1999 年年末，全国农村信用社行业的所有者权益为 −84.5 亿元，[①] 资不抵债表明整个农村信用社行业已经事实上破产，严重的亏损状况使农村信用社难以继续担当农村金融主力军的重任。农村信用社经营不善和发挥支农功能不力的主要原因，在于农村信用社"产权不明晰，法人治理结构不完善，经营机制和内控制度不健全；管理体制不顺，管理职权和责任需要进一步明确；历史包袱沉重，资产质量差，经营困难，潜在风险仍然很大"。[②]

（一）"三农"问题更加突出

"三农"问题的严重性主要反映在以下方面：一是农村居民收入增幅减缓，城乡收入差距越来越大。1978 ~ 1998 年，农村居民人均纯收入由 134 元增加到 2 160 元，扣除物价因素后年均增长 8%。但 1996 年农村居民人均纯收入实际增长 9%，而 1997 年农村居民人均收入的增幅下降到 4.6%，1998 年又进一步下降到 4.3%。1997 年，近 9 亿的农村居民在全国消费品市场的份额仅为 38.9%；1998 年全国农村居民的平均消费水平仅为城镇居民的 31.9%。二是农民负担沉重。据统计，几年来仅税收一项，农民负担的人均额度相当于城镇居民的 9 倍，如果加上各种名目繁多的费用，则相当于城镇居民的 30 倍。尽管中央三令五申地要减轻农民负担，但由于导致农民负担的体制性因素未能消除，农民负担依然很重。1997 年农民负担的提留、统筹、以资代劳、社会负担等费用，全国人均 180 多元，占当年农民人均纯收入的 10% 以上，1997 年在农民收入增幅回落 4.4 个百分点的情况下，全国家庭各项支出中增幅最多的是上交有关部门的各种费用，增幅达 26.9%，其中农民支出的各项行政事业性收费比 1996 年增长了 59.1%。

（二）农村资金加快外流

一是为农村服务的金融机构大量减少。1997 年亚洲金融危机之后，国有商业银行的风险意识明显增强，纷纷撤并县及县以下分支机构，从 1999 年开始，几家国有商业银行大规模地撤并了 31 000 多家地县以下基层机构，在农村的国有商业银行只剩下中国农业银行一家，而且，由于贷款权力的上收，中国农业银行在农村的分支机构一般只存不贷；随后，同样出于防范金融风险的考虑，农村合作基金会被清理；农村的邮政储蓄机构只存不贷，促成大量农村资金外流，从

---

① 中国金融学会：《中国金融年鉴》，北京，中国金融年鉴编辑部，388 页，2000。

② 《国务院关于印发深化农村信用社改革试点方案的通知》（国发［2003］15 号）。

而加剧了农户融资的难度，农村信用社被推到"农村金融主力军"的地位，并在农村金融市场中形成了垄断局面。并且，为了确保信贷资金的安全，农村信用社开始对超过一定数额的贷款实行抵押。二是农村资金大量外流。邮政储蓄机构只存不贷，成为了农村资金流向外部的"抽水机"，并且数额逐年增大，1990年，农村储蓄存款余额为108亿元，到2002年已达4 421亿元，平均每年增加340亿元。其中，县以下（不含县）邮政储蓄存款余额1995年时为547亿元，到2001年达2 025亿元，平均每年增加289亿元。① 由于中央银行给予其远高于银行存款准备金利率的转存款利率，使邮政储蓄机构能够获得稳定的利差收益，并且不用承担任何风险，从而更加激励邮政储蓄机构加大了从农村抽取资金的力度。一直到了2003年8月，邮政储蓄的转存款利率才由4.13%下调到银行存款准备金利率的1.89%，并且促进其自主运用资金。

农村信用社作为面向农村提供金融服务的正规金融机构，它从农村吸收的储蓄存款数量也远远大于在农村发放的贷款数量，导致农村资金外流（见表5-1）。

表5-1　　　　　　　　　　农村信用社资金外流状况　　　　　　　　单位：亿元

年份	农村信用社在中国人民银行的准备金	农村信用社在中国人民银行的存款	农村信用社购买的债券	农村信用社的净拆出资金	从中国人民银行获得的再贷款	资金的净流出
1997	1 247	703	513	825	16	3 279
1998	1 994	—	849	763	42	3 564
1999	1 827	—	1 005	612	214	3 230
2000	1 797	108	1 173	772	399	3 451
2001	2 095	176	1 517	846	686	3 948
2002	2 245	258	1 802	1 119	947	4 477

资料来源：中国人民银行研究局，2004。

根据表5-1所示，把从邮政储蓄渠道和农村信用社渠道流出的农村资金相加，1997～2002年，从这两个渠道净流出农村资金分别为：4 990亿元、4 643亿元、5 519亿元、6 198亿元、7 504亿元、8 898亿元。农村正规金融机构的减少和农村金融抑制，导致农村大面积地出现严重的农户"贷款难"的情况。农村正规金融机构所提供的贷款难以满足农户融资需求，迫使农户借款不得不转而依赖于非正规金融组织。据全国农村固定观察点对两万多农户的调查，2003年年末，在农户借款中，银行、农村信用社贷款占32.79%，私人借款占65.97%，其他占1.24%。农村企业贷款面临着同样的问题。2003年年末，在全国金融机

---

① 资料来源：中国人民银行研究局，2004。

构各项贷款余额中，农户贷款仅占 5.3%，全国乡镇企业贷款余额占全部贷款余额的比重也呈下降趋势，由 1997 年的 6.7% 下降到 2000 年的 6.1%，进而又下降到 2001 年的 5.9%。据农业部对江苏省武进县个体私营企业的调查，年收入 500 万元以上的企业中有 45.1% 的企业认为贷款难，年收入 500 万元以下的有 86.5% 的企业认为贷款难。[1]

（三）信用社经营难以为继

农村信用社自身的经营状况处于令人十分堪忧的境地。截至 2003 年 6 月，全国农村信用社法人机构达 34 909 个，其中，农村信用社有 32 397 个，县联社有 2 441 个，市地联社有 65 个，省级联社有 6 个；各项存款余额为 22 330 亿元，各项贷款余额为 16 181 亿元，分别占金融机构存款总额和贷款总额的 11.5% 和 10.8%。2001 年年末，全国农村信用社不良贷款余额为 5 290 亿元，占贷款总额的 44%，当年有 46% 的农村信用社亏损，亏损金额达 167 亿元，历年累计亏损挂账达 1 250 亿元；有 58% 的农村信用社已经资不抵债，资不抵债金额为 161 亿元。[2] 截至 2003 年年末，还有 28.7% 的农村信用社亏损，亏损金额达 93 亿元，有 53.5% 的农村信用社已经资不抵债，资不抵债金额为 1 779 亿元，潜伏着巨大的金融风险。早在 1999 年年末，农村信用社的所有者权益就已变为 - 84.5 亿元。[3]

二、《农村信用社改革试点方案》的主要精神

经国务院批准，从 2000 年 7 月开始，中国人民银行和江苏省人民政府组织开展江苏省农村信用社改革试点工作。这次改革先后开展了以县为单位统一法人、成立省联社和组建农村商业银行等工作，在产权模式、管理体制、机制转换和支持服务等方面进行了积极探索。江苏的这次农村信用社改革试点成果，为 2003 年全国农村信用社改革试点的推广提供了示范。

（一）中央深化农村信用社改革的相关论述

2002 年，中共中央、国务院在下发的《中共中央、国务院关于进一步加强金融监管、深化金融企业改革，促进金融健康发展的若干意见》（中发 [2002]

---

① 唐福勇：《农村信用社 5 年后能姓"商"吗》，载《中国经济时报》，2002。
② 荣艺华：《对我国农村金融制度变迁的思考》，载《上海金融》，2004。
③ 中央财经大学农村信用社改革课题组：《农村信用社改革总体框架》，http://www.ahnw.gov.cn，2003 - 05 - 14。

5 号）中指出：农村信用社改革的重点是明确产权关系和管理责任，强化内部管理和自我约束机制，进一步增强为"三农"服务的功能，充分发挥农村信用社支持农业和农村经济发展的金融主力军和联系农民的金融纽带作用。农村信用社改革要因地制宜，分类指导。广大农村地区发展不平衡，应根据不同情况采取不同办法，不搞"一刀切"。在人口稠密地区和部分粮棉主产区，具备条件的可在清产核资的基础上，建立县一级法人体制。在其他地区，可在现行基层社、县联社两级法人体制基础上进行调整完善，采取有效措施对高风险基层社进行兼并和重组。在沿海发达地区和大中城市郊区，少数符合条件的农村信用社可进行股份制改造。强化农村信用社内部管理。要从根本上解决相当一部分农村信用社内部经营管理混乱，违规、违纪严重和权力缺乏制约的问题，健全内部运行机制，加强领导班子建设，选好"一把手"。要完善贷款审批、风险防范和内部财务等内控制度，建立村民互保、联保等信用担保机制。加强和改善对农村信用社的监管。要抓紧制定有关农村信用社的法律、法规。全国农村信用社的监管由银行监管机构统一负责。农村信用社及其联社的党的关系实行属地化管理，农村信用社主要负责人经监管部门资格审查后，依法选举产生。各省级政府要按照国家有关法规指导本地区的农村信用社加强自律性管理，并统一组织有关部门防范和处置农村信用社的金融风险。农村信用社的行业管理应主要以县联社为单位进行，不在全国按行政区划层层建立农村信用社的行业管理组织。在防范道德风险的前提下，国家对农村信用社的改革和兼并重组给予必要的政策支持。对农村信用社实行灵活的利率政策，采取适当方式减轻农村信用社的税收和历史包袱，促进农村信用社实现扭亏为盈，逐步走上自我积累、自我发展的良性循环轨道。

2003 年 10 月 14 日，党的十六届三中全会通过《中共中央关于完善社会主义市场经济体制若干问题的决定》指出：深化金融企业改革。商业银行和证券公司、保险公司、信托投资公司等要成为资本充足、内控严密、运营安全、服务和效率良好的现代金融企业。选择有条件的国有商业银行实行股份制改造，加快处置不良资产，充实资本金，创造条件上市。深化政策性银行改革。完善金融资产管理公司运行机制。鼓励社会资金参与中小金融机构的重组改造。在加强监管和保持资本金充足的前提下，稳步发展各种所有制金融企业。完善农村金融服务体系，国家给予适当政策支持。通过试点取得经验，逐步把农村信用社改造成为农村社区服务的地方性金融企业。

（二）改革指导思想和总体原则、主要内容和组织措施

2003 年 6 月 27 日，国务院下发了《关于印发深化农村信用社改革试点方案的通知》。该方案是为进一步深化农村信用社改革，改善农村金融服务，促进农业发展、农民增收、农村全面建设小康社会而制订的。

　　该方案的指导思想：以邓小平理论和"三个代表"重要思想为指导，以服务农业、农村和农民为宗旨，按照"明确产权关系、强化约束机制、增强服务功能、国家适当支持、地方政府负责"的总体要求，加快农村信用社管理体制和产权制度改革，把农村信用社逐步办成由农民、农村工商户和各类经济组织入股，为农民、农业和农村经济发展服务的社区性地方金融机构，充分发挥农村信用社农村金融主力军和联系农民的金融纽带作用，更好地支持农村经济结构调整，帮助农民增加收入，促进城乡经济协调发展。

　　该方案的总体原则：一是按照市场经济规则，明确产权关系，促进农村信用社法人治理结构的完善和经营机制转换，使农村信用社真正成为自主经营、自我约束、自我发展、自担风险的市场主体；二是按照为"三农"服务的经营方向，改进服务方式，完善服务功能，提高服务水平；三是按照因地制宜、分类指导原则，积极探索和分类实施股份制、股份合作制、合作制等各种产权制度，建立与各地经济发展、管理水平相适应的组织形式和运行机制；四是按照责权利相结合原则，充分发挥各方面积极性，明确农村信用社监督管理体制，落实对农村信用社的风险防范和处置责任。以法人为单位改革农村信用社产权制度和改革农村信用社管理体制，将农村信用社的管理交由地方政府负责是新一轮农村信用社改革的两个需要重点解决好的问题。

　　该方案的组织实施：（1）组织领导：农村信用社改革工作由中国银监会负责组织实施。按照引导与自愿相结合的原则，试点单位的选择，由各省级政府自愿申报，中国银监会统筹安排后报国务院确定。确定试点的省，要根据该方案的精神，提出本省的具体实施意见，由中国银监会审核，报国务院批准后组织实施。（2）进度安排：从2003年下半年开始，力争年末前完成管理体制改革试点工作。将农村信用社管理责任交由地方政府负责，并落实有关扶持政策。农村信用社产权制度改革，在总结试点经验的基础上，逐步在全国推开。（3）应注意的几个问题：一是正确处理好改革、发展和稳定的关系。二是要严格按照该方案进行。国务院有关部门和地方政府要加强沟通，试点中的重大问题要及时请示报告。三是正确处理改革试点和面上工作的关系。省级政府要切实负起责任。四是改革过渡时期要特别注意防范和处置农村信用社的风险，对可能出现支付风险的农村信用社，监管部门要及时提出处置预案，需要资金救助的，按中国人民银行有关规定办理。

（三）农村信用社改革试点的资金支持

　　2003年9月3日，中国人民银行根据国务院的改革方案制定了《农村信用社改革试点专项中央银行票据操作办法》和《农村信用社改革试点专项借款管理办法》，明确：专项中央银行票据和专项借款额度按照2002年年末农村信用社实际资不抵债数额的50%确定，并以该年金融监管统计数据为基准。专项票据以县为单位分批发行，发行对象为农村信用社县联社；专项借款以省为单位分批发放，借款人为农村信用社省级联社或其他形式的省级管理机构。改革试点省选择资金支持方式，可实行"一省两制"。中国人民银行对专项票据和专项借款以省为单位进行管理。专项票据和专项借款的发放进度，要与农村信用社改革试点实施方案的实施进程和效果相结合，与其增资扩股、提高资本充足率和降低不良贷款比例的实际进展挂钩。中国人民银行分支行要积极支持和配合当地政府制订农村信用社改革实施方案，贯彻中国人民银行总行关于改革资金支持的政策规定；中国人民银行有关分支行要会同中国银监会有关派出机构及时掌握改革实施进度，准确核定有关统计数据，切实做好农村信用社增资扩股、提高资本充足率和降低不良贷款比例等指标的监测考核工作；中国人民银行有关分支行要严格按照规定的条件和程序提出安排发放专项借款或专项票据的建议。在利用中央银行资金帮助农村信用社化解历史包袱的同时，中国人民银行有关分支行要促进农村信用社切实转换经营机制，改革试点取得预期成效，真正做到"花钱买机制"。

三、农村信用社改革政策的特点与不足

新一轮农村信用社改革方案最突出的几个要点：一是改革与发展坚持市场经济取向，走商业化可持续发展之路。二是突出坚持为"三农"服务的方向，强调无论其产权结构和管理模式如何改革，这个方向都不能变，否则就背离了改革的宗旨和目标。三是因地制宜、分类指导，在产权制度和组织形式选择等方面不搞"一刀切"。四是责权利相结合，调动中央和地方两个积极性。

改革的重点是产权制度和管理体制，其中产权制度是改革的首要问题，也是关键，主要解决所有制和所有权的问题，促成农村信用社内部机制的转换，促成一个合理、有效的营运和管理机制的建立。要充分尊重农村信用社及其社员的意愿，不能搞强迫命令。要把产权明晰与法人治理结构的完善和落实内部管理责任紧密结合起来，形成"国家宏观调控、加强监管，省级政府依法管理、落实责任，信用社自我约束、自担风险"的监督管理体制。省级政府对农村信用社的管理要坚持政企分开的原则，省级政府要承担起辖内农村信用社的管理和风险处置责任，在依法进行管理的同时，中国银监会要对其加强监管。

政策的扶持，一是要与转换机制相结合，注重改革的效果；二是要消化历史包袱，地方政府采取必要措施促进改革。

农村信用社改革资金支持的目的是"花钱买机制"，方式是专项中央银行票据和专项借款，两种资金支持方式由试点地区自主选择。专项中央银行票据按2002年年末实际资不抵债数额的50%发行，用于置换农村信用社不良资产和历

年挂账亏损，期限为 2 年，年利率为 1.89%，按年付息。该票据不能流通、转让和抵押，可有条件地提前兑付。票据兑付必须与农村信用社改革效果挂钩，以县为单位验收兑付。标准为产权明晰，资本金到位，治理结构完善，由中国人民银行分支行、中国银监会派出机构和地方政府监督执行。专项借款按 2002 年年末实际资不抵债数额的 50% 进行安排，期限可分为 3 年、5 年和 8 年，利率为 0.945%，按季度结息。资不抵债数额按农村信用社法人单位计算，以省为单位汇总，由省政府统借统还。农村信用社对所置换的不良贷款必须办理保全，积极清收，并将其效果作为兑付的条件进行考核。兑付条件按国务院《关于印发深化农村信用社改革试点方案的通知》要求，还要考核以下内容：一是增资扩股及股权设置与管理符合规定；资产质量和资产利润率逐年提高；支农服务功能有所增强。二是内控制度完善；用人制度合理；授权授信科学；费用管理和分配制度完善。三是信息披露考核，经营透明度高；披露内容全、格式统一且放在营业场所；实行签字制度。四是法人治理结构考核，建立决策、执行和监督制衡机制；"三会"及经营管理者履职情况；选举程序科学；建立经营效果评价机制；健全审计制度。

两种资金支持方式的比较：（1）专项中央银行票据门槛较高；专项借款门槛较低。（2）专项中央银行票据是农村信用社的资产，期限较短并可获得一定利息收入；专项借款是农村信用社的负债，期限较长但须支付一定利息。（3）专项中央银行票据主要用于解决历史包袱和弥补亏损；专项借款主要用于解决经营性资金头寸不足的问题。（4）专项中央银行票据更适宜于历史包袱重而又有发展前景的机构；专项借款更适宜于历史包袱重、发展前景差，或历史包袱轻、发展前景好的机构。（5）使用专项中央银行票据应事前确定产权组织形式；使用专项借款则无须考虑这一因素。

资金支持中需要注意的几个问题：一是我国幅员辽阔，各地农村信用社情况差异大，因而在资金支持方式、产权模式和组织形式的选择上，应因地制宜，不搞"一刀切"，以最大限度地发挥改革政策效应。资金支持方式、产权模式和组织形式一经确认，原则上不得更改，因此各地需要慎重选择。二是正确处理"宽进严出"的关系，要做到宽严适度，要有利于农村信用社改革目标的实现，有利于农村信用社远期风险的控制。三是在使用票据方式中，不良贷款占比与资本充足率这两个指标设置科学，两者既紧密联系，又相互制约。不良贷款占比下降，或是收回不良贷款，或是新增贷款；而新增贷款，要达到资本充足率要求，又必须增加补充资本金。因此在审查这两个指标时，重点是确认新增贷款和资本金的合规性与真实性。这两个指标很重要，但不是唯一的标准，还需要与产权明晰、完善治理结构等情况结合进行考核。四是资金支持的数据已经按照 2002 年年末中国银监会的统计和中国人民银行总行认定的结果进行锁定，这一次只是以县为单位，将锁定数据进行分解和核定。而不能把各地的清产核资情况作为重新调整 2002 年年末基数的依据，只能作为产权制度改革的参考。五是对边远地区的弱小农村信用社，在资金支持方式、产权模式和组织形式的选择上，需要结合实际深入调查，积极开展政策研究，以寻求更好的解决方法和途径。六是风险处置应注意区别几种情况：即对违反审慎经营规则的和对违规经营造成严重后果、已经发生支付风险的，由各地银监局依法处置。发生支付风险时，实施资金救助的顺序是：当支付风险较小时，由县联社按照规定程序申请动用存款准备金；当风险比较严重时，由省级联社在省政府承诺还款的前提下，按规定和程序向中国人民银行申请紧急再贷款。

同时，在农村信用社的改革方案和操作办法中，也反映出了一些不容忽视的矛盾、难点与不足，需要引起有关方面的高度重视：一是商业化改革目标与政策性的多经营目标难以兼顾；二是政府的深度参与，在确定改革方案等方面决定着农村信用社的改革走向，这与政府作出的由农村信用社自主选择资金支持方式和产权模式等承诺相矛盾；三是作为改革关键的产权制度设计，可能因论证不充分而最终导致新的组织形式难以有效实现其功能；四是省联社代表省政府对农村信用社管理的越位，可能会延缓农村信用社建立"四自"的进程；五是在外部竞争环境尚不具备的条件下，要求农村信用社完善法人治理结构无异于自欺欺人；六是资金支持方案使得票据在申请和兑付期间，让中国人民银行承担了过多和承担不了的责任；七是在产权制度设计上努力想体现区别对待，而在两种资金支持政策的设计上却又表现为"一刀切"；八是降低不良贷款、提高资本充足率等的时间要求及操作方式不合理，不能不对其最终的真实性与合规性产生怀疑；九是规定省级政府承担风险处置责任，并要求其对紧急借款作出归还的承诺，无疑会加大政府干预农村信用社经营管理的筹码；十是改革政策设计方案中激励约束机制的缺陷，难以促进农村信用社真正实现"花钱买机制"的目的。对于这些矛盾、难点和不足，笔者会在后面进一步叙述。

第六章　农村信用社
几个重要问题的分析

通过上一章对新一轮农村信用社改革相关政策的简要描述，使我们感到，在涉及农村信用社改革的产权制度、管理体制和"花钱买机制"等几个非常重要的问题上，还存在比较大的政策性缺陷。本章将对此进行重点剖析，为探寻我国农村金融类型选择及政策取向奠定基础。

一、农村信用社产权改革中的股份合作制分析

农村信用社股份合作制是新一轮农村信用社改革确定的三种产权形式之一，也是我国农村信用社历次改革中提出的最具新意的一种产权形式。对于股份合作制，通常可以作两种理解：一种是按照公司制要求，投资者通过向股份制企业进行投资，表现为为了追逐投资收益最大化目标的股金份额的合作，其实质是《中华人民共和国公司法》中所规范的股份制产权形式。另一种是按照特殊的产权要求，将入股者的股金分为投资股和资格股两种类型，投资股以追逐投资收益最大化为目标，资格股以取得贷款资格为主要目标，其实质就是股份制与合作制的混合产权模式。对于股份制，现在已经有了一套非常成熟的评价标准，只适合于少数地区农村信用社的产权制度改革。股份合作制才是农村信用社改革设计者推崇的、更具普遍意义的产权模式。在我国的多数地区，由于农业基础脆弱、农民收入增长缓慢和战略投资者少等原因，所以，股份合作制就成为农村信用社产权改革中的主要选择模式。提出对农村信用社不同的产权改革方案，是为了适应不同地区农业生产力发展水平的需要，从调整过去习惯于"一刀切"改革思路的角度讲，因地制宜、区别对待的产权改革思路无疑是一大突破。但值得注意的是，对原农村信用社产权进行股份合作制改造是否恰当则需要认真研究。

（一）股份合作制农村信用社的产权制度分析

股份制是以入股的方式把分散的、属于不同所有人的生产要素集中起来，统一使用、合伙经营、自负盈亏、按股分红的一种经济组织形式。股份制的基本特征是生产要素的所有权与使用权分离，在保持所有权不变的前提下，把分散的使用权转化为集中的使用权。股份制是与商品经济相联系的经济范畴，是商品经济

发展到一定程度的产物。股份制企业是指两个或两个以上的利益主体，以集股经营的方式自愿结合的一种企业组织形式。它是适应社会化大生产和市场经济发展需要、实现所有权与经营权相对分离、有利于强化企业经营管理职能的一种企业组织形式。其特点是：发行股票，一方面，借以取得股息，另一方面，参与企业的经营管理；建立企业内部组织结构，股东代表大会是股份制企业的最高权力机构，董事会是最高权力机构的常设机构，总经理主持日常的生产经营活动；具有风险承担责任，股份制企业的所有权收益分散化，经营风险也随之由众多的股东共同分担；股东从利益上去关心企业资产的运行状况，有利于促进决策趋于优化，使企业发展能够建立在利益机制的基础之上。

1995 年，国际合作社联盟第 31 届代表大会对合作社作出了权威的定义：合作社是人们自愿联合组成的自治的协会，通过共同所有和民主控制的企业来满足其经济、社会和文化方面的共同需求和渴望。国际公认的"合作社原则"有：自愿与开放原则；民主管理和一人一票原则；非盈利和社员参与分配原则；自主和不负债原则；教育、培训和信息原则；社际合作原则；社会性原则等。由于我国目前对合作制企业或合作社尚未立法，因此对合作制没有一个针对我国现实情况的解释。

依据前面对股份制与合作制的认识，其主要区别：他们是两种企业制度。在全世界的股份制、合作制、独资企业和合伙企业四种企业制度中，股份制和合作制都是负有限责任，独资企业和合伙企业都是自然人企业，负无限责任。股份制与合作制都有入股集资，为什么是两种企业制度呢？因为二者遵循的原则不同。股份制遵循的是股权原则，谁购的股票多，谁的发言权就大，这样才有控股、不控股的问题；而合作制遵循的是一人一票原则，在企业内部，职工入股的份额一般差异不大，在进行决策时，大家是平等的。

1997 年 6 月 16 日，原国家体改委经国务院同意颁布实施的《关于发展城市股份合作制企业的指导意见》指出，股份合作制是采取股份制一些做法的合作经济，是社会主义市场经济中集体经济的一种新的组织形式。在股份合作制企业中，劳动合作与资本合作有机结合。劳动合作是基础，职工共同劳动，共同占有和使用生产资料，利益共享，风险共担，实行民主管理，企业决策体现多数职工的意愿；资本合作采取了股份的形式，是职工共同为劳动合作提供了条件，职工既是劳动者，又是企业出资人。劳动合作与资本合作相结合有利于共同劳动条件的改善、企业竞争能力的提高和劳动者长远利益的增加。股份合作制是能够促进生产力发展的公有制实现形式，是现阶段劳动者创造就业机会、走向共同富裕的一条重要途径。

股份合作制企业既不同于股份制企业，也不同于合作制企业。从目前各地的改革实践和法律原理来分析，股份合作制企业有以下特点：股份合作制企业是独立的企业法人。股份合作制企业必须符合《中华人民共和国民法通则》规定的企业法人的必备条件，依照法定程序设立，能够独立承担法律责任；股份合作制企业的股东主要是本企业的职工，原则上不吸收其他人入股。但是企业职工入股实行自愿而不得强求；股份合作制企业依法设立董事会、监事会、经理等现代企业的管理机构，企业职工通过职工股东大会形式实行民主管理。职工股东大会既是企业的股东大会，又是企业的职工代表大会，是股份民主和劳动民主的结合，是企业职工参与企业民主管理的有效形式；在股份合作制企业中，职工既是企业的劳动者，又是企业的出资者；股份合作制企业兼顾营利性和企业职工间的互助性。作为一种企业，它是以盈利最大化为目的，但盈利不是其追求的唯一目标，企业职工间的互助性是推动这一新型经济组织形式发展的直接原因；企业在取得适当盈利的同时，始终将提高劳动者的业务素质、互助一定范围的利益群体、满足职工对物质生活和精神生活的更高层次的需要作为又一重要目标；在劳动分配方式上，股份合作制企业实行按资分配与按劳分配相结合。企业的职工既是股东又是劳动者，所以其取得收入的一个途径是工资收入，实行按劳分配，多劳多得；另一个是资本分红，按其入股多少决定。

在上述分析的基础上，我们有必要对改革中的农村信用社实行股份合作制的产权模式作进一步的分析。金融企业与生产企业一样，在所有权与经营权相分离的情况下，都能够实现扩张规模、有效经营和现代化管理，因为所有权与经营权相分离是股份制具有的显著特征，所以金融企业和生产企业都可以实行股份制。同样，金融企业和生产企业在规模小或很小的情况下，可以自发地实现劳动合作和资本合作，两种合作的统一可以实现适度规模、有效经营和民主管理，因为劳动合作与资本合作的统一是股份合作制和合作制的独有特征，因而，我们认为金融企业和生产企业同样可以实行股份合作制或合作制。农村信用社作为社区性金融企业，也可以实行股份合作制，但前提是应该结合我国经济发展实际，重新建立为某一特定经济群体服务的新的股份合作制金融组织，而不是在原有农村信用社基础上进行股份合作制改造。

首先，农村信用社市场化改革的结果会促使劳动合作与资本合作相分离[1]，有悖于股份合作制的基本原则。在原农村信用社产权制度基础上进行的股份合作制改造，既不能实现资本的合作，也不能实现劳动的合作。先看农村信用社的资本合作，因为股份合作制的特点显示，资本合作是以劳动合作为基础的。也就是说，资本的筹集仅限于农村信用社的职工，原则上不能扩大到农村信用社之外，但是，这在农村信用社是根本无法做到的。经营规模是决定商业性金融成败的直

---

[1]　在我国农村信用社五十多年的发展中，劳动合作和资本合作从来就没有统一过，这也充分反映了我国信用合作的先天不足。

接原因，按照农村信用社新一轮改革的要求，要满足专项中央银行票据兑付的条件，县乡两级法人、县统一法人和农村商业（合作）银行等不同组织形式的农村信用社资本充足率必须分别达到2%、4%、8%的要求，换句话说，不同产权模式的组织机构即使按照各自最低的资本充足率规定的要求，也必定不会有任何一家农村信用社的职工可以筹集到如此大数额的资本金。再看农村信用社的劳动合作，股份合作制的特点还显示，职工既是农村信用社的劳动者，又是农村信用社的出资者。农村信用社的股本金构成及其职工的现实状况表明，农村信用社的职工并不是农村信用社的全部出资者，而且绝大多数农村信用社的出资者都不是农村信用社的职工。如果非要认定出资者就是农村信用社的职工的话，那么，这样的农村信用社就违背了股份合作制的前述特点，由于股权构成的特殊性，它又不是真正意义上的股份制农村信用社。所以，农村信用社在原有基础上进行的股份合作制改造，劳动合作已经不会、也不可能成为股份合作制农村信用社资本合作的基础。

其次，在新一轮改革中，股份合作制模式下的农村信用社难以正常运行。在确定产权模式和组织形式之后，为了实现正向激励，农村信用社进行了增资扩股、调整股本结构和完善法人治理结构。这样的改革对于三种产权组织形式来说，除了有利于建立股份制的农村商业银行外，对于建立合作制和股份合作制农村信用社的产权制度是根本不可行的。

在这里，我们重点分析产权制度改革对改造股份合作制农村信用社的影响。由于受经济发展客观条件的限制，在农村信用社改革的股金构成中，有资格股和投资股两种。从表面上看，资格股可以满足对有贷款需求入股农户的融资愿望，投资股可以满足投资者取得满意投资的回报和参与农村信用社管理的愿望。似乎这一产权组织形式能够兼顾各方利益而被视为是创新之举。那么，实际情况又会是怎样的呢？目前，农村信用社的资格股数量在总资本中约占70%，且高度分散，单个股东因入股数额小而对入股的回报并不在乎，因而，没有参与农村信用社管理的积极性，对经营效益也漠不关心，他们唯一看重的是入股后所能取得的贷款资格，并且认为按资格取得贷款也理所当然，对归还贷款的法律意识却明显淡薄。他们是农村信用社的出资者，但不是农村信用社的职工。农村信用社的投资股数量在总资本中约占30%，相对分散，单个股东的入股数额大大高于资格股股东，因而，他们更加看重投资回报，由此激发了他们参与管理农村信用社的热情，随着管理意识逐渐增强，他们开始对资格股股东的贷款资格提出质疑，表达了对资格股股东进行必要的约束的愿望。他们同样是农村信用社的出资者，但也不是农村信用社的职工。

这里反映出两个问题：一个是资格股股东和投资股股东因同是出资者而不是劳动者的事实与股份合作制企业的特点不相符合。另一个是资格股股东和投资股股东因为入股动机不同，随着时间的推移，股东结构尽管可以逐步得到改善，但是，其改善的速度会远远慢于投资者效率意识的提高。因此，在相当长时期内，两种类型的股东同时处于一个经济体之内，其各自的利益根本无法协调，最终将导致股份合作制农村信用社无法正常运行。目前，之所以还能够运行，是因为这样的农村信用社产权模式才刚刚开始起步，股东，特别是投资股股东的维权意识还不够强，各种矛盾还没有得以充分暴露。

最后，股份合作制会进一步强化农村信用社的内部人控制。目前，农村信用社接受代表地方政府的省级信用联社和代表中央政府的中国银监会的双重管理。随着地方政府的风险责任和中央政府对风险监管力度的加大，应该说，自改革以来，各级农村信用社的总体风险意识明显增强，但由于农村信用社缺乏对风险的识别能力，管理风险的方法也显得相当简单和粗放。主要表现为：一是对于无抵押物或抵押资产不足的农户不予贷款。通过滥设风险屏障，既人为地提高了交易成本，也因此不可避免地失去了许多商业机会。二是将利率水平上浮至国家规定的较高幅度。通过简化利率档次和缩短贷款期限等方式，粗暴地变相提高融资成本，以达到掩盖其风险管理不足的目的，这在农户融资需求的上升时期，无疑是取得短期利润最大化的有效手段，但这同样也会成为阻碍农村信用社进一步发展的很大障碍。三是具有强烈的"垒大户"偏好。通过绕开对量多分散、贷款额度小和自己所熟悉的客户群体（农户），将贷款更多地投向自己并不熟悉的大户，既忽视了有利于自身可持续发展的市场基础，也因风险的不可控制而增大了风险隐患。

从这些做法中不难看出，农村信用社的融资产品在农村形成的卖方市场，更加凸显了农村信用社的垄断地位，而这种垄断如果仅从经营的角度讲，表现出了很强的内部人控制特征。如前所述，因为 70% 的资格股股东入股金额小而且相当分散，加之缺乏股东意识，而在农村信用社职工部分参股的情况下，资格股股东的代表资格就自然地让渡给了农村信用社的职工。因此，由于存在信息不对称，股东代表大会上最有发言权的就是农村信用社的职工，而农村信用社理事长则拥有控制股东代表大会局面的权威和进行经营决策的权力。①

（二）股份合作制农村信用社的资产专用性分析

金宏等（2007）认为：自然人股东和法人股东"同股不同权"是农村信用社股份合作制产权模式创新的重要特征。资格股可以退出的机制使得股份合作制股权结构和资本的稳定性受到一定程度影响。因此，他们以资产专用性为立足

---

① 理事会是目前县级联社的核心决策层。四川某县农村信用社的理事会成员的构成是：农村信用社3人，农民代表2人，工商业主2人，企业家代表1人，一般自然人代表1人。农村信用社以外的理事会成员只参与年度的经营计划和财务计划的审议，而更为重要的日常决策权则是掌握在农村信用社内部人手中。

点，认为农村信用社的资产专用性是股份合作制产生股权结构和资本稳定性问题的内在原因，主要依据有两个：一个是可占用准租的存在，使得机会主义行为成为可能。资产专用性成为农村信用社实现为资格股股东服务这一社会责任目标的主要手段，并且它是通过资产专用性投向而产生锁定问题，并由此产生"可占用准租"。由于各契约当事人都想占有"可占用准租"，作为次优使用者的资格股股东只会以更低的价格来获得某项资产的使用权。这部分资产专用性产生的"可占用准租"同样会导致机会主义行为。在"同股不同权"的激励下，因契约的不可能完全性，投资股股东占用未来剩余价值的机会主义行为有了操作空间。另一个是资格股退股机制的设计，在约束机会主义行为的同时，也成为股份合作制的不稳定因素。农村信用社实现二元目标的契约条件变得很高。法人股股东因存在机会主义行为，资产专用性使这种机会主义行为从可能变为现实。资格股退股机制的设计，既可约束法人股股东的机会主义行为，又可借此提高法人股股东机会主义行为的成本。自然人股东一旦退出资格股则会出现投票权集中到法人股东的手中，农村信用社初始设定的股权结构将出现较大的波动，股东持股比例将发生变化，这将影响到股份合作制这一产权创新的意义，使股份合作制失去存在的基础。基于上述分析，他们认为政策约束而形成的资产专用性是农村信用社法人股股东机会主义行为的发生和自然人股东退出资格股的内在决定因素。

　　资产专用性概念最早是一些经济学家在研究人力资本时认识到的。而威廉姆森在进行交易成本理论的研究时，进一步指出：资产专用性有多种形式，包括人力资本专用性和物质资本专用性。专用性资产的特定用途导致了这类资产的价值随着其用途不同而不同，因此，在资产评估中不仅要遵循评估的一般原则，还应该根据资产业务对评估对象的具体用途的不同而选择不同的价值类型。对于专用性资产而言，其专用性程度可以表现为该资产的流动性和可转换能力，流动性和可转换能力强的资产专用性差，通用性强；流动性和可转换能力差的资产专用性强，通用性差。对于具有高度专用性的资产，如果改变其特定用途，那么价值损失将非常大。美国经济学家克莱因指出，一项专用性资产在最优使用和次优使用上的价值之差即为"可占用准租"。他认为，在资产具有专用性的条件下，交易的一方具有利用契约不完全性而去占用另一方准租金的动机。交易成本理论认为，对于专用性资产进行投资，使交易方会产生事后的机会主义动机，这实际上反映了专用性资产可以为产权主体带来超额利润这样一个事实。

　　为此，我们可从以下角度加以分析：一是以农村信用社为实现社会责任目标，通过资产专用性投向而产生锁定的问题来确定信贷资产专用性毫无意义。如何运用信贷资金来源，对于形成什么样的信贷资产，取决于多种因素，其中最重要的决定因素是经营班子，是农村信用社内部，而不是资格股股东或投资股股东，这是其一。其二，农业的生产性贷款因季节性较强、生产周期短、资金周转快等特点，贷款项目间的变化也较频繁，如果以信贷分属的不同项目来认定其资产专用性既缺乏合理性，更缺乏科学性。其三，在农村信用社风险识别能力差，尤其是政府、农村信用社和股东等利益主体目标不完全一致的情况下，信贷资金的最优使用和次优使用根本无法判断。将贷款投放于大户（法人）是最优，还是投放于农户（自然人）是最优呢，对于政府和资格股股东而言，贷给农户为最优，因为农民增产增收是最大的社会效益。对于农村信用社和投资股股东而言，则会得出与上述相反的结论。事实上，农村信用社迅速地放弃自己最熟悉的农户这个偌大的而充满前景的群体，去追逐自己并不熟悉的所谓"大客户"，必然会为此付出巨大的代价。

二是"同股不同权"的最终结果是否定对农村信用社进行的股份合作制改造，而不仅仅只是影响股权结构和资本的稳定性问题。我们知道，农村信用社改革中的产权制度决定于农村经济发展状况。结合前面已经分析到的情况，我们设想一下，如果根据农村经济发展的内在需要，重新建立一种在经济体内部的股份合作制金融组织，促成劳动与资金的紧密结合，可以肯定地说，这时的股权结构会处于相对稳定的状态。因为它实现了劳动者与出资者的统一，这是股份合作制的最基本特征，如果在这个时期要打破这种统一，将会给这一产权制度带来很大的冲击。但是，我们必须看到，只有经济的发展可以打破这种股权结构，这是一种符合事物内在发展规律的行为，它有利于推动产权结构的优化升级。股权结构的优化升级表现为资格股数量的不断减少和投资股数量的不断增加，直至最后发展成为劳动者与出资者相分离的股份制金融组织，实现"同股同权"的高效率的产权制度，与当期的生产力发展水平相适应。

三是信贷资产不具有专用性或专用性较差。资产专用性主要包括人力资本专用性和物质资本专用性，而农村信用社贷款属于货币资本。如果从专用性程度进行考察，它具有较强的流动性和可转换能力，因此，农村信用社信贷资产的通用性强而专用性差。如果要改变其特定用途，几乎不会造成价值损失。因此，第一，当信贷资金在投向某一项目被锁定时，在到期收回后又可将其改做别的用途，表明信贷资金的通用性强而专用性差。第二，信贷资金投向和投入量的决策权在农村信用社内部而非不同股东，如果按照《巴塞尔资本协议》对资本充足率的要求，许多农村信用社只是达到了新一轮改革中申请和兑付专项中央银行票据的要求，还远未达到国际上公认的最低风险控制的资本充足率要求，所以，目前更多体现的是农村信用社的经营性剩余①而不是资本合作剩余，也就不存在一方股东对另一方股东具有机会主义行为。第三，由上述两个原因加上无法判断最优使用和次优使用，因而不

---

① 一些农村信用社在负资本率和零资本率的情况下仍然可以获取经营性剩余，反映出对国家信用的依赖，表明农村信用社距离真正的"四自"要求的金融企业还很远。

存在信贷资产专用性带来的超额利润，也就没有"可占用准租"。

（三）股份合作制农村信用社的绩效分析

在农村信用社改革中，股份合作制成为最主要的产权模式。通过各方面的努力，各项指标也有了明显好转。但是我们不能不看到这样的事实：农村信用社增资扩股、降低不良贷款和消化历史包袱等取得的进展，是通过各级政府强力的行政动员完成的，并且，在如此短的时间内实现了几十年都未能达到的效果，其合法性、真实性和可持续性令人担忧。即便看来改革进展迅速，但问题仍然不少，主要是法人治理结构不尽如人意、风险隐患大、股权和资产负债结构失衡、资产质量低等。调查显示，随着农村信用社商业化改革的不断深入，服务离农户也越来越远，农村信用社对资格股股东的授信额的满足度也仅约为 50%，农户贷款面呈萎缩态势，农民贷款难的问题与改革初期相比有所加剧。

张利原（2007）反映宝鸡市农村信用社的情况具有一定代表性。他认为，在法人治理结构方面，"三会"制度尚未真正建立，社员代表比例结构不合理，非职工自然人、法人社员占比低，弱化了民主管理；行业管理越位，内部改革方案等均由上级逐级确定下达，县级联社处于被动接受地位，农村信用社高级管理人员的确定有逆章程规定程序之嫌。在风险隐患方面，"三会一层"的议事规则和工作制度不严谨，导致各自职责不清、缺位、错位和越位，一些新业务开发推广没有相应的业务流程，内控制度不完善，无法实现内部控制的相互制衡。股权和资产负债方面，股权结构失衡，资格股占比为 83.9%，投资股占比为 16.1%，每股为 1 元，100 股为起点，持 100 股的社员占 90% 以上，股金不真实和不合规的情况占比不小；资产负债结构失衡，现金、贷款、固定资产和其他资产分别为 0.6%、63.0%、1.2% 和 35.2%，资本金、存款、借入资金和其他负债分别为 3.9%、86.8%、2.7% 和 6.7%，主营业务存贷比为 72.6%，同比下降 5.7 个百分点，流动性偏多，资产营利性不足。在资产质量方面，票据置换的 2 亿元不良贷款，清收变现仅为 1 101.8 万元，与票据兑付要求的差距很大；历史遗留不良贷款处置困难。四川某县调查显示，小额信用贷款占总贷款额的近 30%，农户面达 20% 多，与 2003 年相比大幅下降；该县农村信用社的非农贷款约占 40%，而且还有迅速扩大的趋势。

（四）小结

在原有农村信用社基础上进行股份合作制改造不可行。因为在过去几十年的发展变迁中，农村信用社不是直接由农业经济组织内部，农户间的互助性推动建立起来的，而是由政府把它作为一种工具为实现政治目的服务建立起来的。它从建立之初和在以后的发展中，从来都没有实现过劳动者与出资者的统一，却是表现为两者的分离，加之这种分离并不是自然的形成过程，而是带有很强的行政色彩，使其产权制度超越了与其对应的农业成长形态：一方面，农村信用社的职工可能是出资者，但绝不是农业生产的劳动者；另一方面，农村信用社可能支持出资者，但绝不是主要支持出资者。因此，不可能真正发挥股份合作制的应有作用。

现在农村信用社的股份合作制是有其形而无其神。它是在出资人形成的农业生产组织之外，而不是在之内。它的管理机构不是农村信用社职工通过职工股东大会形式实行民主管理，体现为职工股东大会既是农村信用社的股东大会，又是农村信用社的职工代表大会。股份合作制模式下的农村信用社根本无法实行按资分配与按劳分配相结合。同时，它既不能满足资格股股东的融资需求，又不能满足投资股股东利益最大化的要求。因此，经过改造的股份合作制农村信用社偏离了股份合作制的基本特征。从对股份合作制农村信用社绩效的分析中不难看出，新一轮农村信用社的这种产权制度改革没有达到预期目的。

在我国目前的农村经济发展阶段，建立股份合作制农村信用组织是有基础和有条件的，但是这种新产权制度的建立，不应以原有农村信用社为基础，而应该以各类农业生产的劳动合作组织、技术合作组织为基础，结合资金合作的要求进行重新建立。如果合作的规模小、技术含量低，可以建立合作制信用组织；如果合作的规模较大、技术含量较高，则可以建立股份合作制信用组织。这样的合作制或股份合作制才是促进有关方面把资金真正投入农业生产的原动力。

二、农村信用社管理体制分析

完善管理体制是新一轮农村信用社改革的两个重要内容之一。为了规范和完善农村信用社管理体制，中央政府在改革方案的配套文件中明确了"政企分开，规范管理；服务为主，稳定县域；因地制宜，形式多样；市场运作，循序渐进"的总体原则。农村信用社交由地方政府负责以后，各省级政府都相继建立了省级农村信用社联合社（省联社）。省联社履行管理、指导、协调和服务等职责，是省政府对所在辖区农村信用社进行行业管理的职能部门，也是中央政府力图让省级政府在管理中实现"政企分开，规范管理"的重要举措。管理体制的建立和完善，一方面，将农村信用社明确界定为地方性金融机构，改变了多年以来一直因为管理体制左右摇摆，导致农村信用社定位不准的尴尬局面；另一方面，也为农村信用社改革的顺利推进提供了有力保证。

当然，随着农村信用社改革的不断深入，这一单一的管理体制模式也不同程度地受到了来自各个方面的质疑和批评，为此，社会各界提出了各种政策建议。但这些建议更多的是围绕如何完善省联社工作机制和如何处理好省联社与省政府关系等来展开的。中国银监会副主席蒋定之（2007）对此提出了颇具新意，又有着很强导向性的观点。他认为：农村信用社管理体制和管理模式必须结合各地实际，因地制宜，不能简单划一。例如，是否可以研究设计联合服务公司模式、联合银行模式、统一法人模式、省联社模式、金融持股公司模式五种甚至更多种模式。在现行法律框架下，不同模式在股权设计、业务范围和行为边界等方面都应有所区别。例如，联合服务公司模式和联合银行模式应实行自下而上入股，按股权比例行使话语权，前者不从事银行业务，主要履行对会员的服务职能；后者可从事对公业务，持有限银行牌照。金融持股公司模式实行自上而下持股，但不能控股，按股权比例参与有限管理。统一法人模式不应该作为主体模式，主要适用于城乡一体化程度较高、管理半径较小且农村信用社整体状况好的机构。省联社模式主要适用于经济欠发达，县级法人治理不完善、自我管理和自我约束较弱、整体发展水平比较低的省份，无疑这将成为农村信用社管理体制改革"因地制宜，形式多样"原则的重要体现。

一些国家的农村信用社的发展历程表明，科学的管理体制是促进农村信用社规范合理经营、实现资金灵活调剂和获得便捷高效服务的关键。但遗憾的是，我国农村信用社的管理体制从未达到过这样的水平，历次农村信用社管理体制的变动和调整都始终未能摆脱经营方向出现偏差①、资金外流严重、内部管理混乱、经营风险隐患较大等困境。从表面上看，似乎这些都是因为管理体制不顺引起的，但是，从根本上说，则是由于政府职能定位不准导致的。

我们仍以新一轮农村信用社管理体制改革的总体原则为例，应当说，总体原则充分体现了农村信用社管理体制改革的清晰思路、具体内容、基本方法和采取的步骤等，它所体现的精神也与国际上成功的范例是一致的。这样一个近于完美的原则，在现行的行政体制条件下，通过政府的力量，"因地制宜，形式多样；市场运作，循序渐进"在形式上完全可以做得到。但是，要达到"政企分开，规范管理"的效果则不可能，由此，最终会影响"服务为主，稳定县域"目标的实现。

（一）权力的主导问题

按照改革的总体要求，将农村信用社交由地方政府负责，我们先不管是地方还是中央，只要是政府负责都是无可非议的。因为从国外农村金融体系建立的经验可知，政府在其中的作用是不可或缺的。例如，美国直属农业部的农家服务管理公司以及各地的州中央信用社、美国中央信用社等，在为解决商业性金融机构不愿意介入领域的贷款问题等方面发挥了重要作用，例如，当粮食生产过剩时，

---

① 农村信用社的经营偏差主要表现为重工业、轻农业；重企业、轻农户；重大额、轻小额。

对农民休耕和农产品出口都会给予足够的补贴，并且加大在州或者全国范围内农村信用社的资金调剂和运用力度等。由此可以看到，国外政府也在负责对农村金融的管理，只是负责的范围有严格的限制，他们甚至可以从预算中拿出钱来注入由政府组建的农户贷款机构，也可以为其他农村金融机构提供一些必要的帮助。农业信贷机构则按照其规定的职责规范运作，经营权由信贷机构主导，政府充分尊重，绝不干涉。而我国政府在对待农村金融的问题上，其负责的范围却远远超过了别的市场化国家，在这样的条件下，要想达到国外政府的标准几乎很难。因为连我国中央政府在负责的范围内都没有一个有效解决办法的情况下，交给地方政府后情况又会怎样呢？这是不难想象的，也许在短期内正面效应大于负面效应，但从长期来看就很难说了。我国农村信用社在几十年的发展中，实际上是一个在中央政府控制下的强制性制度变迁过程，新一轮的改革也不例外。地方政府按照所拥有的权力和管理上的惯性思维，在农村信用社改革中，不顾实际地、在全国整齐划一地选择设立省联社，建立起了省政府对农村信用社的管理体制模式。

省联社是以什么样的角色运行以及怎样代表省政府行使管理权的呢？从省级党委和政府对省联社的关系看，省联社作为局级单位，它的理事长、监事长和主任都是由省委组织部考察任命的，省联社的机构编制、内设部门、岗位职责、管理制度、分配制度等都是必须经过省政府审批的，这样的架构很像政府的一个行政管理部门。从省联社对基层信用社的关系看，省联社是由农村信用社发起设立，受农村信用社委托对农村信用社进行行业管理的联合体，它有章程。省联社是自下而上的入股，并以向农村信用社按营业收入（不管盈利还是亏损）一定比例收取管理费的方式维持其日常运转，这样的架构又像是履行指导、协调和服务的行业性组织。从省联社的业务经营角度看，它属于企业法人，可以经营部分资金业务和清算业务，特别是在资金业务中，有相当部分是在农村信用社以外进行的，这样的架构又像金融企业。这种集行政管理、行业服务和金融企业于一身的机构如何履行职责，它的职责边界如何确定等都因为一开始就把它复杂化而使之变得很难，不仅现在很难，如果政府职能不转换，今后也同样很难。其实，无论是行业服务还是金融企业①，只要是农村信用社发展到一定程度，出自内在的自主需要，这两种管理体制模式都是可行和有效的。现在的问题是政府行政管理职能不仅与这两种管理体制模式的职能融为一体，而且其强度远远超过了这两种管理体制模式，使其职能定位与过去一样，仍然模糊不清。

省联社及其所在地级市的派出机构对基层农村信用社的行政性管理可以说是

---

① 这两种管理体制模式也包含了蒋定之提出的联合服务公司模式、联合银行模式、统一法人模式、金融持股公司模式和其他模式。

无所不包，从农村信用社理事长、监事长和主任的任免，年度经营计划的审定，单笔大额贷款的事前备案，不良贷款下降和资本充足率目标的考核，利润及分配计划的确定，费用率管理，增加固定资产和车辆购置的审批一直到基础设施建设的规划等。当然，省联社这样做，与中央政府交由地方政府所承担的责任太大不无关系，最终导致地方政府以行政权力代替了基层农村信用社的法人权力，使得基层农村信用社的法人权力难以有效发挥作用。

（二）民有资本官营问题

民有资本官营是我国农村信用社长期以来一直没有得到解决的一个重要问题。民有资本官营本身就是严重违背了产权制度基本原则的不规范行为，却在我国农村信用社延续了几十年，这样的"怪胎"在国外是找不到先例的。按照新一轮农村信用社的改革精神，省联社是定位于具有法人地位的金融企业。但这仅仅是为了在形式上有一个更好的逻辑解释，实际的情况却是省联社在行使行业管理的过程中，更注重行政化管理，而轻视服务。在执行省政府所下达的任务时，省联社以同样的方式向基层农村信用社进行贯彻，在行政力量的控制下，基层农村信用社法人地位是有其名无其实，其经营的方式和经营的结果在总体上也充分体现了政府的管理意图。

从这个意义上说，农村信用社的经营本质上体现的是官方经营。例如，在农村信用社的经营中，随着地方政府责任的加重，它要求农村信用社向农户贷款的态度也发生了微妙的变化，但无论哪种情况都应该引起有关方面的足够重视：一是一段时期，地方政府在贯彻中央政府关于重视"三农"和加大对"三农"投入的要求中，责令农村信用社必须保证有一定比例的贷款要投向"三农"，并要求对"三农"的贷款实行优惠利率。我们知道，农村信用社的改革目标之一就是要增强为农服务功能，因此，增加农户贷款是改革政策的应有之意（尽管在商业化改革中，这并不是农村信用社的本意）。但是，实行优惠利率却是强人所难①，调查显示，在农村信用社对大量非资格股农户（按合作制要求，向资格股农户实行贷款利率优惠在情理之中）的种养业贷款中，贷款利率一般是按基准利率的 2.3 倍下浮 40% 掌握，这样的定价并不是农村信用社出自对这类贷款风险评估后作出的理性选择，而是地方政府为实现政绩目标对农村信用社作出的一种行政安排②，这对提高农村信用社经营管理水平和提高经营效益无疑会带来一

---

① 因为政府要求农村信用社实行优惠利率时，并没有以补贴等方式予以补偿，而是让农村信用社对可能形成的风险敞口进行自行弥补。

② 政府尽管没有明确要求农村信用社对种养农户贷款利率的优惠幅度，但却明确要求了必须给予利率优惠。

些负面影响。二是随着农村信用社改革的不断深入，农村信用社的非农贷款比例呈迅速上升之势，出现这样的情况并不是偶然现象，而是在目前这种管理体制下的必然结果。农村信用社在交由地方政府负责以后，农村信用社出现风险给政府带来的直接后果是为化解风险需要付出的经济代价和因没有承担好管理职责需要付出的政治代价。因此，为了保持农村信用社的平稳运行，在支农问题上对待农村信用社的态度开始有所改变。突出的表现是，省联社在确定农村信用社年度经营计划时，对存贷款增长、新增存贷比例、单笔贷款额度、单户企业贷款比例、消化和降低不良贷款等都有明确的规定，却单单对农户的贷款比例没有作任何要求，个中缘由令人深思。

通过上述分析，更叫人担心的是，在这样的管理体制下，会使农村信用社改革中实行的产权制度受到严重扭曲。新一轮农村信用社改革特别重视产权制度的创新，通过规范原有股金和按照要求进行增资扩股后，农村信用社的股东主要由农户等自然人和企业法人组成。股金来源的性质是民有，农村信用社也因此而应该属于民有，民有最直接的权力特征是民营，即股东大会是农村信用社的最高权力机构。但是，现行的管理体制把农村信用社的产权制度格局完全打乱了。省联社的行政管理权远远大于股东的话语权，并凌驾于农村信用社的"三会"之上。最突出的表现是，省联社直接向农村信用社下达指令性经营指标，如吸收股本金、利润、信贷投放等，使省联社理论上的业务指导演变成为事实上的行政管理，理论上的信贷风险提示变成了事实上的信贷审批。同时，省联社还掌握着抵贷资产、固定资产购建等审批权；直接干预农村信用社的人事管理，对招聘、录用人员实行行政审批，农村信用社的管理层由选举制变成了任命制，使农村信用社经营的独立地位没有得到应有的尊重，股东失去了应有的权利，造成农村信用社的股权虚置，使新一轮农村信用社管理体制的改革从一开始就又一次落入了"民有资本官营化"的陈窠。在农村信用社资本金民有的前提下，由于行政权力的介入，紧密地附着于省联社并体现于管理的全过程，进而使政府的官营代替了入股社员的民营，民有资本不能以民营的形式来实现其权利，使入股社员的民营权利被政府的官营所剥夺。

（三）外部环境与自主性问题

透过省联社的行为表象，我们看到的其实是它背后的政府行为。只要我们简单回顾一下农村信用社的历次改革和调整，就不难看出，政府对农村信用社的行政行为从来就没有停止过。新中国成立初期，政府行为在农村信用社的建立和发展中尽管也很突出，但初衷是好的，加之有土地制度改革的配合，其弊端还没有充分暴露，所以这个阶段农村信用社的发展得到了广大农民的拥护和积极参与，农民入股奠定了农村信用社"民有资本民营"的合作基础。但是随着全国合作化高潮的掀起，一直到高级社和人民公社期间，政府行政行为对农村信用社的控制也随之达到了登峰造极的程度，使农村信用社的性质在国家金融机构与地方金融机构之间摇摆不定，极大地影响了农村信用社的职能定位。从改革开放到新一轮农村信用社改革前，政府本来是想通过恢复农村信用社"三性"，真正发挥合作制金融支持"三农"的作用，不幸的是这个良好的愿望并没有能够得以实现，直到新一轮农村信用社改革，这个问题仍然没有得到解决。这究竟是什么原因呢？为了说明原因，我们有必要对政府行为、法制建设和监督管理作一分析。

1. 政府主导经济，使得国家在干预经济的过程中过多地由宏观领域偏向了微观领域。在转轨经济时期，全能政府的角色虽然有所改变，但是按照市场经济和法制经济的要求，政府职能转换的进程仍然非常缓慢。政府在主导经济中，对农村信用社由"管理"变成"审批"，由"指导"变成"干预"的情况经常发生。农村信用社发展的复杂经历，已经使得农村信用社对政府的行政管理行为变得习以为常，甚至它们还能够在这样的管理中，通过政府历次的政策扶持和给予的国家信用作保障，开始由弱小逐渐壮大，并将政府作为一种可以依附和为之代言的行政力量。政府也利用农村信用社对自己的依赖，在农村金融体系不完善、农村资金大量外流和外部资金不愿投向农村等支农资金严重不足的情况下，将这种行政资源作为支持和发展"三农"而从农村信用社更方便地获得资金的筹码。

2. 法制不健全，使得农村金融行为容易脱离市场的效率准则，更多地偏向行政行为非效率的政绩工程。20 世纪 90 年代初，由于农村信用社的经营一度偏离了为农服务的方向，为了弥补农村信用社在支农上的不足，许多村镇将集体经济节余集中起来成立了农村合作基金会。实事求是地说，农村合作基金会的成立是一种自发行为，是在农村信用社不能很好发挥支农作用的情况下而建立起来的一个为农服务的非正规金融组织。由于目的明确，所以在开始阶段，农村合作基金会在满足农户生产资金需求方面发挥了较好的作用，也因此受到了农民、各级政府的欢迎和支持。但遗憾的是，在农村合作基金会数量和规模迅速扩大的同时，法律、法规没有相应跟上，农村合作基金会的业务发展和经营管理行为处于放任状态而缺乏约束，加之其资本金属集体经济性质，在一段时期内，使得行政行为对农村合作基金会的干预强度远高于农村信用社，一方面，农村合作基金会的信贷资金被作为基层政府行政开支的重要来源，另一方面，农村合作基金会的信贷资金又被用于乡镇企业等政绩工程，造成了大量呆账和坏账，最后不得不走清理关闭之路。

同样，我国农村信用社由于没有相应的法律予以规范，其合作金融组织的作用也一直没有得到很好发挥。在城市金融中，因为商业性金融占据了主导地位，它们可以受《中华人民共和国商业银行法》的规范；政策性金融尽管没有立法，但由于是国家银行，地方政府也难以对其实施干预。农村信用社则不同，它是地方社区性金融组织，在没有相应法律规范的情况下，自身的经营定位容易出现偏差，也为权力部门（主要是地方政府）或相关关系人提供了足以影响信贷资金运用的便利。美国、德国、法国、荷兰、日本和印度等国的农村金融发展经验告诉我们，无论农业现代化的程度如何，合作金融都是农村金融体系的基础。在各级合作金融组织之间职责的划分、经营的范围、机构的性质、政府的扶持等方面都有非常完善的法律、法规作保障，因此，它们的合作金融组织运行是规范而有效的，在促进农村经济发展方面起到了重要作用。但是，我国农村合作金融在几十年的发展中，直至20世纪90年代中期在加快建立和完善金融法律框架体系时期，为什么仍然没有立法呢？一种说法是因为缺乏监管能力，但这并不足以成为其理由。国外的经验表明，如果抽去法律，光有物质文明和科技进步仍然不能推动社会和谐，因此，立法滞后是影响我国农村信用社管理体制改革的重要原因。

3. 严格的农村金融管制，表现为：一方面，代表政府加强管理以弥补合作金融法制建设滞后的缺陷；另一方面，代表政府加强管理以削弱地方政府与中央政府在农村信用社改革过程中博弈的效力。由于目前我国缺乏相应的法律规范，因此，政府对农村信用社从市场准入到市场退出，以及它们的经营行为等更多的是从风险控制的角度进行管理的，而对于农村信用社在不同性质的生产主体间的信贷比例分配、利率的确定和农村信用社的基础设施建设等，更多的是从行政控制的角度进行管理的。从风险控制来说，由于没有建立一套专门的合作金融监管体系，因此，其监管理念和监管尺度都是比照商业银行的标准进行的，加之没有健全的法律体系作支撑，缺乏合理的参照系，因而对农村信用社的风险监管，表现为对市场准入偏严，而对市场退出又偏松，不符合合作金融的内在发展规律。从行政控制来说，存在的问题就更加突出，例如，政府在处理农村信用社的改革定位与履行社会责任之间的矛盾、产权制度确定与管理方式等的矛盾时，同样因为缺乏应有的法律规范，往往会习惯地使用行政管理这个最便捷，又能立即见效的方法。

农村信用社交由地方政府负责后，中央政府对农村信用社明确了改革方向，并要求地方政府按规定组织实施。由于地方政府负有很重的风险责任，因此，在管理体制的建立和对农村信用社的控制等方面，都留有明显的地方利益的印迹，例如，在地方政府组织下，对农村信用社管理体制模式和改革资金支持方式的选择，都令人费解地表现出了高度的一致性。我们可以设想，如果各省的一致性选择是正确的，那么，说明改革方案的设计缺乏科学性；如果改革方案是科学的，那么，说明地方政府的选择有不顾实际的地方利益行为。省联社作为地方政府的影子，主要表现为，省政府对省联社的管理模式和管理理念是从建立一开始就形成了的，在贯彻管理意图中不会有任何障碍，并通过省联社将这样的管理模式和管理理念层层传导到基层农村信用社。这样的传导尽管在基层农村信用社会遇到一些阻力，但对行政意图的贯彻不会有大的妨碍，因此，省政府对农村信用社的控制力仍然可以最终到达基层。我们不难看出，在现有体制和环境条件下，省政府强力控制农村信用社的结果与中央政府的改革目标，客观上存在着很大的反差。为了引导地方政府在推动农村信用社改革中正确履职，加强对农村信用社（包括省联社）的监管无疑会削弱地方政府与中央政府的博弈效力，因而，也会对地方政府的上述行为起到一定的校正作用。

（四）小结

政府职能不转换，即由全能政府转变为有限政府和服务政府，这是导致我国农村信用社在几十年的发展中未能真正发挥农村信用社合作制作用的根本。

如果政府职能转换不到位，无论对农村信用社管理体制在形式上作任何调整，或者这些管理体制的形式在理论上是多么的科学，甚至在其他国家也被证明是成功的，但是，在我国也将无济于事。

如果政府职能转换不到位的状况一直延续下去并保持不变，我国农村信用社管理体制改革不仅不会成功，农村信用社发展的外部条件也难以得到改善，换句话说，在我国也就真失去了建立合作金融的土壤和条件。

三、"花钱买机制"可行性分析

2003 年，国家开始对农村信用社实行新一轮改革。这次改革资金支持的目标是实现"花钱买机制"。在过去 50 多年的改革与发展中，由于受诸多因素的影响，我国农村信用社面临着许多困难，其中，最直接的困难是不良资产占比高、历史亏损挂账多，截至 2002 年年末，不良资产和历史亏损挂账之和已高达 3 000 多亿元，其中，有许多农村信用社已经到了严重资不抵债的地步。我国农村信用社出现这样严重的财务危机，是因为农民太穷，借款以后的生产所得因入不敷出而不能归还债务吗？当然不是。许多事实证明，穷人生产增收的能力比我们想象的要强许多，只要方法得当，一定能为农村金融的发展带来许多盈利机会。孟加拉格莱珉乡村银行成功开办小额贷款的实践也对此给予了有力的佐证。

我们由此可知，农村信用社的财务危机只是许多问题综合反映的结果，根本原因却是产权制度和管理体制问题（这既是本轮改革的两个主要内容，也是"花钱"希望买到的"机制"）。为了让农村信用社能够摆脱困境，优化财务状况，真正发挥支持"三农"的作用，国家围绕上述内容对农村信用社开始了新一轮改革。其中，资金支持（"花钱"）是对农村信用社改革最重要的扶持政策之一。从这一政策设计理念中不难看出，资金支持的直接成本是国家拿出约1 600多亿元，通过专项中央银行票据和专项借款的方式，用打包①的办法解决农村信用社的财务问题。同时，国家"花钱"也是为了能够获得收益（建立农村信用社新机制），以实现改革政策设计的激励净剩余，可用公式表达如下：

改革激励净剩余 = 收益 − 中央银行资金支持额度 （6 − 1）

对于怎么"花钱"和"花钱"购买什么样的"机制"，穆争社（2006）认为，"花钱"是中央银行按农村信用社2002年年末的实际资不抵债额的50%给予资金扶持，以及专项票据置换的不良贷款归农村信用社所有，启动改革、激励深化改革。"买机制"是以上述资金支持激励农村信用社建立健全激励和约束机制、省级政府建立健全对农村信用社的管理体制，并促进"花钱买机制"与消化历史包袱的互动良性循环，实现农村信用社健康稳定发展。对于"花钱买机制"政策的可行性，穆争社运用博弈论、激励机制设计理论的基本原理和方法对资金支持方案进行了深入、全面地研究，认为资金支持方式构建了完全且完美的信息动态博弈，构建了完全激励、持续激励、期权激励，以及对激励对象行为结果的激励和双重激励等；设置了多层次的可置信威胁措施，强化了正向激励，提高了资金支持方案的正向激励效率。

这些改革思想，有利于帮助我们加深对农村信用社改革资金支持方案的理解，同时，从方案所富有的新意中也让我们看到这个改革方案的设计还存在诸多缺陷，如果不加以重视，既会影响到农村信用社的改革效果，也会影响到农村金融体系的建立和发展。

（一）"花钱"的方式

正如前面所说，"花钱"是指中央银行按农村信用社2002年年末的实际资不低债额的50%，以专项中央银行票据等方式给予农村信用社的资金扶持。基本的做法是，农村信用社按要求向中央银行申请发行专项票据，经中央银行和中国银监会的各级机构自下而上审查通过后，中央银行向农村信用社发行专项票据，然后，农村信用社按要求再向中央银行申请兑付专项票据，经中国银监会和中央银行的各级机构自下而上审查通过后，中央银行向农村信用社进行票据兑付，至此，中央银行就完成了对农村信用社的全部资金支持过程。可以看出，

---

① 打包就是将农村信用社包括不良资产、历年挂账亏损以及其他财务损失在内的问题，通过资金支持方式一并加以考虑的解决办法。

"花钱"是一种诱致性的、让农村信用社按条件进行改革的激励措施。但是，我们有必要先弄明白为什么"花钱"和可能"花多少钱"等问题，只有这样，我们才能够更好地理解"花钱"与"买机制"的关系。

我们先来看"花钱"的理由。在确定对农村信用社改革到底应该以什么样的方式进行资金支持之前，国家已对各银行类金融机构明确了相应政策。例如，各国有商业银行分别成立了资产管理公司，国家通过向资产管理公司注资，专门负责对国有商业银行的不良资产进行收购和处置。国家不对全国性股份制商业银行注资，只能由该类银行通过从其利润中提取拨备，逐步对不良资产进行冲销。城市信用社的整顿大体上是一分为三，即一类是对地级以上城市的、资能抵债的机构通过合并建立地方性城市商业银行；另一类是对地级以下城市的、资能抵债的机构并入当地农村信用社，对于前述两类城市信用社在合并过程中，由地方政府和部分企业法人注资补充资本金，中央银行以发放支持中小企业再贷款和支农再贷款的方式来解决因不良资产造成流动性不足的问题；还有一类是由中央银行拿出再贷款给退市的城市信用社"买棺材"的钱。看来，国家对不同性质的机构采取不同的资金支持方式是有其道理的，因为它依法体现了"谁组建，谁出资，谁受益，谁负责"的原则。如果按此原则衡量，对城市信用社的整顿，国家是不该拿钱的，国家之所以拿钱也主要是为了维护存款人利益以解决公众的存款部分。那么，农村信用社是属于什么性质的机构呢？本来这个问题应该是非常清楚的，但却一直模糊不清。

如果从"政府负责"的角度讲，农村信用社应该是政府所有，而实际的出资者又是自然人和企业法人；如果从出资者的角度讲，它应该是民有，而实际上它又是官营，我们知道，对于出资者所投资的农村信用社而言，出资者是根本承担不起任何风险责任的。那么，由国家拿出巨额资金对这样一个性质模糊、体制混乱的机构给予支持是否恰当呢？如果国家拿钱，就相当于认同了农村信用社是国有金融机构，国家在承担"政府负责"的责任，农村信用社也因此会认为这笔钱是国家该拿的，而且本来就是国家欠它的；如果国家不拿钱，在出资人又根本不能承担农村信用社任何风险责任的情况下，不仅会严重危及农村信用社的生存，而且在其他金融组织无法满足农业融资需求的情况下，"三农"的发展会因此受到严重制约，进而动摇国民经济的根基。加之农村信用社的现状是因为政府长期以来高度控制的结果，如此看来，钱还是国家该拿的。但是，若以本次改革政策设计的方式拿，政府会非常被动，一方面，政府不仅现在要"负责"，今后当农村信用社再次发生风险问题时，政府仍然要"负责"，那么，这样的"负责"何时才能到头呢？另一方面，政府拿钱后，会使政府以此作为对农村信用社进一步加强控制的筹码。对中央政府而言，按照已确定的改革目标，尽管其制度措施在形式上体现为诱致性变迁，但其实质却仍然体现为强制性变迁，这样会造成改革目标与实际效果相悖离。对地方政府而言，在加强农村信用社的管理中，通过省联社向下传递的行政行为的格局在较长时期内难以改变，因此，很难让农村信用社主动从明晰产权、完善法人治理结构、建立科学的经营管理体制等方面入手深化改革，进而成为真正意义上的农民自己的金融组织。

我们再来看需要花多少钱，这是一个成本与改革激励净剩余的度量问题。除了专项中央银行票据额度的直接成本以外，我们还需要考虑间接成本（δ），例如，涉及农村信用社改革资金支持的部门有省、市、县各级政府，银行业监管机构，中国人民银行和农村信用社。资金支持的时间安排，按照正常的 2 年票据发行期和 2 年兑付期，共 4 年时间。如果发行期满仍达不到要求的，需要延长 2 年。兑付期满后还要对其进行跟踪监测，整个资金支持工作大约需要 6～8 年的时间。其间涉及的人力、物力以及为此付出的财力更是不计其数。同时，我们还需要考虑操作过程中必然会出现的博弈成本——由于各自利益目标的不同，因此，资金的支持过程实际上是政府、银行业监管机构和农村信用社的一个联盟或串谋过程，也是串谋方与中国人民银行的一个博弈过程。串谋方为了尽快套取专项票据资金，它们会首先考虑采用"弄虚作假"，中国人民银行甄别"弄虚作假"需要付出相当程度的努力。在间接成本中，还有一个让人担忧的因素是，当改革进行到一定的时候，各地改革的进展和质量等信息在省际间反映得相对较为充分，而国家与省级间的信息则不完全对称，因此，当某一地区的资金支持进度加快时，其他地区的串谋方会向中国人民银行当地的分支机构施加压力，如果中国人民银行总行对于地区间审核进度的节奏和标准尺度把握不当，在攀比心理的驱使下，中国人民银行当地的分支机构会偏向串谋方进而出现半串谋现象。以上几个方面间接成本的付出方式是隐性的，付出数量是不可估量的，因此，资金支持总成本（TC = 中央银行资金支持额度 + δ）的大量增加，实际上会对改革激励净剩余形成极大的抵消。从资金支持政策给出的条件和根据上述的分析可以得知，资金支持总收益（TR）的边界是基本确定的，总成本的边界因为有了 δ 而变得不确定，因此，很难说中央银行的资金支持就一定能够获得改革激励净剩余。[①] 为此，我们可以把式（6-1）进一步改写成：

$$改革激励净剩余 = TR - （中央银行资金支持额度 + δ） \quad （6-2）$$

如果我们对能否获得改革激励净剩余都无法确定，那么，以这样的资金支持方式推动农村信用社改革，无疑会让中国人民银行各级分支机构承担过重或根本

---

① 在进行改革激励净剩余的分析中需要特别注意的是，不能只看到总的改革激励净剩余，因为许多不确定成本的付出在改革尚未结束之前都是无法预测的，如果仅仅通过理论推算，其结果的可信度并不高。反而从结构分析中，我们能够看到，有相当部分地区是没有改革激励净剩余的。

无法承担的责任。

用资金支持的方式来鼓励农村信用社建立健全激励和约束机制、省级政府建立健全对农村信用社的管理体制，这是"花钱"要达到的目的。由于笔者对农村信用社改革的产权制度和省级政府建立对农村信用社管理体制的问题在前面已有专门论述，这里就不再赘述。但需要对所得结论给予高度重视，即在产权制度改革方面，在原有农村信用社基础上进行股份合作制和合作制改造不可行。在建立和完善管理体制方面，由于政府职能的定位出现了问题，导致我国农村信用社在几十年的发展中，步履蹒跚，困难重重，这也是影响农村信用社合作制产权模式真正发挥作用的根本；如果政府职能转换不到位，无论对农村信用社管理体制在形式上作任何调整，或者这些管理体制形式在理论上多么科学，甚至在其他国家也被证明是成功的，但是，在我国也将无济于事；如果政府职能转换不到位的状况一直延续下去并保持不变，我国农村信用社管理体制改革不仅不会成功，农村信用社发展的外部环境也难以得到改善，换句话说，在我国也就真正失去了建立合作金融的土壤和条件。

（二）"花钱"中的激励机制设计理论

1. 关于完全且完美的信息动态博弈。这是设计农村信用社资金支持方案，鼓励和促进其他利益主体（省政府和农村信用社）先行动的主要理论依据。它的基本原理是：拥有接受激励的机会成本私人信息的其他利益主体，在对激励费用（票据额度）具有完全信息的情况下，将自己接受激励的机会成本与收益（激励费用）进行比较，若接受激励的收益大于机会成本，符合参与约束的原则，就会通过特定的信号显示自己愿意接受激励，成为激励对象。博弈的结果是分离均衡，表现为其他利益主体按照自身利益最大化原则，自主作出选择，选择结果真实可靠。

这是一种比较理想化的状态，由基本原理可知，要实现完全且完美的信息动态博弈需要具备两个条件：一是在激励费用已经确定的前提下，利益主体接受激励的机会成本要明显低于收益，因为激励费用（收益）主要用于解决农村信用社的资不抵债部分，如果接受激励的机会成本接近收益，这对于农村信用社消化历史包袱的帮助不大；二是自主选择的主体应该是农村信用社，如果自主选择的主体不是农村信用社而是政府，则难以体现农村信用社自身利益最大化，最终必然会导致选择结果失真。

（1）对于前一个条件，从改革的实践来看，在剔除资能抵债的农村信用社以后，直到改革尚未结束之前，如果难以从总体上得出接受激励的收益大于机会成本的结论（见表6-1），那么，通过对结构的分析，却能很容易使情况变得非常明了。

表 6 – 1   **清产核资前后不良贷款变动情况统计**   单位：万元

		2004 年 6 月末 账面不良贷款	清产核资后查增的 2004 年 6 月末 不良贷款
达州	好	17 373	2 271
	中	10 685	11 212
	差	46 081	1 856
德阳	好	13 816	0
	中	53 807	6
	差	42 816	1 830
乐山	好	16 636	14 253
	中	8 563	7 867
	差	32 733	33 591
泸州	好	9 525.13	11 711
	中	7 309	6 841
	差	7 189	9 638
绵阳	好	14 412.83	0
	中	42 689	0
	差	110 415.4	255.25
宜宾	好	6 051	278
	中	4 863	1 243
	差	10 194	0
合计		455 158.36	102 852.25

注：好、中、差是按照农村信用社的经营效益、不良贷款占比和管理水平等综合评价确定的。

资料来源：根据 2004 年四川省审计厅的清产核资情况，对上述 6 个市 18 个不同等级农村信用社作的统计。

表 6 – 1 数据揭示的事实表明，在改革之初，农村信用社的不良贷款数额并没有得到真实反映，并且未能真实反映的数额占比较大。如果把这个因素考虑进去，机会成本会大大增加，进而影响总体的激励收益水平。我们通过表 6 – 2 可以对表 6 – 1 作进一步的分析，农村信用社的不良贷款反映普遍不真实，不真实的程度达到 22.6%，这一情况与省联社 SC6000 综合业务管理系统显示结果基本吻合。农村信用社的账面不良贷款额按好、中、差呈依次递增，查增不良贷款额则按好、中、差呈依次递减，表明经营效益和管理水平相对较好的农村信用社，其作假的程度更高，为改革付出的机会成本也可能更大；经营效益和管理水平较低的农村信用社，尽管其作假程度稍低，但因自身消化历史包袱能力差和不良贷

款占比高，也同样会严重影响激励收益。

表 6 – 2　　　　6 个市 18 个农村信用社清产核资前后不良贷款分析

单位：万元、%

	2004 年 6 月账面不良贷款	2004 年 6 月查增的不良贷款	占比
好	77 813. 96	28 513	36. 64
中	127 916	27 169	21. 24
差	249 428. 4	47 170. 25	18. 91
合计	455 158. 36	102 852. 25	22. 60

注：同表 6 – 1。

资料来源：同表 6 – 1。

我们知道，在国务院确定的浙江、山东、江西、贵州、吉林、江苏、陕西和重庆八个省（直辖市）农村信用社改革试点进行了一年以后，要求其他各省自主申请农村信用社改革时，有的省在迟疑、在观望，海南省明确提出放弃参与改革；即使是已经提出参与改革申请的一些省份，其地区间农村信用社的状况也很不平衡。如果我们以县为单位进行结构性考察，情况就会更加清楚：凡是农村信用社资不抵债数额不大的县，或农村信用社在改革之初资不抵债数额反映不真实，还有相当数量资不抵债没有得到真实反映的县，其激励的机会成本可能不会明显低于收益，甚至会大于收益（见图 6 – 1）。

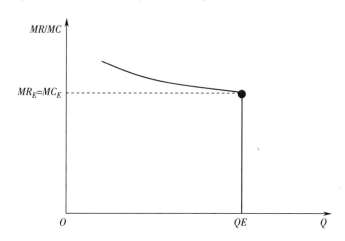

图 6 – 1　部分农村信用社为获得资金支持的努力程度

边际收益 = 边际成本（$MR = MC$），农村信用社的努力程度（$Q = QE$），农村信用社总收益（$TR = \int_0^{QE} MR$），农村信用社总成本（$TC = \int_0^{QE} MC$），由于

存在 $\int_0^{QE} MC > \int_0^{QE} MR$ 的可能，因此，部分农村信用社即便通过 QE 的努力，改革激励净剩余也仍然为负。为了对这个问题作更进一步的分析，我们还可以在式（6-2）的基础上建立线性回归计量模型：

$$S = \alpha - \beta C - \mu \qquad (6-3)$$

其中，S 为改革激励净剩余，α 为总收益（因边界能基本确定，可将其视为常数），β 为参数（每增加1个单位的成本对改革激励净剩余的影响程度），C 为总成本，μ 表示随机扰动项（除直接和间接成本以外的其他影响成本的因素，如部门间的扯皮拖延等）。通过图6-2，可以直观地反映出该模型所揭示的 S 与 C 之间的关系。

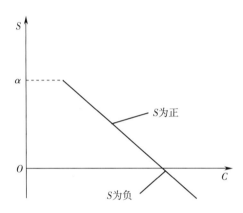

图 6 - 2　随着成本增加部分农村信用社的改革激励净剩余为负

对于部分农村信用社的 S 为负还是不为负的"二元型响应"问题，可通过设定虚拟变量来进行考察。先建立线性概率模型（LPM）：

$$S = \begin{cases} 1 \\ 0 \end{cases} （1 为负,0 不为负）$$

设式（6-3）中 μ 服从 $E(\mu) = 0$，则有：$E(S|C) = \alpha - \beta C$。由于 S 是取值为 0 和 1 的随机变量，那么，S 有下列分布（p 为 $S = 1$ 的概率）：

S	0	1
概率	$1-p$	p

根据数学期望值的定义：$E(S) = 0 \times (1-P) + 1 \times P = P$。由于部分农村信用社的改革激励净剩余为负的概率 p 必须在 0 和 1 之间，故式（6-3）必须满足约束条件：$0 \leq E(S=1|C) \leq 1$。但是，由于 LPM 中存在 μ 的非正态性、异方差性以及 S 可能不在 0 和 1 之间等问题，为了消除这些因素的影响，我们试用 Logit 模型进行分析。对于农村信用社的家数（N）与 S 为负的家数（NN）情

况，可得到不同成本水平 S 为负的农村信用社的概率为：$p = \dfrac{NN}{N}$。设定 S 为负的

概率 p 与成本水平 C 之间的关系为：$L = \ln \dfrac{P}{1-P} = \alpha - \beta C - \mu$。这个估计方法的

选择与 μ 有关，可以证明，当 N 足够大且在给定 C 水平的条件下服从独立的二

项分布，即 μ 服从正态分布，且均值为零，方差为 $\dfrac{1}{Np\ (1-p)}$。同时，对上式两

边求微分：$\mathrm{d}\ln \dfrac{p}{1-p} = \mathrm{d}(\alpha - \beta C)$，即有 $\dfrac{\mathrm{d}p}{\mathrm{d}C} = \beta(1-p)p$。上述结果表明，当农

村信用社成本水平 C 每变化一个单位，机会比率的对数将会变动相应比例，并

且以此可以计算出不同成本水平农村信用社的改革激励净剩余为负的概率的

大小。

　　通过调查发现，难以达到激励预期的农村信用社主要分布于经济发展较弱的

地区，因为交通不便，信息闭塞，农村信用社员工老实本分，不敢轻易违规，所

以在谨慎经营中没有留下太大包袱，激励政策对这类地区意义不大①。边远山

区，因为服务半径大，经营成本高，开门就意味着亏损，这类地区的农村信用社

更多地处于"撤不掉，养不活"的状态，其损失状况与其经营的规模相比已经

达到了相当严重的程度，即便按资不抵债额的 100% 予以激励也无济于事。部分

经济发达地区，因为经营不合规和统计数据不真实的成分偏多，许多不良资产没

有得到如实反映（见表 6 - 1 和表 6 - 2），即期成本和远期成本付出与所得剩余

相比，难以获得比较效益，因此，激励效果可能不会理想。

　　（2）对于后一个条件，从政策设计的本意来看，资金支持方式和组织形式

自主选择的主体都是农村信用社，但在实际操作中，事实并非如此，省政府在资

金支持方式和农村信用社产权模式及组织形式的选择上具有绝对的决定权。如若

选择已定，政府与农村信用社在如何获得资金的问题上，很容易形成同盟。但

是，如若在选择未确定之前，政府与农村信用社因尚未形成同盟，而在对待选择

的问题上肯定会有不同的考虑，例如，像经济发展较弱地区的农村信用社更希望

选择专项借款的资金支持方式，但是，按照政府的意愿却被一律选择为专项中央

银行票据的资金支持方式，无疑会给这类地区的农村信用社往后付出更多成本留

下了隐患。这种脱离改革主体（农村信用社）而代之以行政决定的做法，使得

动态博弈的信息既不完全也不完美。

　　2. 关于持续激励。这是"花钱买机制"政策设计的几种激励中比较重要的

一种激励方式。它将专项票据兑付条件具体化为：建章立制，加强内部管理；建

---

　　① 激励政策也因此出现了导向性偏差，即给那些不老实本分、胆大敢于违规、不谨慎经营而造成巨
额损失的农村信用社以好处，这对于依法合规经营，但经济发展较弱地区的农村信用社是不公平的。

立基本的信息报告和信息披露制度，提高经营透明度；建立决策、执行、监督相互制衡的有效法人治理结构等"三步走"战略。按照先易后难、循序渐进、逐步深化的思路，采取切实措施，逐步达到建立持续激励机制所要实现"花钱买机制"的目标，而且，更为巧妙的是在实际操作过程中，"花钱买机制"的激励政策目标有可能是通过"弄假成真"的途径来实现的。

这样一种制度安排似乎颇具新意，但是，在实际的操作中，农村信用社改革会不会按照资金支持制度设计的路径发展呢？对此，我们得先弄清楚串谋方为什么会作假。

就政府而言，一方面，对农村信用社改革负有太大责任，为了使责任风险降到最低，各省级政府在改革之初对农村信用社普遍进行了清产核资，并在改革方案中对过去由于诸多原因未予真实反映的不良资产要求中央政府予以认定。而在中央政府未予认定的情况下，迫使地方政府加大对农村信用社全方位、全过程的控制，使得选择结果失真：一是通过全部选择建立省联社这样一种单一的管理体制模式实现控制；二是几乎全部选择了专项中央银行票据的资金支持方式，意在减少地方政府债务，增加中央政府的投入。另一方面，认为在本来该由中央政府拿的钱都尚未拿够的情况下，要求地方政府承诺向农村信用社出资不公平。因此，为了尽快拿到中央政府的钱，地方政府对其承诺要么是象征性的，要么根本不能兑现。

就农村信用社而言，股本金的真实性是最大的问题。农村信用社改革之前的状况是普遍亏损和存款化股本金占比高，如果按照资金支持政策的规定条件，客观上，农村信用社在规定的时间内很难完成，即便没有时间限制，在目前农村经济的发展和农村信用社面临诸多困难等条件下也是难以完成的。主观上，许多农村信用社因为害怕自身的垄断利润被其他股东瓜分而不愿意增加股本金，但是，为了赶上"最后的晚餐"，最简单有效的办法就是通过作假来维护自身利益的最大化。

就监管部门而言，在目前对于农村信用社仍然处于以合规监管为主而尚未达到全面风险监管之前，他们的基本态度是，只要农村信用社能够先把资金拿到手，对于农村信用社在这一过程中是否有作假行为，并不作为这个阶段监管的重点，这就使得监管机构与中央银行的阶段性目标出现了相悖离的情况，突出表现在资金支持的审查上，只要中国人民银行审核签字同意以后，监管部门都会完全认同，绝无异议。而对中国人民银行未予审查通过的，则会以串谋方的形式向其施加压力。

因此，在难以形成多重有效审核约束的条件下，持续激励只能延续持续作假。一旦获得票据兑付（QE_1），农村信用社的努力程度还将由 QE_1 继续扩大至 QE_2（收回不良贷款），如图 6 - 3 所示。只是这个时候的努力重点已经转移到 QE_2 上，它并不会改变其作假状况，政策设计的持续激励到获得票据兑付时立即终止，作假的后遗症将会逐步暴露。由于政府的行政推动和农户被动入股等外部条件的制约，造成资本金缺乏真实性，最终会导致建立决策、执行、监督相互制衡的有效法人治理结构难以实现。

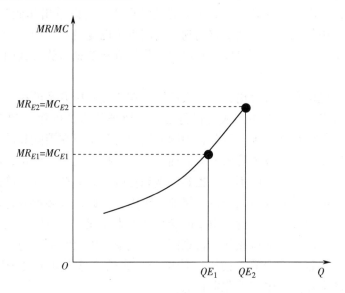

图6－3　资金支持后产生收回不良贷款的渴望与农村信用社的努力程度

3. 关于可置信威胁。这是政策设计者为了提高中央银行资金支持方案正向激励效率而提出的一个重要方法。它是由信息劣势方按照有利于实现博弈主体利益目标的原则设计的，目的在于促使信息优势方主动显示自己的私人信息，形成分离均衡，并固定已显示的私人信息。而上述信息劣势方也同样可以拥有私人信息，并使之成为信息优势方，建立可置信威胁，使上述信息劣势方主动显示自己的私人信息，并固定已显示的私人信息，从而消除了博弈主体间相互的非对称信息，进而消除他们之间的道德风险。

从前述分析可知，中央银行资金支持方案的执行过程是博弈主体——中央银行、农村信用社、省级政府、监管机构之间的动态博弈过程。在这一博弈过程中，形成的基本格局：中央银行和串谋方（农村信用社、省级政府、监管机构）；上级机构（中国人民银行总行或分行、省会中心支行）和下级机构（中国人民银行分行或县支行）。

我们先看中央银行和串谋方，按照有利于实现博弈主体利益目标的原则，中央银行的私人信息通过锁定数据，确定资金支持额度，明确资金支持条件、工作流程的时间安排、内容、职责，实行负责人签字制度等形式予以固定；相应的，按照同样的原则，串谋方能够固定的私人信息包括所选择的资金支持方式、产权模式和组织形式、管理体制模式和政府承诺的相关事宜、监管部门承诺的组织改革或相关审查事宜等。从上可知，双方的信息并不对称，串谋方仍然是信息优势方，因为对资金支持方式、产权模式、组织形式和管理体制模式选择的结果很难用适得其所来概括；从资本金增长速度太快与农民收入水平偏低以及"三会"的设立不到位与内部人控制仍然处于强势的情形中，可以看出作假延续的端倪；政府和监管机构的承诺与方案要求的吻合程度也难以度量，即使实行负责人签字制度，也只是一旦出现问题可以起到由信息优势方和信息劣势方共同分担责任的作用。

再看上级机构和下级机构，中国人民银行在资金支持方案的执行中承担了太大的责任，方案中规定由中国人民银行县支行要把住审核的第一道关虽然有道理，但事实上却很难做得到。目前，中国人民银行县支行在消除基础业务违规兼岗、安排控制业务与管理风险的人力方面已经到了捉襟见肘的地步，即使是挤出人员进行审核，因人员素质不高，也难以做到对改革方案精神的准确把握，在这样的情况下，审核质量根本无法得到保证。正因为如此，许多地方将审核权上收至中国人民银行地市中心支行，由于同样存在人力和能力不济等问题，加之时间上的限制，第一道关口的审核往往很难深入到现场，审核时更多地只是注重文本在形式上的要素是否齐全等，使得"传口令"式的信息逐渐失真的弊端在农村信用社改革的实际操作中变得非常普遍。

由于方案存在的缺陷使得串谋方在信息上始终能够保持优势，并让非对称信息得以延续，使作假成为串谋方能够节约成本和迅速达到考核要求的最佳选择。因此，中央银行为激励其实现考核条件建立的可置信威胁因为不能消除信息不对称问题而存在不可置信性，在这样的情况下，"弄假成真"的制度设计在很大程度上可能会落空。

（三）"买机制"的外部环境

按照市场化改革的取向，国家通过资金支持鼓励农村信用社建立健全激励机制和约束机制，同时还包括省级政府建立健全对农村信用社的管理体制。这里，我们重点对建立农村信用社激励机制和约束机制的问题作一分析。农村信用社建立激励机制和约束机制取决于外部环境和内在动力，而外部环境又决定内在动力。这里的外部环境主要是指因缺乏外部竞争而使农村信用社长时期处于垄断经营的状况。

哈尔·R. 范里安（2006）提出如何判断一个行业是竞争性行业还是垄断性行业时认为，其答案取决于平均成本曲线和需求曲线的关系。决定性因素是最低效率规模（Minimum Efficient Scale，MES）的大小，即相对于需求的规模，使平均成本实现最小化的产量水平。

根据图 6-4，结合我国农村金融情况进行分析，在第一种情况（A）下，

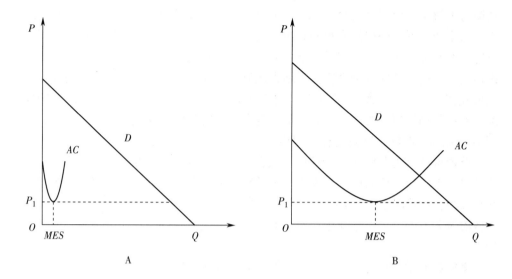

图6-4 相对于最低效率规模的需求

如果农村市场的融资需求（D）相对于最低效率规模（MES）很大，说明农村市场可以容纳许多家农村金融机构，每家金融机构的利率水平都接近于 P_1，由于每家金融机构的规模都相对较小，因而可能是一个竞争性市场。在第二种情况（B）下，如果农村市场的融资需求（D）相对于最低效率规模（MES）很小，仅有一家机构（农村信用社）可以获得利润，它可能是一个垄断性市场。

这是从技术角度作出的判断。对于由技术决定的最低效率规模，我们不可能作太大的变动，但是，制度性安排却可以影响农村市场的融资规模。如果国家实行较宽松的金融管制，降低各种类型金融组织进入农村市场的门槛，使目前单一的农村信用社能够面临其他金融组织的竞争，那么，农村信用社影响资金价格的能力就会弱化。相反，如果国家继续采取严格的金融管制政策，农村市场的融资规模仅限于农村信用社的信贷支持，那么，农村信用社的垄断就有可能继续维持。因此，从上述情况和农村经济发展现状分析得知，我国的农村金融应该更适宜于在竞争性的市场环境中发展和成长，因为，现实中的农村市场的融资需求已远远大于最低效率规模，这是因为，实际的调查结果表明农村信用社信贷服务的覆盖率偏低。在农村信用社信贷服务覆盖率低，即在农村市场融资需求大大高于最低效率规模的情况下还能够实现垄断性经营，没有别的原因，就是由于制度安排不合理造成的。制度安排不合理使得农村信用社缺乏本来应该有的竞争环境，最终导致了农村信用社丧失建立激励机制和约束机制的内在动力。

（四）小结

"花钱"方式的设计不利于"买机制"目标的实现。新一轮农村信用社改革试图努力解决长期以来农村信用社定位不准等问题，但是，从"花钱"的方式看，这个问题不仅仍然没有得到解决，反而更加模糊了农村信用社的定位。资金支持方案明确了在"因地制宜、分类指导"原则下农村信用社的产权模式和组织形式，然而，国家的资金支持和地方政府负责的指导思想又使得产权模式和组织形式变得"貌合神离"。"花钱"的方式把中国人民银行推到了比较被动的境地，农村信用社与地方政府在对待取得资金支持的问题上利益是高度一致的，因而很容易结成联盟。金融监管部门由于与前者也存在间接的利益关系（农村信用社获得资金可为监管部门治理风险赢得时间和空间），因而，与中央银行的阶段性目标不一致，使其在获得专项票据兑付之前也会与前者结成联盟。在各省区间相互攀比的情况下，"花钱"的方式甚至容易导致中国人民银行分支机构在地方政府及各方的压力中形成半联盟状态，并对各级审查部门形成由下对上的倒逼局面。

激励机制设计理论确定的资金支持方案存在较多缺陷，在较大程度上影响了资金支持效果。一方面，对激励成本的认定不准确，同时，激励政策没有充分考虑一部分农村信用社一旦确定申请资金支持以后，而会为此付出的成本会高于收益的情况，在这样的情况下，农村信用社为了降低改革成本促成的共同作假行为，难以保证农村信用社的改革行为与资金支持方案设计的路径相吻合。另一方面，由于资金支持方案存在的漏洞和中国人民银行基层机构客观上人力和素质等的不济，让农村信用社始终处于信息优势方而无法达到信息对称的目的，进而致使"弄假"的一直延续而难以"成真"。

农村信用社在获取资金的过程中的努力程度，不是以取得资金支持额度时的边界作为衡量标准，而应该是以在取得资金支持额度后，继续最大化地收回不良贷款时的边界作为衡量标准。当然，农村信用社的这种努力与资金支持方案精神所体现的正向激励并无必然联系，因为农村信用社收回不良贷款并不会改变其作假延续的事实。

对于中央银行的资金激励，农村信用社缺乏建立健全激励约束机制的内在动力。最低效率规模理论揭示，我国农村信用社在农村市场上的垄断地位是由政府的制度性安排所导致的。在这样的制度安排下，农村信用社为了维护自己的固有利益，不会因为在他们看来并不解渴的资金激励而轻易放弃自己目前非常便宜的内部人控制的经营方式，最终使得实现"花钱买机制"的目标变得非常困难。

第七章 国外农村金融发展与启示

不同国家由于农村经济的发展水平和金融制度的发育状况不同，其农村金融体制也不相同。本章将对美国、日本、印度等国农村金融的情况作一分析，以便从中看出对我国农村金融发展的借鉴与启示。

一、美国农村金融

美国农村金融体系是一个以私营金融机构为基础，以合作农业信贷体系为主导，以政府支农机构为辅助的庞大系统。

（一）农村经济情况

美国土地资源丰富，气候条件好，发展农业生产的自然条件极为优越。经过长期的努力，美国已拥有世界上最发达的农业，主要农产品除了能够充分满足国内的需要外，还能大量出口。目前，美国是世界上主要的农产品出口国之一，其谷物、棉花、大豆等农产品的出口量名列世界前茅。美国早已实现了农业现代化，其农业机械化、科学化和社会化程度均达到世界先进水平。现代化提高了美国的农业劳动生产率。20 世纪 80 年代初，美国每个农业劳动力所生产的食物和纤维可以供养的国内人口就达到 79 人。由于农业劳动生产率的提高，美国农业就业人口仅占全国就业人口的 3% 左右。

美国农业的基本生产单位是农场。从规模来看，大型农场约占农场总数的 5%，但其现金收入却占农场现金总收入的一半。这表明，为数不多的大农场已经在农村经济中占据主导地位，农业生产高度集中。从组织形式来看，美国的农场可分为家庭农场、合伙农场和公司农场，其中，家庭农场在数量上和销售量上一直占有绝对优势。农业中雇佣劳动仍然存在，但数量越来越少，1983 年美国全国仅有 260 万名农业工人。

（二）政府农业信贷体系

根据《农业信贷法》，美国建立服务农业生产的信贷体系，保护农业的发展。美国的农业信贷系统是银行和信贷协会为农民、农业及相关产业提供信用服务的全国性信贷系统。这个系统由合作银行体系、农业信贷银行和联邦农业信贷银行基金公司组成。农业信贷银行发放短期和中期农户贷款，由不动产作抵押。联邦农业信贷银行基金公司是美国的农业信贷系统在资金市场上发行债券的渠道。1987年，根据《农业信贷法》建立了联邦农业抵押公司，为农业信贷开辟了新的市场。它是一个准政府机构，是由农户贷款人入股组成的股份公司，在二级市场为农户贷款进行资产证券化的操作。

美国政府扶持农业发展的机构还有农家管理局、商品信贷管理局、小企业管理局等，主要办理商业银行不愿办理的农村基础建设贷款、农村社区发展贷款、农村工商业贷款和专业生产贷款，还有一些灾害贷款、水污染贷款等。贷款利率低、期限较长，大多是无抵押、无担保贷款。

农家管理局建于1946年，是美国农业部的直属信用机构，在各州、县设有办事处。农家管理局的资金每年来源于国会预算和私人借款者。私人借款者的90%以上的本金和利息由农家管理局提供担保。其主要贷款种类有农场主贷款计划、农村住房贷款计划和农村社区贷款计划。农场主贷款计划和农村住房贷款计划增长快，份额大，而农村社区贷款计划在20世纪70年代中期以前增长快，但此后明显减少，份额一直不大。商品信贷管理局设于1933年，是美国农业部稳定和保护局所属的一个公司组织，服务宗旨是为了稳定国内商品流通领域的农产品价格，支持农产品价格融资，并为农产品出口提供金融服务，保护农民利益。

（三）信用合作体系

美国的信用社是发放个人贷款，向社员特别是向同一个公司的雇员提供消费信贷的非营利性组织。从20世纪70年代后期开始，法规放宽，允许信用社提供类似商业银行、储蓄银行和储蓄贷款协会一样的金融服务。联邦注册的信用社能够发放信用卡和住房抵押信贷。许多信用社也提供生息的结算账户。信用社免除了联邦和州的税收，能够高于市场利率吸收存款，并低于市场利率发放贷款。1984年对信用社会员资格的管理放松了，允许吸收新的会员，并通过交纳股金增加信用社的营运资金。目前，美国拥有信用社11 000多个，有社员7 600多万人，约占美国人口的1/3，入会者不乏两会议员。自愿入社的人只要填写一份表格，交5美元股金即可成为信用社的社员，享有存贷款、获利分红和选举的权利。美国的信用社在11 000多家的基础上，联合成立了44个州中央信用社和美国中央信用社。这是经济上的联合体，每个信用社是独立法人，每个层次也分别是独立法人，是自主经营、自负盈亏的主体，既相互独立，又紧密联系，充分体现了合作经济的特征。

（四）商业银行的农业信贷

美国商业银行历史久、机构多，早在20世纪30年代以前就普遍发放农户贷款，有比较完备的制度和较强的竞争力。到 1986 年，商业银行提供的中短期农户贷款占全国中短期农户贷款总额的 35%，提供的长期农户贷款约占全国长期农户贷款总额的 11%。办理农村信贷业务的商业银行大多设在小城镇，即乡村银行。这些乡村银行分布广，又是农村唯一办理存贷款和储蓄等多种金融业务的机构，并且熟悉农场主的信用和经营情况，因而贷款迅速、手续简便，在提供农村贷款方面一直发挥着很重要作用。为鼓励商业银行办理农户贷款业务，联邦银行监管机构规定，凡农户贷款占贷款总额的比重超过 25% 的商业银行，可以在税收方面享受优惠待遇。

美国的商业银行是私营金融机构，其信贷基金的来源主要依靠存款，营利性是它经营农村信贷业务的首要原则。为使贷款能够及时安全地收回，商业银行在农户贷款业务中很重视贷前审查，配备专职农户贷款人员办理贷款过程中的有关业务。另外，商业银行还对客户提供非营利性的贷后服务，如帮助贷款户制订生产计划和财务计划、为贷款户提供市场信息等。商业银行发放的农户贷款绝大部分是用于一般性生产经营的中短期贷款。1978 年，商业银行提供的中短期农户贷款占美国中短期农户贷款总额的 46.3%，可见，商业银行在提供中短期农户贷款方面起着举足轻重的作用。

（五）其他农户贷款

人寿保险公司只向农业提供长期贷款，用于土地和设备的添置、土地改良等。人寿保险公司虽不以提供农户贷款为主业，但所提供的农户贷款额却不少。人寿保险公司提供的长期农户贷款一般高于同期商业银行长期农户贷款所占比例。经营商为农业生产提供产前、产后服务的厂商及其代理人。他们通过赊销和预付的方式向农户提供商业信用。这种商业信用由于方便购买，同时又有助于推销产品或保证货源，因而得到广泛运用，成为农场中短期贷款的重要来源。个人借款是美国农村信贷资金来源中不可忽视的一个部分。在中短期贷款方面，农场主经营通过亲友及乡邻调剂现金，以供周转。在长期贷款方面，农场主或是与出让土地的农民订立分期付款的购地合同，或是用土地作抵押向私人借贷。在美国长期农户贷款的各项来源中，个人提供的长期农户贷款一直居领先地位。

二、日本农村金融

日本的农村金融采取的是官办与民办并列的体制，官办的农业制度金融和民办的合作金融在整个农村金融体系中都占有十分重要的位置。日本的农村金融体系主要由农业制度金融、合作金融和民间农业金融三大体系组成。

（一）农村经济情况

日本人多地少，人均耕地不足 0.05 公顷，农业资源贫乏。日本农业虽然经过大力发展，单产较高，但因耕地总面积较小，因而总产量不高，农产品总的来说仍然不能完全自给自足。自 20 世纪 50 年代起，日本已逐渐实现了农业现代化，但其在机械化方面仍有所欠缺，主要是因为农业经营规模小，造成机械利用率低、效率低。目前，日本的大米、小麦等主要农产品的单位耕时比美国高 30 多倍。日本农业生产以自耕农为主，自有土地与经营土地之比超过 90% 以上的自耕农占农户总数的 80% 以上。农户兼业化经营比较普遍，其中，有的农户兼营的非农业收入还高于农业收入。由于兼业化经营和其他一些原因，日本农户的收入普遍较高，总体平均水平已高于城市工资收入者家庭。

农业协同组合（以下简称农协）是日本规模最大的农村合作经济组织。在小农经济占绝对优势的情况下，农协对于发展生产、保护农民利益来说，意义重大。农协组织自下而上有三级，其中，各级均有专业农协和综合农协。农协几乎涉及所有与农业有关的领域，而且几乎所有的农户都属于某一个或某几个农协。农协不以盈利为目的，以为会员服务为宗旨，是事业组织。农协代表农民利益，指导农业生产，是一种农业团体。农协提倡互助合作，实行一人一票制，是合作社。

（二）农业制度金融

农业制度金融，即农业政策金融，是按照法律、政令、规则及条例等，由国家或地方社会团体通过财政融资对民间金融机构的贷款给予利息补贴。农业制度金融把政府的农村金融政策、目标和措施具体化。农林渔业金融金库是政府制度金融的中央机构。农业制度金融主要包括：（1）农业公库融资，负责对农林渔生产者为了维护和提高生产力所需要的长期资金提供贷款，其贷款不仅期限长、利率低，而且是农协金融系统和商业银行贷款的补充，也是那些不能在上述金融机构获得贷款的农户的最后依靠。（2）农业现代化融资，在金融机构向农户提供与农业现代化有关的贷款时，国家或地方政府给予一定的利息补贴。其目的是政府利用较少的利息补贴支出推动数倍农户贷款的投入。（3）农业改良资金融资，一般委托农协组织代办，多为短期贷款，不收取利息，对具有典型示范效应的农业发展项目提供帮助。

（三）合作金融

合作金融是指农协所办理的信用业务。农协系统金融是由各级农协信用组织经办的农业金融，由三级组成：最低层为市町村一级基层农协的信用部门，直接与农户发生信贷关系，吸收存款、发放贷款，开展银行汇兑、转账结算等，会员从生产资料的购买到生产、销售等全过程的资金服务均在农协合作金融系统内结算。中间层次为都道府县一级的信用协同组联合会，主要职责是吸收基层农协组织的剩余资金，帮助基层农协进行资金管理，为基层农协提供融资服务，在全县范围内组织农业资金的结算。最高层为中央一级的农林中央金库，主要职责是负责各级农协之间在全国范围内进行资金融通调剂、清算，以及农协组织与外部金融机构相互融通资金的主渠道。农协组织承担一部分政策性金融业务，属于政府规定的专项贷款。专项贷款的利率较低或是无息的，或者从政府那里得到补贴、担保。1985 年，日本的农林渔业协同组合的金融机构有 5 466 个，农协组织的信贷业务是日本农村金融的主流，农协贷款占各类农户贷款的 74%。1999 年，农林中央金库的资产总额为 49.1 万亿日元，在日本所有金融机构中排在第一位。

另外，日本还有众多的民间农业金融组织。它是农协以外的其他民间金融机构。民间农业金融的发展壮大，在保证农业投资增长、加快日本的农业现代化进程方面也发挥了重要作用。

三、印度农村金融

印度农村金融体系主要由以合作金融为基础，以国有商业银行的农户贷款业务为主体，以地区农村银行为辅助，并由国家农业和农村发展银行统筹管理四部分组成。

(一) 农村经济情况

印度是一个农业国，有比较丰富和优良的自然资源。但是它在独立之初，热衷于工业化，忽视农业，农业经济停滞不前。1966 年以后，主要为解决粮食供给不足的问题，印度推行发展现代农业的新战略，开展"绿色革命"，着力于大力推广良种，改良耕作技术，进行农田水利建设。经过 30 多年的努力，印度农业取得了举世瞩目的成绩，其粮食由大量进口改变为有一定数量的出口。但总的来说，印度农业土地利用仍不合理，粮食单产低，农村贫困人口多，农业生产仍有许多潜力有待挖掘。

印度独立初期，85% 的土地集中在占农村人口 15% 的地主富农手中，不利于农业的发展。从 20 世纪 50 年初期到 80 年代，印度开展了土地改革，主要目的是废除农村中的封建特权和超经济剥削，消除封建势力和寄生阶层。经过土地改革，占地上万英亩的大地主和层层转租的现象不复存在，农民持有的土地增加了，同时也产生了一大批中小地主经营的农场，为农业的资本主义发展创造了条件。

（二）商业银行的农户贷款

从 1969 年起，印度对其主要的大商业银行实行了国有化。向农村提供贷款的银行包括印度国家银行和 20 多家国有商业银行。根据有关规定，国有银行要将其贷款的 16% 投向农业，并且其中 1% 的贷款为低息扶贫贷款。国有商业银行必须在没有银行的农村地区开设 4 家分支机构以后，才能在城市开设 1 家分支机构。这样，国有商业银行成为农村信贷活动的重要力量。商业银行的贷款主要有直接贷款和间接贷款两大类。直接贷款面向农户，有短期贷款和长期贷款。短期贷款一般为 12～18 个月，主要用于种子、农药的购买；长期贷款一般为 3～12 年，主要用于购买机械设备。间接贷款面向农业代销商、合作金融机构等。

为了鼓励商业银行对农户贷款，印度政府推出了一些优惠政策。例如，商业银行依法经营的农村信贷可以享受免税待遇，低息扶贫贷款可以得到政府的财政补贴。商业银行的农户贷款占农户贷款总额的比重呈上升趋势。20 世纪 90 年代末，这一比重已经超过 50%。

（三）国家农业和农村发展银行、地区农村银行

国家农业和农村发展银行成立于 1982 年，其职能是统筹运用来自政府和储蓄银行的资金（特别是外资），对农业基建项目提供中间信贷，并作为印度政府和储蓄银行的代理机构，统筹资金，为各农户贷款银行提供中间信贷和进行监督检查。目前，该行已成为印度最高一级的农村信贷机构，也是印度整个农村金融体系的总后盾。它的股本金由印度政府和中央银行各出一半。为了扩大资金来源，该行可吸收存款、发行债券、接受中央银行贷款、接受政府及外资贷款等。

地区农村银行设立于 1975 年，其股份一般分别由中央政府（占比为 50%）、邦政府（占比为 35%）和一家主办的商业银行（占比为 15%）认缴。设立地区农村银行的目的是为了满足农村地区受到忽视的那部分人的专门需要。具体来说，就是在一定区域内为无力按商业原则得到贷款的小农、小手工业者提供低息贷款，具有扶助贫苦农民生产自救的性质。地区农村银行的资金来源除了股本金外，还有吸收存款、发行债券、使用中间信贷资金等资金来源。它具有如下特点：每家地区农村银行只在一个邦的某一特定区域内从事经营活动；主要对小农、小手工业者提供贷款；贷款利率一般低于当地农村信用社水平。

（四）信贷合作社的发展

信贷合作社一直是农村信贷最廉价、最好的来源，信贷合作社是从提供低利率的信贷业务发展起来的。自 1951 年以来，合作信贷运动在较大程度上帮助了农民。1980～1990 年，发展了大约有 88 000 个初级农业信贷合作社，为农民提

供了短期和中期贷款，占农村信贷的 33%。信贷合作社有三个层次：一是初级农业信贷合作社，可以有 10 人以上，通常是在一个村的范围内开展业务。每一股的股金比较低，对于每一个社员来说其价值微不足道，连最贫困的农民都能成为会员。会员有无限责任，每个成员对信贷合作社的经营失败承担全部损失。贷款期限通常为 1 年，利率较低，主要是向贫弱的农户贷款，特别是小农或边际农。利润不能作为股息或由股东分配，而是用于乡村的福利，如修水井或维修学校等。为了确保合作信贷充足、及时地流向农户，印度储备银行同政府部门合作采取一系列扶贫措施扶持贫弱地区，确保贫弱地区得到信贷服务，改变合作发展的地区不平衡状况。采取的措施有：重新组织有活力的初级农业信贷合作社，合并有经营风险的信贷合作社，为贫弱的信贷合作社提供大量资金以消除它们的损失、呆账和预期贷款。国家农业委员会建议信贷合作社不仅对其成员提供信贷，还要提供农业技术保证。二是中心合作银行，它是初级农业信贷合作社在特定地区正常地扩大到整个县的联盟，主要任务是向初级农业信贷合作社融通资金，作为邦合作银行和初级农业信贷合作社的中间人。三是邦合作银行，它是合作信贷机构的最高形式，它为中心合作银行融通资金。

印度是向农村金融提供补贴较多的国家之一，为推动农业发展起到非常重要的作用。但由于逾期贷款过多，在耕种者中缺乏偿还贷款的意愿，政府的财政负担越来越重，以致后来没有财力满足对合作银行出现的信贷损失进行补偿和利息补贴。

四、借鉴与启示

各国农村金融机构，就经营性质而言，既有政策性金融机构，也有合作性金融机构，还有商业性金融机构。目前，几乎所有国家的农村金融机构都以间接融资为主。就是否审批设立而言，有正规金融机构，也有非正规金融机构。从金融中介的角度看，农村信贷资金主要来源于借入资金、财政资金和自有资金三条渠道，运用于贷款投放。

（一）合作金融是各国农村金融制度的基础

许多发达国家的实践证明，合作经济是组织个体农民和个体工商户发展经济、参与市场竞争的有效组织形式，现代经济中的中小经济组织占据经济活动主体的大多数，因此，经济组织为他们服务显然具有强大的生命力。比较各国的合作金融制度，有以下共同点：（1）多层次的法人联合。美国、德国、日本、印度等国都拥有一个多层次的合作银行体系，它们是主要的农业信贷机构。多层次的合作金融机构的每个经济体，在法律上都是互助独立的成员，最高权力机构都是自己的董事会。各层次没有严格的等级制度,即中央合作银行、地区合作银行和地方合作银行都自成独立法人,既保持相互独立又发挥联合优势。这种联合是经济上的联合,是自主经营、自负盈亏的主体,充分体现了合作经济的特征。上级联社或者合作银行主要在资金融通、进入证券市场买卖证券、与系统外商业银行发生业务往来、制订业务指导规划和职工培训方面发挥重要作用。上级联社对下级信用社没有平调资金的权力,也不存在直接管理与被管理的关系,中央联社的作用是维护信用社的整体利益。(2)合作制的内涵不变。尽管西方国家经济比较发达、市场经济比较成熟、市场竞争比较充分,但合作金融机构从整体上不断得到发展,合作性质的基本原则也没发生改变。信用社发挥小而灵活的优势,本着为中低收入阶层服务的宗旨,办理商业银行不愿办理的业务。多数国家信用社的信贷决策权仍然以基层信用社为主,而资金清算则以上层信用社为主,对基层社不进行干预,中央或中间层次合作银行主要解决"小"信用社普遍面临的问题:一是单个信用社法人主体没有像大商业银行庞大的系统,缺乏结算网络,业务受到限制。二是单个信用社规模小,如果备付金过多,影响盈利水平;反之,容易发生流动性不足。这样,基层信用社与上层信用社就形成了有效的业务合作关系。(3)政策支持。美国信用社享受免征联邦收入所得税的待遇,不交纳存款准备金,也不交利息税。德国有健全的全国信用社联盟和合作银行的行业自律组织,农业合作系统发放的长期资金接受国家的援助,还通过银行向农户发放农户贷款,以解决农户投资对借入资本的需求。日本为农业规模化和产业化发展,推进农业结构调整提供补贴,在金融机构向农户提供与农业现代化有关贷款时,国家或地方政府利用农协系统的资金,政府给予利息补贴、损失补贴和债务担保,以利用较少的利息补贴推动数倍农户贷款的投入。印度采取一系列措施扶持贫弱地区,消除地区发展不平衡的现象,印度储备银行同政府部门合作采取重新组织有活力的初级农业信贷合作社,合并有经营风险的信贷合作社,为贫弱的信贷合作社提供以消除它们的损失、呆账的补偿资金,确保贫弱地区得到信贷服务。

(二)商业性金融是各国农村金融的主体

美国商业银行在注重贷前审查和贷后服务方面做得很好。它们配备专职的农户贷款人员,在发放贷款时,要对借款人的品德、资本、经营能力、经营效益、偿还能力以及风险承担能力进行全面严格的审查,合格者才能签订贷款合同。贷款后,商业银行还要提供多功能的贷后服务,如提供信息咨询和财务辅导,协助制订生产计划,帮助改进生产技术。商业银行这样做的目的是为了争取更多的贷款户和保证更多的盈利,但事实上也有利于提高农村资金的利用和经营管理水平的改进,因而有利于农村经济的发展。印度从 1969 年起对其主要的大商业银行实行了国有化。向农村提供贷款的银行包括印度国家银行和 20 多家国有商业银行。根据有关规定，国有商业银行要将其贷款的 16% 投向农业，并且其中 1% 的贷款为低息扶贫贷款；国有商业银行必须在没有银行的农村地区开设 4 家分支机构以后，才能在城市开设 1 家分支机构，使国有商业银行成为农村信贷活动的重要力量。商业银行的贷款主要有直接贷款与间接贷款两大类。直接贷款面向农户，有短期贷款与长期贷款之分。短期贷款一般为 12 ~ 18 个月，主要用于种子、农药的购买；长期贷款一般为 3 ~ 12 年，主要用于购买机械设备。间接贷款面向农业代销商、合作金融机构等。为鼓励商业银行对农户贷款，印度政府推出了一些优惠政策，如商业银行依法经营的农村信贷可以享受免税待遇，低息扶贫贷款可以得到政府的财政补贴。商业银行的农户贷款占农户贷款总额的比重呈上升趋势。20 世纪 90 年代末，这一比重已经超过 50%。商业银行成为印度农户贷款中最主要的力量。

小额信贷组织是否实现可持续的商业化运营，会对其借款人的行为发生影响，商业化程度更高的机构会传递信号给其客户，使之更具效率。小额信贷在世界范围内已有三十多年的实践历史，它通过一系列完全不同于正规商业银行的、特殊的制度安排来解决交易成本问题，在一些国家和地区比较成功地解决了为穷人提供有效信贷服务的难题。同时，社区金融活动在世界各国尤其在发达国家的经济金融运行中占据相当重要的地位，较低的进入壁垒、活跃的市场竞争，使得各国以社区银行为代表的中小金融机构保持了快速的增长态势，维持了社区金融活动的活跃和健康。各国政府对于社区金融活动在政策上给予的支持和倾斜是社区金融活动发展的重要条件。

（三）农业政策性金融对农业的支持力度日益加强

相对于中国来说，发达国家以及一些发展中国家的农业政策性金融体制是相当发达和完善的，这一点是客观的，无论从体制上，还是从业务运行等诸多方面来说都是如此。国外农业政策性金融的经验主要有：（1）政府支持是农业政策性金融体制成功的前提条件。在不同国家或者同一国家的不同历史阶段，政府支持的形式、力度存在差别。资金支持方面，政策性金融控制和支配的资金资源中，核心部分是资本金，资本金的多少成为制约业务规模的最重要因素。世界上大多数国家的农业政策性金融机构，在最初设立及运行过程中，一般都得到政府的资本支持。在其他支持政策方面，许多国家还在税收、补贴、人力资源等方面给予农业政策性金融机构更多的支持。如南非土地和农业发展银行是免税的，也不对政府分红。有的国家的政策性金融机构的主要负责人是由一些政府部门官员担任的。（2）合作经济在农业政策性金融运营中的作用不可忽视。各国的经验进一步表明，没有农业合作经济组织的配合，也许农业政策性金融就不能很好地履行其职责。因为从新制度经济学的角度看，农业合作经济组织在农业政策性金融运行中的突出作用是减少交易费用。把农业政策性金融与农业合作经济组织结合在一起，或者说，把政策性金融的职能嫁接在农业合作经济组织上面，已经在很大程度上解决了交易成本问题，另外，还解决了农民的分散问题。从金融创新的角度讲，这种创新属于农业政策性金融中最重要的制度创新。（3）建立合理的公司治理结构是农业政策性金融平稳运行的关键。在具体经营方式上，选择什么样的形式与其执行某些政府政策之间并不存在矛盾，关键是哪种经营方式更有利于职能的发挥和更有效率，这是选择政策性金融机构运行方式的根本标准。各国的政策性金融机构的最主要形式就是公司制，这种形式很好地适应了政府执行政策性金融目标的需要，成为政策执行中的最佳形式。治理模式的选择问题至关重要，因为在某种情况下，经营效果问题可以影响一个政策性金融机构的生存。很难想象，一个长期处于亏损状态、管理混乱的政策性金融机构会被允许留存下来。（4）加强农业政策性金融的立法建设是农业政策性金融的重要保证。美国是世界上农业政策性法律相对健全且立法比较早的国家。除《农业法》的一些相关规定外，美国还专门制定了农业投入和农业信贷方面的法律。美国的农业政策性金融体制发展成今天如此齐全而又精巧的体系，并非一日之功，而是经历了大约一个世纪的发展历程。在这个过程中，农业政策性金融的每次大的改革和调整一般都是法律先行。

第八章 农村金融类型
选择及政策取向

通过以上各章的理论分析和实证研究，已经对我国农村金融的供给与需求、农村金融的发展沿革与现状有了更深的认识。按照如何适应建设社会主义新农村的要求，从农村金融效率与公平均衡、农村信用社改造、正规农村金融与非正规农村金融协调、改善农村金融外部环境等方面，研究在现行体制条件下，适合我国农业成长融资需求的农村金融类型选择及政策取向，就成为本章的主要任务。

一、把实现效率与公平的均衡作为建立农村金融体系的基点

效率，着重强调以市场化、竞争性等方式追求经济体效益最大化。公平，着重强调以补贴、扶持等方式追求社会效益最大化。由"三农"对效率或公平的期望，反映到农村金融上，或是走商业化的路子，通过商业性农村金融引导，促进"三农"实现有效率的发展；或是走政策化的路子，通过政策性农村金融扶持，让"三农"在公平中获得成长。但是，在现行经济制度下，如果只是单纯强调商业性农村金融，或只是单纯强调政策性农村金融都不可取，而应当让它们共同发挥作用，并在市场调节和政府调控中找准自己的位置，在功能互补和经营合作中相得益彰。那么，我们究竟应该如何来看待效率和公平与农村金融的关系呢？如果把实现效率与公平的均衡作为基点，就会为我们选择农村金融类型在方法论上提供一个新的视角。下面，我们的分析就从这个角度切入，并逐步展开。

（一）"三农"与农村金融

我们知道，在计划经济时期，"三农"作为经济体所产生的资金需求，不以农户生产为基础，而是以集体生产为基础。事实证明，在农业生产力水平很低的情况下，失去了以农户生产为基础的"三农"经济，是低效率的经济，同样道理，低效率的经济难以自然形成资金供给机制并与之匹配，由于社会资金严重匮乏，只能依靠国家信用实行资金（金融）配给。从表面上看，这样的配给是公平的，但事实上并不公平，因为在缺乏效率的原则下进行的金融配给，与"三农"对资金的无约束渴求形成的缺口，始终不可能让资金供需双方达到平衡，以致使固定且过低的资金价格与其明显的短缺程度严重背离，加之道德风险等因

素影响，造成了巨大的资金损失。在市场经济条件下，"三农"有了对资金需求的强烈愿望，而这种愿望是以农户的生产积极性为基础的，加之有相应约束条件的限制，因此，它所产生的资金需求就会促成与之相匹配资金（金融）供给机制的自然形成。真实的资金需求和供给，在市场力量的作用下，可以得到能够反映市场供求的均衡价格，一旦实现了资金价格与价值的统一，融资产品交易中的许多不合理因素便可得以有效消除，从而更好地促进"三农"发展和资金运用效率的提高。

"三农"问题的存在以及"三农"的特殊地位和农业的特殊生产状况，为新时期建立符合我国"三农"实际的农村金融体系提出了新的更高要求。从经济学角度讲，没有必要作城市金融与农村金融的划分，因为金融组织的产生主要取决于经济发展对金融服务的需求，无论这种需求在城市还是农村，只要需求有效，它就能够为金融组织带来商业机会。但是，"三农"的特殊性告诉我们，在过去的几十年中，"三农"用低速发展的沉重代价为城市建设和工业增长作出了巨大的贡献，使农村的资本积累能力大大降低。集中表现为农村的资本积累进程中资本的有机构成不升反降，恶化了资本质量，在生产工具落后和劳动生产率降低的情况下，造成农村资本技术构成不高，总资本中农业不变资本的增长速度相当缓慢，严重影响了农村资本获取剩余的能力。这种状况不仅使农村失去了对外部资金的吸纳能力，还造成农村资金的大量外流，这对"三农"显然是不公平的。因此，基于"三农"的特殊性，应该从战略的高度，作出对金融供给的制度性安排，有专门的农村金融为"三农"提供服务，并充分考虑发达地区、欠发达地区、贫困地区对金融服务的不同需求，既要有商业性金融供给，也要有政策性金融供给；既要有国家引导农业发展的金融战略导向，也要有国家扶持农业生产的金融支持措施，将农村金融的类型选择，建立在遵循市场化原则条件下寻求效率与公平均衡的基点之上。

（二）"三农"与农村金融效率

效率是指最有效地使用社会资源以满足人们的愿望和需要。也就是说，在给定投入和技术的条件下，经济资源没有浪费，或对经济资源作了能带来最大可能性满足程度的利用，即实现资源的配置效率（allocative efficiency）。这里需要注意把握两个关键要素：有效使用资源和带来最大的满足程度，前者是基础，后者是目的。

"三农"的效率。改革开放以来，随着社会主义市场经济体制的逐步深化，讲求效率已经为各方所广泛接受。土地是立农之本，在我国人均耕地资源非常有限的情况下，应该采用什么办法来最大限度地发挥耕地资源的效能呢？笔者认为，应该在国家政策允许和生产技术能力能够满足的条件下，选择效益最大化的生产项目。这是实现资源配置效率的基本条件，一方面，选择效益最大化的生产项目既符合有效使用资源的要求，也符合能够带来最大满足程度的要求；另一方面，这样的选择既符合国家有关政策的要求，也符合生产者对生产项目的技术能力要求。当然，不同生产者对于同样的生产项目，由于存在自然条件和生产技术能力的差异，通常会产生对其实现效益最大化标准的不同认定，因此，我们在现实的农村经济生活中，总能够见到土地资源配置效率不平衡的情况。但不管怎么说，追求在有限耕地资源约束条件下的效益最大化，始终是农民生产的不竭动力。在满足上述条件以后，是不是就一定能够实现带来最大满足程度的目的呢？当然不是，它还要受到许多其他条件的限制，其中最重要的一个条件就是资金。用什么性质的资金和用什么方式供给资金，是直接关系到"三农"能否实现效率的根本，对此，我们需要给予高度重视。

农村金融的效率。在新中国成立以来的较长时期内，"三农"经历了一个"粮丰时轻农，粮歉时重农"的曲折发展过程。从中我们也能看出，在改革开放前，无论是轻农还是重农，农村金融的效率都很低，按照国家有关政策要求，运用行政指令将资金以低利率的方式分配给集体经济组织，加之其他因素的影响，形成了巨额不良资产。改革开放以后，这种状况有了很大改变，资金成为经济的第一推动力。如何保证在增大"三农"资金投入时，又能提高资金的使用效率，这是我们研究农村金融需要重点关注的。资金支农分为有偿的资金支持和无偿的资金支持两种：有偿的资金支持主要通过借贷、贴息和补贴等途径来实现。有偿的资金支持，无论是对于农民中的富人还是穷人都能起到激励生产积极性的作用。无偿的资金支持主要通过补助、捐赠和救助等途径来实现。无偿的资金支持，主要是帮助农民中的穷人，它只能在一定时期内，起到保证农民基本生活的作用而无助于激励生产。商业性农村金融组织是经营资金的特殊企业，它将按照效率原则以追求利润最大化为目标。当然，针对国家对有关农业产业的引导和缓解部分农民融资成本压力的情形，可在维持资金平均市场价格的前提下，对农民借款给予一定的贴息或补贴，以保持市场资金供求均衡条件下的价格水平。

效率"三农"对效率农村金融的需求。从上述分析中，我们已经注意到，"三农"的效率是以市场经济制度为基础的，随着市场对农产品需求的不断增加，在土地制度适当的情况下，农民增加生产的愿望会变得越加强烈。但是，由于受到资金短缺的制约，使农民增加生产变得异常困难。因此，要解决这个问题，必须首先弄清楚应该使用什么性质的资金。我们知道，资金的种类繁多，大体上分为国家资金、企业资金和个人资金（还有国外资金，这里我们不作叙述）。使用资金的目的不同，它们就会具有不同的性质。如果用于公共产品，它追求的是社会效用；如果用于赠予，它追求的是道德效用；如果用于投资，它追求的则是经济效用。事实表明，更多的资金是用于投资。那么，对于"三农"，应该用什么样的方式供给资金呢？就资金供给方式来讲，主要有五种：一是直接投资于农业生产项目；二是国家对按规定进行生产的农民给予补贴；三是国家供给金融，为农业提供资金借贷与服务；四是农民以劳动合作为基础的自发筹资；五是民间借贷。从有利于提高资金运用效率来看，需要注意后三种方式：即国家供给金融的方式，通过金融供给的制度性安排，可以充分发挥金融的中介作用；信用合作方式，通过农民以劳动合作为基础，自发筹资的准金融制度性安排，可以充分发挥资金与劳动、技术紧密结合的作用；民间借贷方式，通过民间借贷的非制度性行为，可以以更低的成本和更短的时间实现农民的融资需求。这三种资金供给方式都是农村金融的重要组成部分，由于其组织形式的不同，它们与农民联系的紧密程度也有差别，所以每一种组织形式搜寻信息的成本也不相同，由不同成本影响到不同组织形式的资金的市场平均价格，决定了它在农村金融市场中的功能定位。总体来看，农村金融的建立和经营都是以效率为基础的，在它们追求利润最大化的过程中，如果对产权模式和组织形式选择得当，会有力地促进"三农"不同层面效率的有效提高。

（三）"三农"与农村金融公平

公平理论（亚当斯，1965）认为，人的工作积极性不仅与个人实际报酬多少有关，而且与人们对报酬的分配是否感到公平更为密切。人们总会自觉或不自觉地将自己付出的劳动代价及其所得到的报酬与他人进行比较，并对公平与否作出判断。公平感直接影响人们的工作动机和行为。因此，从某种意义来讲，动机的激发过程实际上是人与人进行比较，作出公平与否的判断，并据以指导行为的过程。经济学中的公平：经济成果在社会成员中公平分配的特性。经济学中的公平指收入分配的相对平等，即要求社会成员之间的收入差距不能过分悬殊，要求保证社会成员的基本生活需要。从这个意义上说，公平和效率一样都是一种激励。不同的是，效率强调的是以最少的支出得到最多的收入，它是一种真实，比较绝对；公平强调的是自己的付出所得与他人的付出所得应该平衡，它是一种感觉，比较相对。

"三农"需要的公平。我们还是从农民所拥有对耕地资源使用权的角度入手进行分析。同样是耕地，但由于它所处的地理位置不同、气候条件不同和土壤品质不同等，他们所能选择的生产项目也会具有很大差异。又由于不同的生产项目，存在不同的生产周期、管理成本和产品附加值，在同一时间内，不同地域的农民所获得的生产收益也是不相同的。因此，条件较差地域的农民与条件较好地域的农民相比较，他们在同一个会计核算年度所获得的生产收益就会出现很大的差异。我们再来看另外一种情况，如果一个新的生产项目为国家相关政策所支持，同时也有着较好的市场前景，但是由于生产技术尚不成熟，并且对其生产规律的认识存在不足，这时，他们与没有从事这一新的生产项目的农民相比较，他们会明显感到要承担比别人更大的生产风险和市场风险。还有一种情况，由于受土壤品质和气候条件的限制，农民对生产项目的选择余地不大，他们不能按照市场的需求来选择生产项目，一旦市场发生了变化，与那些能依据市场需求来调整生产项目的地区的农民相比，其收入可能会出现锐减。这种情况还会引申出另外一种情形，如果某一年，从事同一生产项目产品生产的地区出现丰产，交通困难而运输成本高昂地区的农民收入与交通便利而运输成本低廉地区的农民收入相比，会因售价太低而出现亏损。当然，像这样的比较还很多，也给理论工作者和实务工作者提出了如何解决这类问题的更高要求，如果农民同样付出而所得不同，并且差异巨大——即"三农"的公平问题得不到妥善解决的话，"三农"的问题与矛盾将会更加尖锐和突出。对于如何解决"三农"的公平问题非常复杂，必须采取综合性的政策措施来加以解决。其中，合理运用金融措施不失为缓解这一矛盾的一个非常重要的途径。除了前述的公平问题之外，还有一个问题需要引起我们的注意，即农民对贷款的获得性差。一方面，农村金融供给数量少且种类单一，在绝大部分县以下地区只有农村信用社，随着农村信用社商业化改革的深入推进，其机构网点也在不断收缩，甚至在不少行政乡镇已经出现无一家金融组织的情况。另一方面，农村信用社的信贷覆盖率低，除了部分大中额度贷款以外，许多小微额度贷款几乎得不到满足。对此，我们需要作进一步的深入研究。

农村金融应该体现的公平。要说清楚这个问题需要从两个角度进行分析，一个是农村的金融供给，另一个是农村金融的服务功能。农村的金融供给关系到金融组织类型是否与农业生产力水平相适应，农村金融的服务功能扩展可以增强对"三农"公平期望的适应性。农村的金融供给可以较好地解决因金融制度安排不合理而带来农民贷款可获得性差的问题。增强农村金融的服务功能可以大大缓解农民对生产付出所获报酬与他人进行比较后的公平诉求。从我国的现实农村金融供给状况看，经过新一轮农村信用社改革后所形成的产权制度，与一些发达地区的"三农"发展情况相比，明显滞后，表现为资产规模小，融资能力弱，不能满足"三农"的融资需求；而与大多数不发达地区的"三农"发展情况相比，又明显超前，表现为资产规模偏大，运行成本太高，超过了农户对融资产品的消费能力。如果要改变这种状况，有必要在新一轮改革基础上，从研究产权制度入手，对农村信用社进行改造，让新构建的农村金融组织更适合"三农"发展实际。从农村金融的服务功能的现实情况看，农村信用社的商业化改革已经让它更加趋向于在控制风险的基础上追求更大的经济效益，即便这样，国家仍然赋予了它许多政策性职能，在政策性职能缺乏具体配套措施的情况下，它承担的政策性职能是不可持续的。要妥善解决"三农"的公平诉求，只有增强政策性农村金融的服务功能才能使这一矛盾得到有效的缓解。

　　"三农"的公平需求与农村金融的公平供给。上面的分析让我们深深地感到，"三农"的公平需求是一个十分重要，应该认真面对而又被长期忽视的问题，如果这个问题不认真加以解决，反过来又会严重影响"三农"的效率。如果我们再把范围扩大一些来考察，不难发现，在"三农"的公平期望中，还存在农民与市民、农村与城市、农业与工业之间的反差和不公平等问题。主要表现在以下几个方面：农民的利益因农产品在长期低附加值中被农业生产资料高附加值所剥夺而未能得到保护；农村金融体系远没有城市金融体系丰富和完善，造成农村资金逐步枯竭而未能得到保障；农村社会保障和公共产品由于远不及城市，造成农民承受过重的额外负担而未能得到补偿。其中，尤以解决农村金融的公平供给更为迫切和重要。

　　在考虑农村金融供给时，我们甚至可以认为，如果对不同农业成长形态下的各种农业生产形式，能够有与之相适应的农村金融提供特色服务，它一定能更大限度地实现"三农"在效率原则下的公平；如果国家对"三农"的有关支持政策，能够以政策性农村金融为主并与其他商业性金融组织一道提供组合式服务，也一定能更大限度地实现"三农"在公平诉求下的效率。

（四）效率与公平中的中国农村金融体系

　　农村金融的效率与公平决定于"三农"的效率与公平。国外的经验告诉我们，即使是在成熟的市场经济国家，也非常注意协调、处理农村金融和农村经济的效率与公平的关系。农村金融的效率问题尽管已经摆到了非常重要的位置，但农村金融的公平问题仍然十分突出。经济决定金融。我国是一个发展中国家，又是一个农业大国，经济制度正处于转型时期，由于"三农"的问题积累的时间太长，累积的问题太多，而且许多深层次矛盾非常敏感，要得到解决还需要一个较长的过程。因此在当前，如何在处理好"三农"的效率问题的同时，更加注重处理好公平问题，是我们研究建立农村金融体系问题的前提，也就是说，"三农"的效率与公平决定农村金融的效率与公平。在确定农村金融的效率与公平时，除了要充分考虑"三农"的效率与公平外，还要特别注意对效率与公平的把握。那么，应该怎样把握农村金融的效率与公平呢？根据前面的分析及国外经验的启示，我们已经注意到，在讲求效率的过程中可以通过区别不同情况，合理运用补贴、贴息和优惠等方法来兼顾公平；同样道理，在讲求公平的过程中也可以通过区别不同情况，合理运用差别利率等有偿机制来兼顾效率。由此可见，从某种意义上说，效率与公平不是对立的，是可以相互融合的，需要我们在实际工作中，结合具体情况，在"三农"对效率与公平期望的前提下，努力寻求农村金融的效率与公平的均衡。在实现农村金融的效率与公平的均衡中，使之更加符合"三农"对农村金融的实际需求，实现农村金融与"三农"的相互促进、共同发展。

　　接下来，我们着重研究效率与公平的均衡在农村金融体系建设中的实现问题。根据"三农"和农村金融对效率与公平的客观要求，我们可以作出如下基本判断：在我国经济的转型初期，"三农"对效率的期望相对较低，而对公平的期望相对较高；到了经济转型后期以至度过转型期以后，"三农"对效率的期望会逐步提高，而对公平的期望则会逐步降低，如图 8-1 所示。

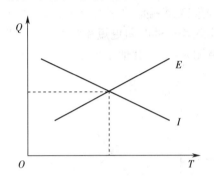

图 8-1　一段时期内效率与公平的均衡情况

　　图 8-1 中的 Q 为期望程度，T 为时间，E 为效率，I 为公平。就"三农"的效率而言，当劳动生产率提高时，E 线就会变得更陡峭，反之，则会变得更平缓；就"三农"的公平而言，当在与别人进行付出与所得的比较中感觉不错时，I 线就会变得更陡峭，反之，则会变得更平缓。就农村金融的效率而言，当商业性机制作用能够得到好的发挥时，E 线就会变得更加陡峭，反之，则会变得更加平缓；就农村金融的公平而言，当商业性金融和政策性金融的不同功能能够实现有效互补时，I 线就会变得更陡峭，反之，则会变得更平缓。上述情况可以看出，只要 E 线和 I 线同时变得陡峭，无论是"三农"和农村金融的效率和公平都能获得加快改善的效果，如图 8-2 所示。

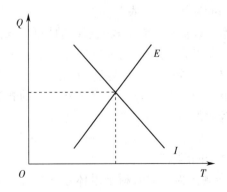

图 8-2　在 E 线和 I 线同时变得更陡峭的情况下效率与公平的均衡状况

图 8 - 2 进一步揭示出的情况需要引起我们的注意，即使 E 线和 I 线同时变得更加陡峭，可使效率与公平分别在较短时间内迅速得到改善，但是效率与公平达到均衡的时间和所获得的期望程度却与图 8 - 1 没有任何区别，也就是说，农村金融效率的提高没有带来"三农"效率的相应提高，农村金融的公平也没有满足"三农"相应的公平诉求，因此，图 8 - 2 的状况并没有达到我们所想要得到的理想效果。这个理想效果就是效率与公平在短时间内迅速得到改善的前提下，也同样能使两者实现均衡的时间更短和获得的期望程度更高。要做到这一点的唯一办法就是在保持图 8 - 2 中其他条件不变的情况下，使 E 线向上移动，即如图 8 - 3 所示。

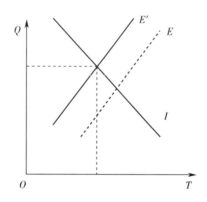

图 8 - 3　比较理想的效率与公平均衡状况

如果说图 8 - 3 是比较理想的效率与公平的均衡状况的话，那么，它向我们揭示出这样一个事实：当在更短时间里获得更高期望程度的效率与公平均衡时，"三农"与农村金融的公平诉求会更高。这说明，随着市场经济制度的逐步完善，"三农"对公平诉求的增加，可能会通过其他不同的方式表现出来，只不过随着不同金融功能作用的发挥，"三农"对公平诉求可以在金融相应功能的作用下，将公平转化为效率，以促进二者从较低层次的平衡达到更高层次的平衡。因此，尽快丰富和完善金融功能就显得尤为迫切和重要，这也是促进 E 线向上移动的必要条件，它不仅可以充分发挥金融这种先进机制对效率的促进和保障作用，还能够有效地化解"三农"的公平期望可能引发的各种矛盾，将公平期望转化为效率期望，以较短的时间实现"三农"和农村金融的公平与效率在均衡状况下较高的期望程度。而金融功能的完善则需要建立在对农村金融类型的选择之上。下面笔者将对这个问题作进一步的分析。

1. 把商业性农村金融作为建立农村金融体系的主体。作为以追求利润最大化为目标的商业性农村金融，在市场力量的作用下，它不仅能促使资金、生产资料、劳动力等资源得到更好的利用，而且还能促进借款者在成本收益的激励与约束下，不断提高劳动生产率，进而带来社会福利的不断增长。同样道理，商业性农村金融覆盖的面越宽，对"三农"发展的推动效率也越高，无论是经济发达地区还是经济不发达地区，无论是富裕农民还是贫穷农民，商业性农村金融都能给他们带来一种持续性的激励。从供给和需求角度讲，"三农"的效率期望需要商业性农村金融的供给，"三农"的公平期望也同样需要通过其他方式（农业政策性金融或财政等）的补偿来维持商业性农村金融的供给。因此，笔者认为把商业性农村金融作为农村金融体系的主体应该成为国家金融供给的重要制度安排。

商业性农村金融对"三农"的效率的引导至关重要。我国农业在长期的发展过程中，由于被城市化和工业化以及粮食安全等政策所剥夺，农户生产的一些具有战略性的产品大部分被国家统购，一些重要的工业原材料产品的价格也被"剪刀差"所扭曲，大量的禽、蛋、蔬、果等产品也被中间商贩低价买断。因此，尽管同样处于市场经济环境之中，事实上，许多农户并没有直接面对市场，缺乏对市场的深刻了解和直接参与，加之政府要求农村信用社（新一轮改革之前）的农户贷款长期实行无区别的优惠利率（在政府无任何补贴和农村信用社缺乏贷款积极性的情况下，更多的农户根本无法获得贷款），使得一些有一定生产技能的农民因得不到市场激励而自觉或不自觉地放弃了对生产效率的追求。要改变这种状况，比较好的办法就是供给商业性农村金融，通过提供能够反映真实市场供求价格的资金支持和及时的农产品市场信息，可以引导农民进行成本收益比较，通过让农民参与市场和参与竞争，在这一过程中学会对生产项目进行选择和生产管理的正确方法，实现增产增收。

商业性农村金融应该在与其他金融组织等的合作中发挥更大作用。在利益最大化的驱动下，商业性农村金融在对业务对象进行选择时，首先考虑的是安全性，如果安全性变得既不确定又无其他措施作保障，要想让其冒险放款的几率会非常低，而不安全和无保障措施的情况在农业生产中又很普遍，因此，一方面，如果完全按照商业化条件衡量，许多农户根本不符合贷款条件，也就降低了贷款的可获得性；另一方面，商业性农村金融也会因此失去许多市场机会。究其问题的关键，在于许多农户借款后因无现金流而缺乏第一还款来源，只要能够通过建立担保、联保机制或与政策性农村金融、农村信用合作组织进行合作，便可以获得第二还款来源、政策性贴息和委托代理等保障，达到消除商业性农村金融的贷款顾虑。同时，我们还应当看到，尽管商业性农村金融与其他金融组织进行合作以后，使自身所拥有的信贷资金能够较好地得到使用，但由于受规模小的限制，仍然远远不能满足"三农"发展的资金需要。因此，当城市化和工业化建设达到一定程度以后，为了切实体现城市反哺农村、工业支持农业的精神，国家应当对商业性城市金融作出支农的特殊政策性规定，即按照吸收存款的一定比例通过直贷、转贷或委托代理等方式来加强对"三农"的支持力度。

针对不同的农业发展形态，在商业性农村金融的设立和职能作用发挥方面也应有所不同。按照商业性农村金融的规模，可划分为大型、中型、小型和微型金融组织，根据我国现有的农村金融机构与上述规模大体对应的有中国农业银行、中国邮政储蓄银行、农村商业（合作）银行、村镇银行、小额贷款组织等。它们的产权制度都是股份制。在上述机构中，除中国农业银行、中国邮政储蓄银行、农村商业（合作）银行、村镇银行属国家配给以外，只有小额贷款组织是根据农业生产力的发展水平状况而相应设立的，从这个意义上来说，它设立的地点和拥有的规模与所处地区的农业成长形态是大体适应的。这里我们需要特别注意前面几种金融组织形式。

中国农业银行因规模太大，曾经在乡镇一级普遍设有机构网点，但是由于没有将大额贷款与小额贷款进行区别管理，业务流程和项目评估都是实行的相同标准，大额贷款对象一般比较集中（县城以上），对应的多数地区属于成长农业形态和现代农业形态，还可以有专门的项目信贷员实施贷前、贷中和贷后管理，交易成本较低；而小额贷款对象一般比较分散（县城以下），对应的多数地区属于初级农业形态和特殊农业形态，根本没有力量进行贷前、贷中和贷后管理，交易成本很高，其结果必然会出现大额贷款收益大大好于小额贷款收益的情况。吸取了亚洲金融危机的教训，实现安全增效，中国农业银行从20世纪90年代末期开始上收县级以下贷款业务，在21世纪初大量收缩县级以下机构，并将业务由原来的以农村为主转变为以城市为主。对此，笔者认为中国农业银行需要对其服务功能进行重新定位，回到以农为主上，再造业务流程并建立符合各种农户贷款要求的项目评估机制。对于小额农户贷款，并不一定要增加机构网点，可以通过委托代理、批发贷款等方式实现。

中国邮政储蓄银行是在单一存款业务基础上发展起来的，由于缺乏贷款的经营和管理人员，也缺乏信贷管理经验，因此，在较长时期内都难以将大量资金投向"三农"。

农村商业（合作）银行是由农村信用社改制后设立的，目前凡是在设立了这类机构的地区，如果村镇银行和小额贷款组织等没有相应跟上，它们仍然在当地处于垄断地位，商业性农村金融如果缺乏充分的竞争，就难以形成正常的定价机制，进而造成不同农业发展形态下的资金价格被扭曲，因此，需要特别重视在不同农业成长形态下对商业性农村金融进行合理布局。

2. 把合作制金融作为建立农村金融体系的基础。目前，我国农村信用社并不具备真正意义上的合作制性质，因此，不能把它作为建立农村金融体系的基础。笔者认为，根据我国"三农"目前的状况，合作制金融不应当作为国家对"三农"的金融配给，而应当是在"三农"发展对融资需求的期望中自然形成，国家要通过政策鼓励和引导，使农村金融在自然形成中不断增强金融的本土化力量。随着我国农村各种经济合作组织的建立和不断扩大规模，将成为农业产业经济组织形成的重要基础，而在此条件下产生的、与合作经济组织相对应的合作金融组织也将成为农村金融体系的重要基础。

除了以单一农户为生产单位外，已有越来越多的合作性经济组织出现，这既是"三农"的效率增长的集中体现，也是"三农"通过这种努力，能够更公平地提高对商业性或政策性农村金融资金的可获得性。当然，在各类合作性经济组织中，对于农户数量少、生产规模小的经济组织，具有互助性质。这类互助性经济组织，通常是在初始规模效益驱使下的一种劳动互助，在劳动互助的同时也会伴生出信用互助，并以此为纽带，从而把劳动、技术、生产和资金紧密地联系在一起。以这种方式进行的资金互助，一般有两种情况，一种是大家一同筹钱、一同花钱，达到实现启动共同选定生产项目的目的，因而，这样的信用互助不具备融资的性质；另一种是大家在劳动互助的基础上，将共同筹集的一部分钱用于启动共同选定的生产项目，另一部分钱则用于各自对生产项目附加值的不同追求，这样就会产生对剩余资金进行余缺调剂的需求，因而，这样的信用互助具备融资性质。

我国的农业生产实践表明，农业互助经济组织更多地产生于特殊农业形态和部分初级农业形态的地区。随着这类互助经济组织的逐步成熟和日趋稳定，它就会有进一步增加农户数量、扩大生产规模的冲动，在此基础上逐步形成农村合作经济组织。农村合作经济组织也可以由更多的、生产能力和资金实力较强的农户自愿组合而成。因此，对于农业合作经济组织来讲，在劳动、技术、生产和资金中，除了劳动和生产合作以外，对技术和资金合作的要求要明显高于互助经济组织。其中一些合作经济组织进行合作的主要目的，就是为了寻找资金合作。通过大家的共同筹资，为他们实现所选择的生产项目目标，能够便捷、低价和足额地获得所需资金，这样的资金合作已经具备了比较明显的融资功能。

农业合作经济组织更多地产生于部分初级农业形态和成长农业形态的地区。随着"三农"的深入发展和国家农业政策的支持，许多农业合作经济组织为了进一步提高生产能力和生产规模，提高农产品的商品化率，他们必然会产生成立农业合作经济联合体的愿望，在这种愿望的激励下，会极大地促进加快农业产业化和农业现代化的进程。对于农业合作经济联合体，其劳动、技术、生产和资金的合作范围已远远超过了农业合作经济组织，从经济组织的形式看，具备了农业产业化的性质。它通过各种特色的产品基地建设，与专业化农业公司联合，把越来越多的单一农户带入这个联合体，实现育种、生产、防疫、加工、储运、销售等一条龙服务，由于经营领域的迅速拓展，对资金的需求也随之大量增加，要求信用合作组织不断增强服务功能，并促进服务功能的进一步规范和完善。由此可知，农业合作经济联合体主要产生于现代农业地区。

由上面的分析可知，信用互助组织和信用合作组织的产生和发展，是伴随着农业成长形态的不断发展而发展的。因此，笔者认为，农业产业经济组织是信用互助组织和信用合作组织产生与发展的土壤和基础，切不可本末倒置。配合农村土地制度改革，我国的农业产业经济组织数量在相当长的时期内还将是一个增加的趋势，当农村经济发展达到一定程度后，它将停止增长甚至下降，如图 8 - 4 所示。当然，这时的数量下降是因为农业合作经济组织的不断合并和联合，使得农业产业经济组织的规模和实力更加壮大。

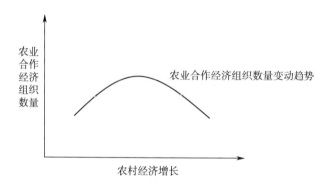

图 8 - 4 农业合作经济组织的数量变化情况

因此，农村合作经济发展对农村合作金融需求的产生过程，在现代制度经济学和经济学理论中找到了最合理的解释，那就是，农户在生产实践中找到并建立了信用合作组织——这样一种跟他们生产结合最紧密、最安全、最快捷、最便宜的融资形式。从信用互助组织和信用合作组织的形成过程看，许多信用互助形式实际上属于民间借贷中的一种特殊形式，如目前大量存在的亲朋好友间的借贷行为等，它们属于非正规金融，但却为解决农民的小额资金需求发挥了非常重要的作用。随着它的存在由无意识到有意识，以及功能的不断增强与完善，就会发展成为信用合作制的组织形式并逐步正规化，而且是具有真正意义的信用合作组织。这样的信用合作组织必定像农业合作经济组织成为农村经济的重要基础一样，成为农村金融体系的重要基础。

把民间借贷作为建立农村金融体系的重要补充，它的产生必定有其存在的土壤和条件，对此，我们将在后面作专门论述。

3. 把政策性金融作为建立农村金融体系的导向。目前，对政策性金融尚无统一的和大家一致认同的准确定义，日本的小滨裕久、奥田英信等将政策性金融定义为："为了实现产业政策等特定的政策目标而采取的金融手段，即为了培养特定的战略性产业，在利率、贷款期限、担保条件等方面予以优惠，并有选择地提供资金。"我国的农业政策性金融是在政府的支持下，以国家信用为基础的，其资金来源主要是中央银行再贷款和发行政策性金融债，负责对粮棉油收购、调销和储运的资金供应。显然，我国目前政策性农业金融的功能定位是非常单一的。

借鉴国外经验，结合我国"三农"和农村金融发展实际，以及他们对效率与公平的实际需求，作为国家落实农业政策特殊工具的政策性金融，在促进效率与公平的均衡中起着举足轻重的作用，它需要由国家发起设立。我国是一个发展中国家，农业基础薄弱，资金也相当短缺。面对这样的情况，在市场经济条件下，在"三农"的许多领域，商业性金融服务是不容易也不可能涉及得到的，这就会在农村留下大量的金融服务空白。同时还应当看到，由于农业生产单位的分散性和规模偏小，国家在引导农业产业发展和产业升级中会遇到许多不确定性因素，在这样的情况下，要想完全依靠商业性金融解决"三农"的资金问题也不可能。金融服务空白揭示出农民贷款的不可获得性问题，农业产业发展和产业升级的不确定性揭示出国家农村政策应当如何实现的问题，还有前面述及的各种差异性问题，这些都跟公平问题息息相关，从增强农村金融的服务功能角度讲，需要国家通过政策性农村金融的介入，积极发挥其支持、协调和促进作用。

政策性农村金融机构必须面向农业，紧紧围绕国家的农业政策，维护和执行好相关的金融政策和信贷政策，在正规商业性农村金融和非正规农村金融中充当补充剂、缓冲器和润滑剂。例如，对于市场不能调剂到的金融服务空白地区，政策性农村金融可以通过扶持合作经济组织和与合作经济组织相结合的方式，促进解决农民贷款的可得性问题；当非正规农村金融非理性地与正规金融进行市场争夺时，政策性农村金融可以通过为农户向正规农村金融提供担保、利息补贴等方式，抑制不良非正规农村金融，促进正规农村金融与非正规农村金融的协调发展；当国家农业政策与商业性金融的利益发生冲突时，政策性农村金融可以通过向商业性金融批发低息贷款等方式，使彼此的利益矛盾得到有效缓解，借以促进解决国家农业政策的落实问题。同时，农业政策性金融还可以运用各种特殊的融资手段，严格按照国家规定的业务范围、经营对象，以优惠性存贷利率，办理相关的、带有特定政策性意图的存款、贷款、投资、担保、贴现、信用保险、存款保险、利息补贴等业务，直接或间接地为配合贯彻国家特定的经济和社会发展政策，进行特殊性资金融通。

按照上述要求，政策性农村金融的经营范围需要不断扩大。目前依据中国银监会的批复，中国农业发展银行的业务范围已经有所拓展，在巩固粮棉油信贷这个主体业务的基础上，还扩展到支持农村基础设施建设、农业综合开发等，业务具体延伸到农村路网、水网、电网及特色农产品基地建设、基本农田保护建设、石漠化治理、小河流流域综合治理、生态环境治理、粮油生产与收购等方面。但从其业务性质来看，还仅仅是自营性信贷业务范围的扩大，距离满足农业政策性金融的上述功能还有很大差距，信贷业务显得比较粗放和平面化，还可以逐步拓展信贷业务的深度和广度，如对不同地区特色农产品和粮油生产给予差别补贴或贴息等，以消除或缩小农民生产收入差距，保持农户的一定生产收入水平。同时在其他业务方面，通过与农业合作经济组织和别的农村金融组织合作，在保持长期和大额信贷业务优势的基础上，通过实现方式的转换，使之在短期信贷和小额信贷业务方面也能够拓展空间和发挥作用等。总之，要在科学确定政策性农村金融功能的基础上，继续扩大其经营范围，发挥政策性农村金融在我国农村金融体系中的特殊作用。

根据不同的农业成长形态，政策性农村金融应该发挥不同的作用。对于政策性农村金融的功能定位，需要结合国家对不同时期的农业政策，实施区别对待和分类指导，促进农业增产和农业产业升级。对处于现代农业形态的地区，政策性农村金融应坚持以效率为主原则，通过向农业产业化经济组织在资金上的倾斜，加强与农业风险基金和农业保险的合作，在保障投入资金安全的基础上，引导和促进这一地区更多的农业产业实现现代化，形成产业集群。对处于成长农业形态的地区，政策性农村金融应坚持以效率为主、公平为辅的原则，通过向合作经济组织提供适当的优惠利率资金，或根据农业生产状况向农户的商业性贷款进行一定的利息补贴等，实行利率和期限等优惠，在降低农户借款成本和保持农民收入增长的基础上，促进这一地区农业生产规模不断扩大，形成规模效应。对处于初级农业形态的地区，政策性农村金融应坚持以公平为主、效率为辅原则，通过信贷实现方式的合理转换，向生产互助组或农户提供小额的低利率资金，或提供担保、保险等服务，增加农户对低成本借款的可得性，促进这一地区农业的稳产增产，形成更多的互助经济组织。对处于特殊农业形态的地区，政策性农村金融应坚持以公平为主原则，通过向低收入或贫困农户提供生产启动资金或扶贫贷款，加强与财政扶持等政策的配合，让有生产愿望和生产能力的农户能够得到特殊资金扶持，推动这一地区农户在脱贫的基础上发展特色农业。无论对于哪一类农业成长形态，政策性农村金融都不以盈利为目的，但要通过维护市场规则，在每年财政必要的补贴下使自营业务、合作业务和委托代理业务等总体保持微利。当然，政策性农村金融不应只是融资性机构，它还应包括农业政策性保险、农业政策性担保等。

4. 建立和完善农村金融体系管理体制。科学、合理的管理体制是促进各级组织正确履行职责和充分发挥服务功能作用的根本保证。商业性农村金融、农村信用合作组织和政策性农村金融等，各自的管理体制应该按照建设社会主义新农村形式下的、新的职能定位和服务功能要求尽快加以调整和完善。

目前，中国农业发展银行是通过自上而下，形成由全国、省、市、县四级机构组成的管理体制。中国农业发展银行的组织体系相对完整，职能却非常单一，如果将我国整体经济相对较弱、农村经济更弱的现状与国外经验相比较，让我们明显感到，由于对建立政策性农村金融重要性的认识非常不足，不知道应该怎样使用这个特殊的政策性工具，因而对政策性农村金融支持的力度严重弱化。面对这样的尴尬局面，以致使中国农业发展银行在提出改革的设想中，因为担心向国家提出太多、太高要求而动摇自己的生存根基，也往往只是羞羞答答地向国家要一点商业化经营的业务，尽力为自己找到能够维持财务状况的理由。这样的设想与我国"三农"偏弱的实情是不相符的，而且它的产权制度和组织形式已经超越了我国农村经济的现实发展形态，毋庸置疑，这种超越会造成"三农"和农村金融效率与公平的严重失衡。国家的农业政策如果没有合理的管理通道予以传导，无疑会严重阻碍农村经济的发展。

中国农业银行是我国资产规模最大、实力最强的农村商业银行，它也是通过自上而下，形成了全国、省、市、县的四级管理体制，在强调商业化的改革中，它把业务经营的重点迅速由农村转向了城市，尽管在股份制改革中提出要坚持为农服务的方向，但从具体的措施看，却非常弱化，表现出中国农业银行一开始的体制和机制就超越了"三农"的发展实际，使之不断作出压缩农户贷款和从农村撤出机构的调整，造成这个挂着"农"字号的金融机构与"三农"的实际距离越来越远。中国农业银行在县及县以下收缩机构和只存不贷等行为，是造成农民借款不可获得性（不公平）的重要原因，也是没有很好发挥商业性金融促进"三农"提高效率的重要原因。

农村信用合作组织在我国并不真正存在。已有的农村信用社由于严重先天不足，其管理体制是通过自下而上，形成乡镇、县、部分市、省各为法人的四级管理体制。省联社作为政府的代表，仍然没有脱离政府几十年来对农村信用社的行政性控制，定位不准、产权混乱等问题没有得到根本扭转，即便由国家拿钱进行新一轮改革，但许多事实表明仍然难以达到预期的目的。其他农村金融组织因刚进入市场，处于试验阶段，还根本不成体系，因此更谈不上完善管理体制的问题。

上述各类农村金融，特别是中国农业发展银行和中国农业银行，除了要明确市场定位和增强服务功能，继续探索完善管理体制以外，还要特别注意如何加强同各类金融组织管理体制之间的相互沟通、政策协调与业务合作，从管理体制的层面，为农村金融体系的合力作用（整体农村金融体系的作用）的发挥、促进"三农"与农村金融实现效率和公平均衡提供切实保障。

（五）小结

我国"三农"的弱质性表明它既需要有效率地加快发展，也需要公平地得到政策的扶持与保护。如果把效率与公平看做一个整体的话，在相关条件得到满足的情况下，它们并不矛盾，尽管不同农业成长形态的地区，"三农"对效率与公平的期望也存在较大差异，但它们能彼此融合、相互促进。当达到均衡时，则会实现效率下的最大公平，或者说在公平下的最大效率。

"三农"对效率与公平均衡的期望，正是选择农村金融类型的出发点和基点，如果离开了这个前提，任何形式的农村金融类型都是不符合实际的，也不会获得成功。商业性农村金融可以极大地促进"三农"的效率提高，政策性农村金融又能够很好地顾及"三农"对公平的诉求。搞好政策性农村金融与商业性农村金融之间的协调、配合与合作，其实质就是在建立现代农村金融制度过程中，以充分尊重市场规律为前提，并辅之以必要的国家调控。通过改革制度和完善制度，实现农村金融的效率与公平均衡。在农村金融的效率与公平均衡的条件下，让资金价格既能维护商业性农村金融效益最大化，又能保护"三农"的合理利益，充分发挥农村金融对"三农"的促进作用。

商业性农村金融成为农村金融体系的主体已无异议。关键是要注意商业性农村金融的产权模式和组织形式要与所对应的农业成长形态相适应。同时，进一步放松金融管制，降低其他商业性金融组织进入农村市场的门槛，为商业性农村金融提供一个更加充分的竞争环境，促进资金定价机制的形成。进一步拓宽各类商业性农村金融与政策性农村金融的合作空间，以市场化原则为基础，努力提高农民借款的可得性。

农村信用合作组织的产生，一定要体现农业生产合作经济组织发展的内在需要，坚持自然形成，切不可强行配给。现行农村信用社的产权制度、经营方式、管理体制已不适应我国"三农"的实际，需要进行改造：即通过转制改变现有产权模式，并将其作为建立农村金融组织体系的重要基础。

随着国家农业政策支持力度不断加大，政策性农村金融在我国必将起着越来越重要的作用。在实现农村金融的效率与公平均衡中，政策性农村金融作用的发挥非常关键，社会各方对此也寄予了很大期望。但是，中国农业发展银行却远不能达到这个要求，为此，必须扩大业务经营范围，增强服务功能，进一步加大推进国家对中国农业发展银行的改革力度，以适应不同农业成长形态的地区对政策性农村金融的需要。

二、把改造农村信用社作为建立农村金融体系的重要基础

纵观农村信用社发展历史的各个阶段，尽管一直以来存在职能定位不准、产权关系不清、管理体制不顺等问题，它却始终都是金融联系"三农"的重要纽带，是支农资金供应的主渠道和主力军，为农民的增产增收、农业产业的优化和农村经济的发展作出了重要贡献。但是，改革开放30年来，特别是在当前，我国农村经济加速发展、农业产业结构加快调整和社会主义市场经济制度不断完

善，农业生产方式和生产技术水平发生了深刻变化，不同区域或同一区域内农业生产力水平也呈现出加速分化的趋势。不同的生产方式，使"三农"也产生了对商业性、合作制、政策性等多样化农村金融服务的迫切需求。然而，在同一时期，我国农村金融却止步不前，农村信用社的垄断格局一直没有得到有效扭转，尽管随后对各农村金融组织有过多次改良，但始终都没有触及改造农村信用社这个根本，因此，对农村金融类型的选择也难以超越固有模式，与农业多样化发展的现实不相适应。

为此，笔者认为，应该把农村信用社产权模式和组织形式的改造作为建立和完善性质不同、规模各异、层次丰富、覆盖面广、可持续发展的农村金融体系的重要基础，这是实现"三农"与农村金融相互促进、共生共存的必要条件。目前，在许多关于农村金融体系的研究文献中，多数只是回答了需要"建立什么"的问题，对于应当"怎么建立"研究不多。我们知道，农村信用社虽然历经数次改革，但产权模糊、定位不清等问题却依然存在，也就是说，在连这样一些最重要、最基本的问题都久拖不决的情况下，农村信用社已难以担当支农重任，因此必须对其进行彻底改造。这种改造已经成为我们探索建立农村金融体系绕不过去，也不能回避的重要而紧迫的现实问题，也是回答"怎么建立"的问题。如果说"建立什么"是目标，那么"怎么建立"就是方法，当目标确定之后，科学的方法可以高效率和低成本地促进目标的实现。因此，如果把改造农村信用社作为建立我国农村金融体系的重要基础，可能是我们寻求解决方法的不错选择。

（一）改造农村信用社与建立农村金融体系的关系

我们知道，党和政府长期以来都非常重视农村金融体系建设。但对于应该怎样建设，却有着各种不同观点。但无论什么观点，都没有对农村信用社与农村金融关系进行过深入研究。就"三农"的金融需求来看，需要有不同产权模式、多种组织形式、经营品种丰富、大小规模各异的金融服务。就金融供给来看，按照低交易费用的原则，也应该与"三农"的多样化金融需求相吻合。按此对照，即便将农村信用社融入农村金融体系当中，它的组织形式和多数产权模式仍然不符合上述要求。如果对农村信用社进行商业化改革，或重新恢复农村信用社的合作制性质，那也只是对部分产权模式作了一些调整，而对多数农村信用社的组织形式仍然没有作任何变动。由此带来的结果是绝大部分农村信用社的产权模式和组织形式既不适应方便"三农"的服务需求，也不能很好地融入农村金融体系之中。也就是说，如果农村信用社的这些问题得不到解决，也就根本谈不上建立农村金融体系的问题。"怎样建立"，其实质就是对农村信用社究竟应该怎么改造的问题。我们通过对以下几个方面的分析，试图进一步弄清改造农村信用社与建立农村金融体系的相互关系。

1. 农业生产力发展水平的多样性，要求农村金融的产权模式与组织形式也需要多层次地与之适应。新一轮农村信用社的商业化改革，从股本金的构成类型看，实际上只有股份制和股份合作制两种产权模式，相对应的组织形式有农村商业银行、农村合作银行、以县为单位的统一法人社、县乡各为法人社四种。随着农村信用社改革的逐步发展，经济发达地区、欠发达地区和贫困地区的农村信用社，维护自身利益、规避风险和盈利意识明显增强，由此带来的是，信贷投放集中度提高，进而影响农户贷款面出现不同程度的萎缩，导致农户信贷市场占有率大幅度降低。1999 年，为了解决当时因农村资金大量外流、农村信用社头寸短缺而带来的农民贷款难问题，中国人民银行运用支农再贷款这一货币政策工具，通过农村信用社向农户发放小额贷款。在中国人民银行各级分支机构严格督查考核和强力推动下，到 2003 年年末，全国农村信用社对农户的信贷建卡面已达到近 80%，贷款面也超过了 60%。而到了 2007 年 9 月，在全国 2.3 亿农户中，贷款户数为 7 700 多万户，农户贷款面仅为 33%（中国人民银行，2007）。随着农户贷款覆盖率的快速下降，农村信用社的基层网点也在不断减少，如表 8 - 1 所示。

表 8 - 1　　　　　　2002 ~ 2007 年农村信用社法人机构数量的变化　　　　单位：个

	2002 年年末	2003 年年末	2004 年年末	2005 年年末	2006 年年末	2007 年年末
机构总数	2 453	2 463	2 457	2 430	2 453	2 408
其中：两级法人社	2 356	2 345	2 337	1 832	1 159	460
统一法人社	94	114	104	528	1 201	1 818
农村商业银行	3	3	7	12	13	17
农村合作银行	0	1	9	58	80	113

资料来源：中国人民银行：《中国农村金融服务报告》。

从表 8 - 1 的法人机构数量的变化看，2002 年以来的 5 年中，机构总数只减少了 45 个，减幅为 1.8%，而机构网点总数在 3 年中却减少了 10 099 个，减幅达 7.5%，如表 8 - 2 所示。其中，农村信用社网点减少了 8 780 个，减幅为 14.4%。农村信用社网点减少总数占县域金融服务网点减少总数的 86.9%。

表 8 - 2　　　　　　2004 ~ 2006 年县域金融服务网点情况　　　　单位：个

	2004 年	2005 年	2006 年
县域金融服务网点总数	134 073	128 728	123 974
其中：农村商业银行网点数	535	524	505
农村合作银行网点数	1 800	2 142	2 515
农村信用社网点数	60 869	55 953	52 089

资料来源：中国人民银行：《中国农村金融服务报告》。

四川省广安市农村信用社县以下营业网点由 2005 年的 219 个下降到 2007 年的 181 个,全市有 10 个建制乡(镇)没有营业网点(邹建平,2008)。近 5 年的农村信用社改革不仅没有保持住农户贷款面,反而还比改革前下降了约 50%。从经济学的角度讲,这是农村信用社在商业化改革过程中理性选择的必然结果。但是,这个结果反映出的问题却是需要我们认真思考的。笔者认为,新一轮农村信用社产权制度改革后,多数组织形式与所对应农业生产力水平的生产方式仍然不相适应。尽管增强农村信用社为农服务功能是这次改革的重要目标之一,但是,改革中显示出来的贷款地域收缩、农户贷款覆盖率不断下降等问题,是有违新一轮信用社改革的初衷的。

近年来,随着农村经济的快速发展,农业生产力水平在地域上也呈现出更大的差异性。一些经济基础好的地区,农业生产力水平发展较快;反之,发展较慢。农业生产力水平在地区间出现的差异性,是我国社会主义市场经济不断深入发展的必然。不同生产力水平的农业生产,需要有不同的金融组织,即不同产权模式的金融组织与之对应,并提供相应的服务。不同的资本金结构形成不同的产权模式,金融组织的产权构成,会因出资人不同而影响股本金的性质,从而使得它的管理主体、管理方式、经营理念、服务功能、服务范围等都会有所不同。农村金融组织作为生产关系的具体表现形式,依照经济规律,它也必须与农业生产力水平相适应,这是就总体而言。如果考虑差异因素,还必须从农村金融的产权结构入手,通过建立多样化的金融产权模式和与之相适应的金融组织形式,去一一对应多样性的生产力水平的农业生产。只有这样,才能有效地避免当前我国农村金融中存在的以一种产权模式的组织形式去应对多样性的生产力水平的农业生产等问题,以实现农村金融类型选择的帕累托改进。

2. 不同的农业成长形态需要有不同性质的农村金融组织为之服务。农业是一个生产不稳定和高风险的弱质产业,生产条件和生产技术水平不同,农业产业会呈现出不同的生产特点。有大规模的生产形式,这主要指国家投资建立的国营农场,它拥有比较先进的生产技术和装备,土地等生产资料属国有,商品化程度高,全国已有各类国营农场 2 700 多个,拥有耕地 480 多万公顷,约占全国耕地面积的 4%。也有中小规模的生产形式,这是我国农业生产的主要形式,大概分为三类:第一类是由个人出资,将连片的土地从农户手中租用经营,农户一方面获得土地租金收入,另一方面又为出资者生产而获得劳动收入;第二类是由投资者提供资金、种子、技术、加工和销售等,以农户自愿加入的形式从事指定的产品生产;第三类是由农户中的致富带头人组织,以资金结合、技术结合、劳动结合等方式进行的生产。还有微小规模生产形式,这主要是以农户为单位进行的生产,生产工具简单,生产附加值低。

分区域来看,我国农村经济发展具有如下特点:2003 年,全国各类产业化经营组织总数达9.4万个。中部、西部地区的产业化经营组织发展加快，东部、中部、西部地区分布差距逐步缩小；2004年国家统计局抽样调查显示，中部、西部地区农民人均纯收入增速快于东部，东部与中部、西部地区农民收入差距缩小，而中部地区与西部地区的差距扩大；东部地区农村非农产业发展速度快于中部、西部地区，东部地区乡镇企业增加值占全国的比重由1998年的58%上升到66.5%，提高了8.5个百分点，中部、西部地区则分别由34%和8%下降到27.8%和5.7%，分别下降了6.2个和2.3个百分点；2004年，东部地区农村固定资产增长速度高于中部、西部地区，其农村固定资产增长率分别为20%、16.1%和5%。结果表明，尽管2004年中部、西部地区农业生产和农民收入增长速度快于东部，但农村投资和非农产业的发展落后于东部，且差距呈逐年扩大的趋势，这严重制约了中部、西部地区农村经济整体实力的提高。由于受自然条件、地理位置、社会发展水平等多方面因素的影响，东部、中部、西部地区的横向之间发展不平衡的矛盾依然突出，短期内难以消除。

不同生产模式和区域间农业发展的差异，向我们明确揭示出农村产业形式的多样性，而资本金构成又是区分农村金融组织性质的决定因素。在市场经济条件下，由生产者自行出资形成民主管理的信用互助或信用合作组织，适合于相同生产类型且规模较小的生产形式；由生产者和投资者共同出资形成的以民主管理为主的金融组织，适合于在一定经济体内部规模适度的生产形式；由战略投资者出资形成法人治理结构完善的商业性金融机构，适合于商品化程度高和较大规模的生产形式等。其实道理很简单：需求方为了获得融资产品，他们需要在金融市场上进行商品交换，就需要有特定的金融组织来满足这种交换关系，而金融组织的产生过程则表现为它的资产所有者会选择交易费用较低的制度安排。

3. 深化农村土地制度改革为农村金融拓宽了发展空间。农村土地制度改革不仅关系到农业生产力的发展，也关系到农业融资需求能否有效增加。当前，我国农村土地产权制度基本模式，是实行集体所有的家庭联产承包责任制。其特征是农村土地所有权属农民集体所有，集体依法组织土地发包和对土地进行再调整；在特定范围内，农民在保证国家和集体利益的前提下，通过承包合同等形式按人口比例平均分配土地以获取承包地；国家对土地承包经营权进行严格的规定和控制。这一制度设计有力地促进了我国农业快速发展，同时也使农业融资需求迅速增加。

但是，随着生产力水平提高和市场化改革的不断深化，它的弊端也不断地显现出来：一是产权主体界定模糊。现行法律规定，农村土地属于农民集体所有，但对于"集体"的含义和范围没有给予明确的界定。也就是说，在集体所有制下，谁真正拥有土地，实际上是不明晰的，由此造成了产权模糊，责、权、利不清，产权运行混乱。二是产权权能残缺。由于土地不能进入市场而无法实现土地增值，使农民因此流失的利益价值惊人。据国家发展改革委测算，改革开放的30年中，国家仅利用农地征用的价格"剪刀差"，至少从农村拿走了6万亿元，严重挫伤了农民的生产积极性。为了扭转这种局面，有专家提出，土地制度的有效改革必须要从土地产权制度这一核心问题入手，否则难以从根本上解决问题。在改革中，要把农民的利益放在首位，以"耕者有其田"的原则来保障农村社会稳定；要有利于流转中的土地商品化和保持土地权利稳定，提高土地利用的经济利益。目前，深化土地制度改革的问题已受到国家高度重视，这对于逐步解决集体所有权模糊、产权主体虚置、产权内容虚化等问题十分有利，也对打开农民多元化投资通道，促进农村土地由零星分散到集中连片，实现农业产业化、现代化也十分有利。如果说家庭联产承包能给解放农村生产力和扩大农业融资需求带来算术效应的话，那么继续深化农村土地制度改革，则会给进一步解放农村生产力和扩大农业融资需求带来乘数效应。因此笔者认为，深化农村土地改革，一方面，会加剧现有农村金融不适应农村经济发展要求的矛盾；另一方面，也为下一步农村金融改革与发展提供了更加广阔的空间。

从上述分析中，我们可以得出如下基本判断，新一轮农村信用社改革形成相对单一的产权模式和组织形式已经不能适应不同农业成长形态和生产力水平差异日益扩大的多样性农业生产，也不能满足因土地制度改革和农业产业升级等带来日益扩大的农业融资需求。当前，在因改革不彻底和监管失当，农村信用社现实地充当了我国农村金融主体却又不能适应"三农"发展的情况下，就需要考虑在新一轮改革后，把彻底改造农村信用社作为探索建立和完善能够适应"三农"发展的农村金融体系的基本前提。只有这样，才能够更好地实现资产所有者按照市场规律，进行低成本、高效率地选择金融组织的制度安排。

（二）农村信用社现状及其弊端

农村信用社的产权模式和组织形式单一的状况仍然没有得到根本扭转。新一轮农村信用社改革政策的设计者已经看到了我国农业发展的不平衡，需要区别不同情况，确定不同产权模式及其与之相对应的金融组织形式为农服务。因此，提出了构建新的产权关系、完善法人治理结构等改革政策主张，并按照股权结构多样化、投资主体多元化的原则，根据不同地区的情况，分别进行不同产权模式的改革试点。要求有条件的地区可以进行股份制改造；暂不具备条件的地区，可以比照股份制的原则和做法，实行股份合作制；股份制改造有困难而又适合搞合作制的，也可以进一步完善合作制。同时，还因地制宜地确定了农村信用社的组织形式：一是在经济比较发达、城乡一体化程度较高、农村信用社资产规模较大且已商业化经营的少数地区，可以组建股份制银行。二是在人口相对稠密或粮棉油商品基地县，可以县为单位将农村信用社和县联社各为法人改为统一法人社。三是其他地区，可在完善合作制基础上，继续实行乡镇农村信用社、县联社各为法人的体制。四是采取有效措施，通过降格、合并等手段，加大对高风险农村信用社的兼并和重组步伐。对少数严重资不抵债、机构设置在城区或城郊、支农服务需求较少的农村信用社，可考虑按照《金融机构撤销条例》予以撤销。那么，在经历了几年的改革之后，农村信用社的情况又是怎样呢？到 2008 年年末，全国共组建农村商业银行 24 家，农村合作银行 160 家，以县（市）为单位的统一法人社 1 770 家。这次改革是以县为单位进行的，改革之前，农村信用社是以县级和乡级法人组织形式存在的，按照政策规定，法人机构不能跨行政辖区经营业务。改革之后，农村信用社的组织形式的构成大致如下：符合组建股份制（合作）银行机构的县，基本上都是将县、乡农村信用社整合之后成立了统一法人的银行机构；符合组建统一法人社的县是取消乡级法人机构后将其并入县级法人社；还有少数县仍然保持县、乡两级法人机构。由于不能跨区域经营的限制，前两种情况在县域范围内农村金融的产权模式和组织形式仍然单一，后一种情况则表现为在乡（镇）范围内农村金融产权模式和组织形式的单一，此是其一。其二，从改革的总体情况看，组建农村商业银行和农村合作银行的数量占农村信用社数量总共仅约 10%。绝大多数机构的产权模式是实行资格股和投资股混合的股份合作制，组织形式是与之相对应的、以县为单位的统一法人社。在同一县（乡）域范围内，由于农村金融产权模式和组织形式单一的局面并未得到扭转，这就进一步加剧了日益增长的农业融资需求与农村金融供给不足之间的矛盾。

　　管理体制的现有格局会进一步强化农村信用社对原有管理和经营模式的路径依赖。科学的管理体制是促进农村信用社规范合理经营、实现资金灵活调剂和获得便捷高效服务的关键。国家在新一轮农村信用社改革方案的配套文件中提出了"政企分开，规范管理；服务为主，稳定县域；因地制宜，形式多样；市场运作，循序渐进"的总体原则。应当说，这个原则充分体现了农村信用社管理体制改革的清晰思路、具体内容、基本方法和采取步骤等，它所体现的精神也符合国际上的成功范例。这样一个近于完美的原则，在现行的行政体制条件下，通过政府的力量，"因地制宜，形式多样；市场运作，循序渐进"在形式上完全可以做得到。但是，要达到"政企分开，规范管理"的效果则是不可能的，进而会最终影响"服务为主，稳定县域"目标的实现。这是为什么呢？尽管表面上中央政府将管理权限下放给了地方政府，但是地方政府按照所拥有的权力和管理上的惯性思维，在农村信用社改革中，会不顾实际地"一刀切"，把选择省联社作为农村信用社的唯一管理体制模式，这一过程表明，新一轮改革仍然是政府控制下的强制性制度变迁而非诱致性制度变迁。由于省联社及其在地级市的派出机构对基层农村信用社的行政性管理无所不包，导致地方政府以行政权力代替了基层农村信用社的法人权力，使得基层农村信用社的法人权力难以有效发挥作用。同时，现行管理体制还表现出民有资本官营的问题，这也是我国农村信用社长期以来一直没有得到解决的一个重要问题，它严重违背了产权制度的基本原则。农村信用社在交由地方政府负责以后，尽管农村信用社的资本构成为民有，但负责风险处置给地方政府带来的直接后果是：为了化解风险需要付出的经济代价和如果没有承担好管理职责需要付出的政治代价。因此，政府强化对农村信用社的控制，集中反映出政府在承担超出能力范围的责任的同时，一定会最大限度地对农村信用社实施行政权力的心态，并且这样的行政控制在相当长时期内不会改变。省联社作为地方政府控制农村信用社的工具，其行政管理权远大于股东的话语权，并凌驾于农村信用社的"三会"之上，在农村信用社资本金民有的前提下，由于行政权力的介入，深刻地附着于省联社并体现于管理的全过程，进而使政府的官营代替了入股社员的民营，民有资本不能以民营的形式来实现其权利，使入股社员的民营权利被政府的官营所剥夺。这种管理体制，对于改革大局而言无疑是不利的，但对农村信用社来讲情况可能会有所不同，因为法人权利的丧失和民营权利的被剥夺无不表明农村信用社享有较充分的、与国有银行相类似的国家信用。有了这样的背景，在农村金融市场缺乏竞争的情况下，农村信用社会更加依赖通过强化内部人控制来实现其管理和经营，从而丧失对改革所要求的、建立和完善法人治理结构的积极性，这对形成农村信用社正向激励机制是非常不利的。

农村信用社为了尽快套取改革资金支持的作假行为，导致其正向激励机制建设被大打折扣。由于建立在激励机制理论基础上的资金支持方案政策存在缺陷，在较大程度上影响了改革资金的支持效果。一方面，对激励成本的认定不准确，同时，激励政策没有充分考虑部分农村信用社一旦确定申请资金支持，需要为此付出的成本会高于收益，在这种情况下，农村信用社为了降低改革成本的共同作假行为，就难以保证农村信用社改革与资金支持政策设计的路径相吻合。另一方面，由于资金支持方案存在的漏洞——因中央银行能力不足，农村信用社始终处于信息优势方，致使信息不对称——进而造成作假行为的一直延续。作假会给农村信用社带来什么结果呢？农村信用社在因作假取得了改革资金支持之后，一段时期内，它的报表数据会比过去变得更好看，同时也能够在一定程度显示出经营活力。但是这些虚幻表象所掩盖的那些制约农村信用社发展的问题并未得到根本消除，并会随着时间的推移而逐步暴露。中国人民银行成都分行（2007）采用抽样调查方式，收集了四川省51家农村信用社的基本会计信息，通过对农村信用社会计信息的调整计算，探讨了会计政策执行及其政策环境差异对农村信用社内在价值反映的影响。我们知道，农村信用社与商业银行现有会计政策差异主要是对资产质量的四级分类、五级分类不同，政策环境差异主要是农村信用社享受了一系列改革政策优惠，故根据样本农村信用社现有资产五级分类的结果，估算按五级分类应计提的贷款损失准备，在剔除改革以来历年享受的政策优惠之后，对 2006 年账面利润和期末资本净额进行追溯调整，计算各家农村信用社 2006 年在无政策优惠条件下，按五级分类提足拨备后的利润总额和期末资本净额。得出的基本结论是：财政、中央银行及地方政府给予农村信用社的特殊优惠政策，对农村信用社盈利水平的短期改善有很大的促进作用。如果剔除这些暂时性因素后，农村信用社的可持续盈利能力仍然不强。农村信用社资本充足率水平的提高在很大程度上来自扶持性政策，而在充分考虑贷款损失准备以及资产减值准备提取不足后，计算调整后的农村信用社的真实资本充足率平均水平为负。农村信用社提取准备金水平距离五级分类水平仍有很大缺口，并且随着五级分类试点工作的进一步落实，这一缺口可能会进一步扩大。

通过对新一轮改革后农村信用社仍然存在上述弊端的分析，进一步论证了农村信用社因产权模式和组织形式单一形成的覆盖率低，与农村经济对金融服务实际需求的不适应性；受行政力量约束的管理体制，让农村信用社更加强化和习惯于内部人控制下的路径依赖与改革的目标相背离；新一轮改革助长的作假行为，使农村信用社在正向激励失效的情况下，最终将导致财务不可持续。这些问题的存在，进一步揭示出彻底改造农村信用社的重要性、现实性和紧迫性。

（三）改造农村信用社的基本设想

到目前为止，新一轮改革除了在少数经济发达地区将农村信用社改造成为股份制农村商业（合作）银行外，绝大部分地区都是以股份合作制的组织形式存在。根据国外一些成功的经验和做法，结合不同经济地区或同一经济地区的不同农业成长形态融资需求的状况，为了让农村金融的制度性安排更加适合农村经济发展的实际，我国农村金融类型选择也应该具有多样性。

我们大致可以从以下几个方面来考察农村金融类型：从资本金来源的性质看，农村金融可以是国有的，也可以是民有的；从产权模式看，可以是股份制，可以是合作制，[①] 也可以是独资；从组织形式上看，可以是商业性金融组织，可以是合作性金融组织，也可以是政策性金融组织。在市场经济条件下，独资既可以是国有，也可以是民有，其组织形式或是政策性金融组织，或是商业性金融组织；合作制一般是民有，其组织形式也只能是合作制金融组织（如果规模很小，以生产合作引起的资金集中，它采用的产权模式就是互助制；如果规模较大，在一个经济体内能够实现劳动合作与资金合作的统一，它采用的产权模式就是股份合作制）；股份制是一种混合型经济制度，既可国有、民有混合，也可全属民

---

① 这里没有提金融组织的股份合作制，是因为它是由合作制向股份制过渡的一种产权制度，它不是一种规范的终极产权制度。而且这种产权制度在我国也不具备大范围推行的条件，因为金融组织实行此制度要受到苛刻的约束。

有，其组织形式是商业性金融组织。在上述不同产权模式下的各种金融组织形式中，除政策性金融组织属国家特殊信用和独资商业性金融组织且数量极少之外，如果按照产权制度由低级向高级排序，依次应为互助制、合作制、股份合作制、股份制。按机构性质划分，有商业性的、合作性的，也有政策性的。

我们必须指出的是，随着农业生产力水平的提高，农业成长形态的上升，原来与之对应的金融组织的产权制度也会随之逐步升级。也就是说，农村金融组织产权制度状况是由农业生产力水平决定的。一经形成的农村金融产权制度只能升级不能降级，如果因为农业生产力水平较低，但在强制性配给过程中，因为产权制度设置偏高而需要相应降低时，这时的农村金融组织没有别的选择，只能走退出市场或兼并之路。事实上，我们在实际工作中也深刻地体会到，之所以那些多数资产质量差，并长期处于亏损的农村信用社不能摆脱困境，根本原因在于与所对应的农业成长形态相比，交易费用太高，而这并非是资产所有者理性选择的结果，而是强制性制度安排的结果。

我们再来看改革中农村信用社的现状与上述几种金融组织性质的关系。新一轮改革实践显示，无论是以县为单位的统一法人社，还是县乡两级法人社，其资本金都是由资格股和投资股两部分构成，产权模式为股份合作制，因此，在剔除不足10%的农村商业（合作）银行以后，单一的股份合作制问题在新一轮农村信用社改革中就反映得非常突出。从某种意义上说，改革政策的设计使得现有产权制度级别全部高于合作制，当条件成熟之后，它们可以将产权制度的级别升级为股份制，但却不能将产权制度的级别降级为合作制。

这里有三种情况需要引起我们的高度关注：一是股份合作制的建立由于缺乏必要的约束条件，即必须是在同一经济体内实现劳动合作与资本合作的统一，一旦资本金特别是投资股来源于非劳动者，在劳动者与出资者相分离的情况下，既会因为两种股本金"同股不同权"和两类股东目标不一的矛盾导致经营效率低下，也会让内部人控制的行为得以延续和强化。二是有相当数量的农村信用社的股份合作制产权模式已超越了它所对应生产力水平的农业生产，尤其是处于特殊农业形态和初级农业形态的农业生产，都不适合这样的农村金融产权模式。较高产权级别的金融组织对应于较低生产力水平的农业生产，会因为信息严重不对称而增大农村信用社的经营成本，为了节约成本和控制风险，它们会主动收缩服务领域从而降低融资覆盖率，为了获取利润最大化又会引起融资产品的价格非常昂贵从而失去可持续发展的能力。三是新一轮改革后，农村信用社的称谓更加模糊了机构的性质和定位。从产权结构的设置看，商业化的改革过程更加强调建立和完善法人治理结构，实行的是股权原则，实现所有权与经营权的分离，其结果自然会出现追逐效益、经营集中。从农村信用社的章程看，又有明显的合作制痕迹，实行一人一票原则，突出民主管理，其结果自然会表现出淡化效益、服务社员。因此，在农村信用社仍然扮演着目前我国农村金融主角的情况下，要建立和完善能够满足多种农业成长形态融资需求的农村金融体系，必须把改造农村信用社作为建立我国农村金融体系的基础来加以综合考虑（见图8-5），只有这样，才能使商业性、合作性和政策性农村金融体系的形成过程更加合理，更加符合我国农村经济和农村金融发展实际。它不仅有利于提高建立农村金融体系的效率和节约成本，也有利于进一步理顺农村金融产权制度和组织形式的关系。

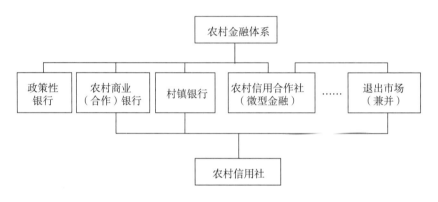

图8-5　以农村信用社为基础建立农村金融体系

图8-5显示，改造后的农村信用社将成为建立和完善我国农村金融体系的重要基础和组成部分。按照不同农业成长形态的要求和最优交易费用的原则，把农村信用社改造成为农村商业（合作）银行、乡村银行，同时对部分严重资不抵债的农村信用社实行市场退出后重新组建合作（互助）金融组织。这样做的主要理由是因为目前农村信用社股份合作制的产权制度等级介于合作制与股份制之间，因此，向上可改造成为股份制农村商业银行和乡村银行，但不能直接向下改造成为合作（互助）制金融组织，而需要先经过退市程序之后，再按照有关要求建立合作（互助）制金融组织。在这一改造过程中，需要取消农村信用社的称谓，只对新建立的、符合合作（互助）制要求的、真正的金融组织冠以农村信用合作（互助）社名称。

1. 现代农业形态地区的农村信用社改造。这一农业成长形态地区的农村经济发达，生产工具先进，专业化和商品化程度高，乡镇企业发展快，盈利机会多，收入水平高，与之对应的农村金融产权模式须以股份制为主。因此，应当把现代农业地区的农村信用社改造成为农村商业银行，并努力增强其实力，发挥规模优势，形成资金积聚效应，更好地支持和促进这一地区农村经济加快发展。对于农村非农业（乡镇企业等）发展快、在农业经济中所占比重大和农村固定资产投入多、固定资产存量大的地区，它们需要经营实力更强和商业化程度更高的金融服务。尽管已有少数农村信用社在新一轮改革中已经改造成为农村商业

（合作）银行，但因门槛设置过高，把更多符合当地农村经济发展实际、可以更好地发挥金融服务功能的农村信用社挡在了门外，因此要尽快为这部分农村信用社的改造创造条件。

在新一轮改革的初期，一些农村经济发展基础好、农村信用社经营管理比较好的省区在向国家提出改革申请时，出人意料地选择了股份合作制的产权模式，使得农村信用社产权制度等级普遍低于与之对应的农业生产力水平和农业成长形态。他们之所以这样做，就是想通过降低申报条件，在最短的时间内达到专项中央银行票据申请和兑付条件，尽早拿到国家的支持资金。从节约改革成本的角度来看，这是合算的，但从农村信用社长远发展和更好地支持经济发展的角度看，则不一定是最优的。因此，需要进一步加快对这一地区农村信用社的改造。要理顺产权关系，在我国的江浙等沿海地区，农村经济发达的县级金融机构中，农村信用社的资产规模已经或者即将位居全县金融机构之首，并且这种趋势会由东部地区逐步向中部、西部地区扩展，这是由农村信用社长期以来，在农村经济中的地位所决定的。随着农村经济的迅速发展，对融资的需求也在快速地扩张，为了更好地适应农村经济发展的需要，必须改变农村信用社股份合作制的产权模式，实现产权制度的升级。

具体做法是：可将单户入股数量较大的资格股按照出资人意愿转为投资股，将单户入股数量小的资格股转为存款，在对现有股本结构进行调整的同时，进一步引进战略投资者。这样做的目的在于理顺产权关系，消除投资股和资格股因出资者各自目的不同而对经营目标产生意见分歧，让投资者对于自己的投资能够真正承担起有限责任，促进其建立完善的法人治理结构，改变"同股不同权"的低效率经营管理模式，实现"同股同权"的高效率经营管理模式和股本与资产的快速扩张。另外，要建立与产权制度相适应的组织形式，取消农村信用社机构，并在此基础上建立农村商业银行，与上述产权制度相匹配。实际上，在这一地区的农村信用社随着农村经济的发展，早就已经开始了商业化经营，尽管改革中的农村信用社资本金结构发生了变化，但是由于受到机构名称（组织形式）的限制，使农村信用社的实际经营意愿与长期以来政府和社会对其"信用合作"定位的认同存在较大反差，面对这样的反差，农村信用社只能按已有的资本金结构，并利用出资者履行股东权利意识不强的时机加大内部人控制力度，进而严重束缚了农村信用社发展的手脚。如果让农村商业银行与股份制的产权模式相匹配，不仅可以在所有者与经营者相分离基础上实现规模的扩张，还能够在县域内特别是乡镇或以下形成资金积聚效应。当农村商业银行资金积聚效应形成后，又会大大增强对其他社会资金积极进入这一地区的吸引力。

2. 成长农业形态地区的农村信用社改造。这一农业成长形态地区的农业基础相对较好，生产工具较先进，有一定产业规模，非土地等盈利机会较多，收入水平较高，与之对应的农村金融产权模式须以合作制金融为主。因此，应当对成长农业形态地区的农村信用社进行拆分，对投资股部分可视其规模情况建立农村合作银行，对资格股部分可根据农业产业化经营组织和股东的分布情况，设立与农业产业化经营组织紧密结合的、具有合作性质的金融组织。由于成长农业形态的基础较好，农业产业化经营组织发展和农民纯收入增长速度加快，农村经济结构的变化也为改造农村信用社提供了较好条件。在新一轮改革中，农业成长形态地区将农村信用社改制为农村合作银行的比重普遍较低，也就是说，在这一地区以股份合作制为产权模式的农村信用社比重更大。

　　由于农业产业化经营组织的加快发展，使得这一地区农业成长形态迅速分化的特点也更加明显。面对这样的变化，农村信用社显得很不适应，主要表现为，一部分农村信用社产权制度的级别要低于它所对应的农业成长形态，而另一部分农村信用社产权制度的级别又要高于它所对应的农业成长形态，也就是说，农村信用社的产权制度与多数生产力水平的农业生产都处于不相适应的状态。那么，又有没有与农业成长形态相适应的股份合作制这样一种产权模式的农村信用社呢？没有。因为从对农村信用社进行改造的角度讲，要满足股份合作制的条件非常苛刻，它不像生产企业那样容易做到在同一经济体内实现劳动者合作与出资者合作的统一，除非是新建立的农村金融组织可以实现这种模式。

　　接下来我们对前两种情况进行重点分析，如果将成长农业形态地区农村信用社的股权构成，与现代农业形态地区和初级农业形态地区的农村信用社的股权构成相比较，其资格股的比重要大于前者而小于后者。因此，为了理顺产权关系，一方面，对于产权制度级别偏低而投资股比重较高和具有较强盈利能力的农村信用社，可按出资者意愿将股金数额较大部分转变为投资股，在保持较大比例投资股的前提下保留一定比例的资格股，建立农村合作银行；对投资股比例不高的农村信用社可改造成为乡村银行；其余资格股或转为存款，或作退出处理后，可结合农业经济合作组织情况组建农村信用合作社。另一方面，对于产权制度级别偏高而投资股比重较低和具有较弱盈利能力的农村信用社，在把不愿意转为投资的资格股剥离出去后改造成为乡村银行；对投资股比重较低又持续处于亏损状态的农村信用社作退市处理后，可根据资格股股东的地域分布和资格股数量情况，结合农业产业化经营组织发展实际，重新组建信用合作组织或信用互助组织；如果资格股比例较高，可改造成为社区合作金融组织。

　　3. 初级农业形态地区的农村信用社改造。这一农业成长形态的基础相对较差、商品化程度偏低，生产工具落后，生产单位小而分散，有一定盈利机会，收入水平较低，与之对应的农村金融产权制度须以合作（互助）制金融为主。因此，应当把初级农业形态地区的农村信用社按程序作退市处理的同时，重新建立农村信用合作（互助）组织，并通过引入收购机制，将部分财务状况较好的农村信用社,通过并购改造为乡村银行。由于在初级农业形态地区,农民收入来源渠道单一,收入水平也普遍偏低,农户没有更多的闲钱入股,加之农村信用社历史包袱重,经营管理水平低,他们入股的动机不是为了获得分红,而是为了获得贷款资格。这为我们提供了一个非常重要的信息:在初级农业形态地区,农户具有普遍的信用合作意愿。因此,我们有理由认为,在初级农业形态地区建立信用合作组织,有着比较现实的经济基础和广泛的群众基础。

但是,改革的实际情况表明,在初级农业形态地区的许多农村信用社,因改革政策设计存在的漏洞和在政府行政力量的强力推动下,其产权模式及组织形式和与之相对应的农业成长形态存在较大差异。以农村信用社这样一种组织形式的制度选择,严重违背了出资者意愿,这是与现代制度经济学基本原理相悖的。由于初级农业形态地区农村信用社产权制度等级普遍偏高,如若继续维持这样的产权制度,会因交易费用太高,最终迫使农村信用社的经营步入困境而难以为继。针对初级农业形态地区农村信用社资格股比例约80%、单户入股金额小而分散的特点,可对盈利的农村信用社在剥离出资格股(转为投资股部分除外)后通过放宽并购政策,将其改造为农村合作银行;对剥离的资格股部分,在实行退市的同时,可与亏损的农村信用社一起,考虑组建农村信用合作组织和信用互助组织。

重新建立的信用合作组织与原农村信用社有着本质区别:一是产权制度不同,农村信用社是股份合作制(但又并不是真正意义上的股份合作制),信用合作组织是合作制;二是管理方式不同,农村信用社按照股份制的要求在完善法人治理结构基础上,按照"同股不同权"的原则进行经营管理,信用合作组织则按照劳动合作和资本合作的方式实行民主管理;三是改革取向不同,农村信用社按照市场化原则,在商业化改革中以盈利为目的,信用合作组织以农业产业化经营组织为基础进行合作,实现各方的共同利益;四是支持的对象不同,农村信用社以支持非资格股的大客户为主,信用合作组织以支持出资人为主。

4. 特殊农业形态地区的农村信用社改造。这一农业成长形态的生产工具落后,生产单位零星分散,属微小规模的生产形式,盈利机会少,收入水平低,与之对应的农村金融产权模式须以微型金融或互助式金融为主。因此,应当把特殊农村形态地区长期处于亏损状态的农村信用社作兼并或退市处理,以原农村信用社为基础进行兼并,一是通过引入私人资本对亏损的农村信用社进行收购,经过清理和明晰产权后,将其改造发展成为社区管理性贷款基金、金融零售代理点、小额贷款担保、微型保险等微型金融服务网络,逐步建立服务于穷人和低收入人群的完整的金融体系——"普惠"金融体系,微型金融组织多属非正规农村金融。二是对退市后的农村信用社按照合作制原则设立信用互助组织。我们可以把地处边远贫困山区的经济状况看做是特殊农业形态地区。这一地区由于受特殊的地理和气候条件限制，表现为地广人稀，以单个农户为单位的独立生产为主，农业生产力水平非常落后。

新一轮改革后，农村信用社的组织形式无论是县统一法人社还是县乡两级法人社，大多数产权制度级别都远高于对应的农业成长形态。所以在初级农业形态地区的农村信用社在信息严重不对称的情况下，因搜寻成本太高而往往是开门就意味着亏损。因此，必须尽快对初级农业形态地区的农村信用社作出妥善处置，以达到阻止农村信用社风险继续扩大和寻找更好服务于当地农村经济的金融组织的目的。要逐步提高初级农业形态地区农业生产力水平，需要一定的生产规模和生产技术作为支撑，而通过兼并，劳动合作、技术合作和资金合作，则是最好的实现条件，但这将要经历一个比较漫长的过程。

初级农业形态地区的基本情况显示，稍微好一些的农村信用社具有接受兼并的意愿。我们可以肯定地认为，一旦对初级农业形态地区的兼并管制放松，沿着为穷人和低收入人群提供金融服务的方向发展，就一定会让微型金融——这一新兴的金融体系在政府政策的合理干预下，充分发挥其引导"三农"增强市场风险意识和促进"三农"加快发展的作用。同时，初级农业形态地区的农户也有信用合作意愿，但由于数量有限，尽管可以促进达到劳动合作，但规模较小。这就为我们改造该地区农村信用社提供了一些新的思路：在将农村信用社作退市处理后以建立信用合作组织为主。在劳动合作规模小和生产技术含量低的情况下，以组建信用互助组织为宜。当劳动合作规模和生产技术含量都比前述情况还好时，以成立信用合作组织为宜。如果更优时，可成立股份合作组织。

按照上述思路，对于在农业产业化经营组织发展相对成熟和农村信用社微利的地方，可适当清退一些资格股，保留有劳动合作和资金合作意愿的投资股和资格股，按照金融组织的股份合作制要求改造农村信用社，最终要尽可能使得出资人都是劳动者，改变农村信用社现有的经营管理模式，实现股权原则下的民主管理。对于农业产业化经营组织发展滞后，农村信用社亏损的地方，可以在对其作出退市处理的同时，鼓励投资股股东将股本金投向别的乡村银行。视其资格股股东在地域上的集中程度，按照劳动与资本结合的意愿，对少数数额较大、户数较多的资格股，重新建立信用合作组织；对多数数额较小、户数较少的资格股，可建立信用互助组。

这里有几点需要说明：一是按照上述四种农业成长形态提出进一步深化农村信用社改革，是为了便于叙述而安排的。在我国，这几种农业成长形态总体上是按东部、中部、西部地区排列的。但实际情况并不那么简单，在我国许多地区的同一区域内，这几种农业成长形态也同时，或部分同时存在，也就是说，在东部、中部和西部地区，每一个农村地区都会不同程度地同时存在现代农业形态、成长农业形态和初级农业形态。对农村信用社进行改造的重要意义，在于理顺农村金融与农村经济的关系，但它只是为农村金融体系的建立奠定了一个好的基础，并不表明农村金融体系的建立就到此为止。而应该在对农村信用社改造的基础上，结合它对农村经济的适应情况，对于未被金融服务覆盖的地方，应通过创新金融供给制度，引进或引导建立与之适应的农村金融组织，以实现农村金融对各类农业成长形态服务的全覆盖。

二是按照上述设想实施之后，无论以哪一种产权模式和组织形式存在，农村金融类型仍然是单一的和垄断的。因此，在对农村信用社进行改造之后，一方面，通过产权模式和组织形式的变更，取消了原农村信用社；另一方面，又重新建立了新的农村金融组织。即便有部分地区农村信用社改造形成了两种产权模式的组织形式，但因为它是由一种产权模式的一种组织形式分割成两种产权模式的两种组织形式，仍然远远不能覆盖这一地区农村经济日益增长的融资需求，况且这还毕竟是少数地区的情况，而多数地区的情况仅仅只是形成一种产权模式的一种组织形式。也就是说，在改造农村信用社以后形成的产权模式和组织形式仍然是单一的，其垄断格局仍然没有改变。因此，要建立和完善农村金融体系，既要注重东部、中部、西部地区不同区域间金融类型的多样性，也要注重同一区域内农村金融类型的多样性。

三是在上述设想中，重点是谈股份制和合作制，在完整的农村金融体系中还应包括政策性金融和民间借贷等。如果农村信用社的现行产权模式和组织形式规定了按农业成长形态要求，只能在产权模式和组织形式上作如上调整，严格地讲，这是不全面的。因为按照农村金融体系要求，除了对农村信用社进行改造后所形成的股份制、股份合作制、合作制和互助制的农村金融组织以外，还应该包括国有独资的政策性农村金融和具有特殊意义的民间借贷。由于农业产业的脆弱性和生产的不确定性，需要国家在加大融资力度方面的政策扶持；同时，由于一些地区农业生产分散、规模太小，或因现有正规农村金融根本无法满足"三农"的融资需求，需要有自发的、较为规范的非正规金融（民间借贷等）的补充，从更大范围来增强农村金融对农村经济的覆盖面。

（四）小结

我国农村信用社的现行产权制度和组织形式与为之服务的农业成长形态严重不适应的弊端，已经使得改造农村信用社成为在建立和完善农村金融体系之前绕不过的、必须首先考虑并妥善解决好的一个重要问题。否则，既不利于农村金融体系的建立，也不利于农村信用社自身的发展。

搞好制度性安排，理顺我国农村金融与农业发展形态的关系，必须从具有可操作性的、又非常关键的产权制度和组织形式入手，在新一轮改革的基础上对农村信用社进行新的改造，在取消农村信用社的同时，依据不同的农业发展形态将其相对应地改造成为互助制金融组织、合作制金融组织、股份合作制金融组织、股份制金融组织，并把它作为建立农村金融体系的重要基础。

在实现对农村信用社改造的同时，还要注意突出解决好产权模式和组织形式单一，以及垄断的问题。因为即使对农村信用社进行改造后，对于同一地区而言，所形成的相应产权制度的新的农村金融组织仍然是单一的并处于垄断地位。所以，这时要针对农村信用社改造后，不能覆盖的服务领域，还应及时建立更加丰富的农村金融组织，完善产权模式和组织形式多样化的农村金融组织体系，实现在同一区域中对农村经济的全覆盖，以打破垄断，形成农村金融的竞争格局。

三、把协调正规金融与非正规金融作为建立农村金融体系制度安排

近年来，非正规金融，特别是多种形式民间借贷的异军突起，已经受到了社会各方的广泛关注。这至少反映出两个问题，一是农村经济的发展表现出对农村金融服务的需求越来越迫切；二是我国农村金融体系，特别是正规农村金融的发展已经严重滞后。如果从有利于国家推动农村经济发展、引导现代农业形成、促进农民增产增收所需要的多层次、广覆盖、可持续的农村金融来讲，应该加快发展正规农村金融，以适应"三农"发展的需要。但是在上述问题的影响下，使得正规农村金融与非正规农村金融的发展失衡。在缺乏有效风险控制和相关政策的引导下，会加重这种失衡，并使非正规农村金融在不健康的发展中扰乱农村金融市场秩序。为此，正确引导非正规金融，将其发展成为农村金融的一支不可或缺的健康力量已成为当务之急。我们在进行农村金融类型选择时，应当根据农业经济的不同发展时期和不同农业成长形态，按照以发展正规农村金融为主体，非正规农村金融为补充的原则，把搞好两者的协调作为建立我国农村金融体系的制度性安排显得尤为迫切和重要。那么，应该如何协调，又为何要把它作为一种制度安排呢？接下来，我们将围绕这两个问题展开讨论。

（一）正规农村金融

目前，对正规金融还没有一个规范的解释。我们所能得到的是对"正规"和"金融"两个词的分别解释。正规是指合乎规定或标准的，金融是指货币的发行、流通和回笼，贷款的发放和收回，存款的存入和提取，汇兑的往来等经济活动。金融要合乎规定或标准，通常主要包含它的设立要有法律依据，对不同性质和规模的机构要有相应的资本金要求，其经营范围有明确的规定，功能定位也很清楚，还要接受有关部门的监督管理等。如果按照这样的条件来把握，我国的正规金融主要包括以国家信用为基础的政策性银行；商业性金融中的国家控股银

行、证券交易所、保险公司；公司法人控股银行、租赁公司、信托投资公司、证券公司、保险公司；地方政府控股银行、担保公司；其他法人控股农村商业（合作）银行、村镇银行、担保公司；农民入股的农村信用社等。①

在上述正规金融中属农村金融的有：政策性金融中的中国农业发展银行，商业性金融中的国家控股的中国农业银行，其他法人控股的中国邮政储蓄银行、农村商业（合作）银行、村镇银行，农民入股的农村信用社。由于中国农业发展银行业务与功能单一，中国农业银行主营业务已经转向城市，中国邮政储蓄银行将大部分资金用于参与全国银行间市场，农村商业（合作）银行和村镇银行数量极为有限等原因，农村信用社仍然是目前我国农村金融的主体，并处于绝对垄断地位。

1. 正规农村金融的功能与作用。根据国外经验，在我国农村经济总体偏弱的情况下，要达到不断加大对农村资金投入的目的，必须通过正规农村金融来实现，并且要以正规金融作为增加对"三农"资金投入的主渠道和主力军。这样，一方面能够在资金的数量上得到保证，另一方面更能够使农业生产得到金融服务多样化的支持。

随着农业生产条件不断改善和农村合作经济组织规模不断扩大，"三农"不仅对资金的需求量明显增加，还会对多样化的金融服务需求迅速扩大，这是从农村经济发展，即动态的角度来看待资金的需求数量变化的。如果我们仅从静态角度看，"三农"对资金的需求数量仍然很大。目前，不仅要满足一般的生产性资金需求，还有农业基础设施建设、农田改造、荒地开垦、土地休耕、种粮激励、农民居住条件改善、农业产业的升级配套等大量资金需求也亟待投入。从对资金需求的性质看，有政策性资金需求，也有商业性资金需求。要满足这么大的资金需求量，无论从有利于经济核算还是有利于提高服务效率来讲，唯有正规金融才能够担当此重任。同时，如果从农业发展的重要性和农业项目的性质看，又需要有正规的政策性农村金融和正规的商业性农村金融支持。对于不同农业成长形态，正规农村金融存在的形式和服务的重点都应该有所不同。例如，在经济相对发达的地区，正规农村金融的规模需要大一些，服务的种类也需要多一些，在商业性农村金融坚持市场原则的基础上，政策性农村金融与其他金融的合作更多地体现在批发资金、委托代理或对农业产业发展的鼓励和引导方面。而在经济欠发达地区，正规农村金融的规模需要小一些，服务的种类也要相对单一一些，在商业性农村金融仍然坚持市场原则的基础上，政策性农村金融与其他金融的合作更多地体现在批发资金、担保、利息补贴、低息贷款或对农业和农民的扶持方面。

这里需要特别指出的是，建立健全正规的农村金融对于畅通货币政策传导和

① 外资金融不在本书的叙述之中。

实现国家宏观调控目标具有非常重要的作用。如果有一个健全的农村正规金融体系，不仅可以充分发挥金融按照市场化原则促进在农村进行资源配置的基础性作用，还能够较好地为国家干预经济提供有效的操作平台，有利于促进国家宏观调控目标的实现和增进城市与农村、工业与农业的协调发展。

2. 正规农村金融存在的缺陷。正如前面所阐述的那样，我国正规农村金融的产生由于存在先天不足，以致在发展中历尽波折而不尽如人意。

究其原因，一是国家在对农村金融进行强制性配给时，并没有从经济全局和农业长远发展角度加以统筹考虑，因而在失去法律支撑的情况下，使之处于朝令夕改的极不稳定状态。

二是在农村金融配给过程中，没有随经济制度的调整而作相应的调整和规范，让农村金融的产权模式和组织形式与经济制度和农业生产力水平相适应，使其在体制、机制、经营和管理等方面长期形成的扭曲形态得不到校正，为后来的改革发展埋下了隐患，形成了难以解除的路径锁定。

三是有的农村金融配给没有遵循经济规律，为政治（而不是为"三农"）服务的色彩较浓，由于受长期发展中留下痼疾的影响，以致当外部条件发生变化后不能作出相应调整，因而出现经营偏差，造成"立于农而远离农"的尴尬局面。

四是在正规农村金融配给时，相应的环境建设没有及时跟上，使之在履行政策性金融职能时，得不到国家的税收优惠和注资等保障，在履行商业性金融职能时，又因缺乏第二还款来源保障而不得不放弃更多的商业机会，最终导致许多在农村基层金融网点的信贷功能迅速萎缩，其机构网点的功能由"输血"变成了"抽血"，造成农村资金大量外流。

五是国家在配给正规农村金融时显得顾虑重重，步履蹒跚。新中国成立后，经过几十年的发展，正规农村金融在过于严厉的金融管制下跌宕起伏，使得已经在市场中的农村金融苦苦挣扎，求生艰难。许多想进入农村市场的大量资本，却被挡在高门槛下难以进入，造成了几十年以后，我国农村金融仍以农村信用社独撑门面，并且因缺乏竞争而在农村市场处于绝对垄断的局面。

六是目前正规农村金融的供给与落实中央的农村经济政策不配套，无论是中央加大对农业生产资金的投入、对农业产业化发展的资金引导以及农业其他资金的注入，还是城市支持农村的金融代理、金融保险、资金批发和工业反哺农业的生产与加工对接、产供销联合等，都因为缺乏正规农村金融体系这个基础，而找不到相应载体和操作工具。

七是对正规农村金融的供给，没有通过建立科学合理的管理体制，促进各农村金融组织类型相互配合，并形成合力来规范经营和规定资金用途，而是各自为政，一盘散沙，造成各类农村金融组织的经营和资金流动，处于"既可为农，也可不为农"的开放状态。

（二）非正规农村金融

从目前我国农村的金融组织形式中，大体可以看出有这样几种情况属于非正规农村金融：以各种民间资本投资形成的小额贷款组织、以劳动互助为基础的信用互助社、依托于农业经济组织建立的风险基金、由自由资本结合的有组织的民间借贷、农村亲朋好友相互间无组织的民间借贷、农户间有协议的对金融借款的联合担保等。随着农村经济的不断发展，非正规农村金融的形式还将更加多样化。我们接下来对上面所列举的几种非正规农村金融组织的功能与作用作进一步分析。

2005 年，我国的农村小额贷款组织开始在山西、四川、贵州、陕西和内蒙古的 5 个县（区）试点，到 2007 年 3 月已成立 7 家小额贷款公司，共发放贷款余额为 9 579.5 万元，较上年增长 9.1%。它是由民间资本投资建立的"只贷不存"的小额农户贷款组织，以短期性生产贷款为主，实行市场利率（上限不超过基准利率的 2.3 倍），贷款对象是正规农村金融不愿意贷的、又有一定生产和还款能力的农户，属于商业性并以盈利为目的的金融组织。

信用互助社是近年来随着农业合作经济组织成长出现的新生事物，许多规模较小的互助社是以劳动互助为基础的，其资金互助也是按照协议、共同用于生产投入，无利息，不以盈利为目的。为了积极鼓励和引导具有一定规模的信用合作，2006 年 12 月，中国银监会颁发了《关于调整放宽农村地区银行业金融机构准入政策　更好支持社会主义新农村建设的若干意见》（银监发［2006］90号），规定农民只要募集 10 万元，就可以申请注册社区性信用合作组织。它在一定程度上已经实现了劳动与资本的分离，是由农民入股发起成立，主要为入股社员服务，贷款主要用于生产生活，执行固定利率（所有期限都是一个利率），实行微利经营和民主管理。

风险基金是专业化生产中农民自发建立的一种互助式的风险规避机制。如在对附加值较高的经济作物联合种植和家禽、猪牛等的规模化养殖中，对出现疫情损失或市场风险给予补偿，在将风险降到最低限度的同时，提高农民尽快恢复生产的能力。有的在实际运作中还兼有运输和销售功能，农民的出资不会有额外负担，而是从运输和销售的经营收入中提取，形成基金积累。

有组织的民间借贷情况比较复杂，如地下钱庄和"放水钱"组织等，都是具有高利贷性质、需要重点打击的"黑色"组织。它以合会为主要标志，在合会的各种类别中，标会、抬会、摇会得以保留并发展起来，大多活跃在福建、浙江一带，在四川一带称独角会、鳌头会。另外，在有组织的民间借贷中还包括典当行、互助会、储金会等，它们以盈利为目的，基本能执行国家规定利率，属于"灰色"组织。

无组织的民间借贷，主要是解决农民生产或生活中的小（微）额资金急需，因为这类小（微）额资金需求，没有必要付出太高的隐性成本，去向其他金融组织获取借款而得不偿失，却也能够很方便地从亲朋好友获得无息资金而满足所需。

联合担保是由若干农户自愿签订协议组成的联保小组，并经所在村组评议认定后，即可申请贷款，不仅手续简单，而且额度较大，可以较好地解决种养大户扩大生产的资金难题，与小额农户贷款互为补充、交叉支持。这种"农户联保"方式，降低了贷款风险，在实践中体现出了旺盛的生命力。

（三）正规农村金融与非正规农村金融的关系

主体与补充。如前所说，在我国的广大农村地区，必须要有不同性质和形式多样的正规农村金融作为建立农村金融体系的主体。这既是关系到国家经济社会发展全局、确保国家粮食安全和促进城乡共同繁荣的根本保证，也是有利于更加经济高效地发挥现代金融功能、促进"三农"与农村金融效率和公平均衡、有效增加农业投入的必然要求。它不仅是"三农"发展对农村金融需求的服务主体，也是满足"三农"发展的资金供给主体。因此，如果从这个高度来认识，国家对农村金融的供给，其体系是否完善、功能是否强大、结构是否合理等，会直接反映出政府对"三农"重视程度的高低。在判断正规农村金融是否成为农村金融主体时，应主要看以下几个方面：一是正规农村金融是否能够承担起国家实现对农业战略发展要求的任务，国家对农业的战略发展主要包括新农村建设、农业产业化建设和实现现代农业等，可以想象它对资金的需求量会相当大，只有在强大的正规农村金融的支撑下，才能完成这一任务。二是正规农村金融是否能够满足不同农业成长形态下的各类经济主体的资金需求。我们知道，在不同的农业成长形态下，农业生产的发展水平差异较大，尽管如此，也同样会有不同形式的"龙头"企业和致富带头人在其中领跑，而对"龙头"企业和致富带头人在带动中形成的产业集群、生产集中和规模生产所辐射到的经济群，能够方便、快捷地得到正规农村金融的有力支持，将有利于加快较低级农业成长形态向更高级农业成长形态的推进速度，促进农业产业的不断优化升级。三是正规农村金融供给是否能覆盖"三农"金融需求的绝大部分。这也是对正规农村金融发展的基本要求。可以想象，如果有相当比例的农村金融需求得不到覆盖，就会失去在农村市场中的金融主阵地。在监管不力的情况下，将会让位于非正规农村金融，从而影响经济政策和金融政策的传导，这无疑会严重危及国家粮食和金融安全。四是正规农村金融能否发挥对休耕、种粮、垦荒、土壤改良、产业引导等政策扶持的保障作用。因为农业生产的特有规律所形成的对周期性生产波动、全局经济利益和农业自身发展等的影响，都应该有相应的特殊政策给予支持，由于落实这些特殊的支持政策所涉及的资金量相当大，且多数属于无利或微利项目，这就需要在正规农村金融的有力支撑下，通过政策性金融与商业性金融的协调和合作，将财政行为转化为金融行为，运用市场化的手段，在有约束的条件下实现国家对农业政策的扶持目标。

同时，我们也应当看到，由于农村经济发展的差异性，在同一农业成长形态下还存在不少经济发展的非主体部分，如以单个农户为生产单位的形式在我国许多地区还广泛存在，仅以分得的土地和养殖少量的家禽作为生产基础，完全靠天吃饭，处于简单再生产状态，生产周期较短，有对生产生活资金需求的迫切愿望，但需求量不大，如果由正规农村金融介入，会因其产权制度和组织形式与农业生产力水平不相适应，带来更高的管理成本和高昂的融资产品的价格而失去商业可持续。对于这种情况，如果采取制度安排故意遗漏的策略，让非正规农村金融服务来应对这部分资金需求则可能会变得如鱼得水，因为它的资金集中方式和管理模式与其所对应的农业生产力水平相适应，并在以下几个方面能够成为正规农村金融的重要补充：一是它服务的领域都是正规农村金融不愿意进入的领域，从提高农村金融体系在农村市场覆盖率的要求来讲，它起到了很好的拾遗补阙的作用。二是它能起到培育借款农户风险意识和效率意识、引导农户积极创业和发展生产的作用，这是农村金融应该尽的社会责任，而又是正规农村金融在这一领域难以做到的。三是它的产权模式和组织形式最贴近农户的实际，由于信息相对充分，管理成本低，为农民所欢迎，在保持小额资金供给和较低利率水平方面都比正规农村金融更具有比较优势。四是它的存在和政府对它的鼓励与支持可以引导更多的民间资本投向农村，这种非正规农村金融所表现出的直接融资性质，其实正好是对正规农村金融间接融资的有效补充，使得农村金融体系种类更加多样、层次更加丰富，让农村中这些更加弱质的群体能够增加对外源性资金的可得性。

农业生产实践催生非正规农村金融。农业生产的特点使得正规农村金融无论怎样发展，都不可能对农业的融资需求服务做到全面覆盖，上面我们所列举的、对单一农户支持的例子只是一种静态的描述，如果从动态的角度来看，随着农业产业化的快速发展，"三农"对融资需求的数量会迅速增加，由此也会引起正规农村金融支持重点的调整，一方面，正规农村金融在支持对象的选择上会进一步向更大规模的项目集中；另一方面，正规农村金融对资金总量的供给也会因力不从心而留下更大的服务空白。因此，我们可以断定，在农村经济的不同发展阶段，当正规农村金融因为风险控制的需要，或是自身的发展慢于经济发展而导致覆盖率降低时，对增加非正规农村金融的需求就会变得更加迫切，我国农村金融的现实情况也说明了这一点。

长期以来，由于农村信用社已经成为正规农村金融的主要供给方式（尽管中国农业发展银行、中国农业银行、中国邮政储蓄银行、农村商业（合作）银行和村镇银行都不同程度地有组织机构存在，但在对"三农"发挥融资功能和作用的方面却微乎其微），随着农村信用社商业化改革的不断推进，使之在原来已经具有很大优势的小额贷款领域也开始呈现出不断收缩的态势。也就是说，以农村信用社为代表的正规农村金融从小额信贷市场的逐步退出，并不是因为小额信贷需求的减少而引起的，而是市场调节的必然结果。因此，在小额信贷需求并未减少而且还有所增加的情况下，就为非正规农村金融进入创造了条件。目前，一方面，有大量的社会资本想进入正规农村金融市场，由于受到严格的市场准入限制而不能如愿，致使政府的规制行为进一步保护了农村信用社的垄断地位；另一方面，在非正规农村金融顺应市场需求发展的情况下，一些社会资本以各种方式进入农村金融市场，在一定程度上填补了正规农村金融留下的服务空白，对于满足农村小额信贷需求起到了较好地补充作用。这是在国家处于对农村金融制度性安排的不适应期，出现的非正规农村金融"你退我进"式的增长。而且，即便在国家对农村金融的制度安排进入到了适应阶段，非正规农村金融也仍然会因农业生产的不断增长而出现"你进我进"式的增长。也就是说，非正规农村金融的生长将在我国农村金融发展中的相当长时期内以不同的形式存在。

非正规金融向正规金融的演变。从前面所列举的几种非正规农村金融模式中，如以各种民间资本投资形成的小额贷款组织、以劳动互助为基础的信用互助社、由自由资本结合的有组织的民间借贷等，属于民间借贷行为。[①] 当它们发展到一定程度、达到一定规模和具有一定影响力以后，都有由非正规农村金融向正规农村金融演变的主观愿望和客观要求。

从主观愿望来讲，由于非正规农村金融的经营管理不规范，操作的随意性大，资金供给和资金需求的稳定性差，资本金因合作者的好恶可能被随时抽走或增加，市场的认同度也不高，只有当正规农村金融不能满足其需求时，融资产品消费者才会求助于非正规农村金融。因此，对于非正规农村金融而言，当它发展到一定程度以后，就会急迫地需要得到国家有关政策的认同与规范，以保持其规模的稳定扩大和效益的不断增长。

从客观要求来讲，国外经验表明，在建立和完善农村金融体系过程中，特别是对正规农村金融的制度性供给中，并不是全部按照一开始就以正规农村金融准入的思路来进行的，而是把一部分在实践中已经被证明合理、有效的非正规农村金融逐步纳入制度管理范围的。例如，由民间资本投资组建的小额贷款组织，随着试点范围不断扩大，监管部门就开始对它的资本金比例、经营范围和管理模式

---

① 在列举的民间借贷中，还包括亲朋好友间的借款形式，只是这种形式属于无组织的行为，要演变成正规农村金融还必须经历向有组织的行为的发展过程，在此基础上才有可能演变为正规农村金融。

等予以规范，并通过相应的制度加以固定。2008 年 5 月，中国银监会、中国人民银行联合下发了《关于小额贷款公司试点的指导意见》，标志着小额贷款公司全面放开，由此将会有大批民间资本被引入正规金融，参与对小企业信贷及"三农"的信贷支持。银行业监管部门已经对农村信用互助社给予认可，并对农民自发筹建的、具有真正合作制意义的信用合作社的资本金下限、服务范围等作出了具体规定。从这个角度讲，我国在加快农村金融体系建设的过程中，已经开始显露出有放松管制的迹象。不久前，在东部一些地区，由于正规农村金融严重不足，以及非正规农村金融力量的迅速增强，已经出现了政府收编非正规农村金融的情况。因此，随着市场退出机制的进一步完善，促进正规农村金融和非正规农村金融在充分的市场竞争性环境中有进有退，一定会让一些有竞争力的非正规农村金融向正规农村金融的演变成为一种常态。

到此为止，我们似乎可以得出如下结论：最有效的农村金融制度安排不应该是强制性的，而应该是诱致性的。进一步说，就是当国家在对农村金融供给的主体框架（包括机构体系的形成、机构功能的完善等）基本确定之后，对于更大范围农村地区的中小（微）额融资需求不应再由政府供给，而应当通过适当的政策干预，诱导这一地区广大农民进行自发的信用合作（互助）或社会出资人自主投资。通过培育和增强本土力量，鼓励建立非契约式金融，把中小（微）型农村金融交给农民或社会出资人自己去做，借此激发农村金融体系的整体活力。当金融组织规模达到一定程度而需要进行产权制度升级时，再将其纳入契约式金融予以管理。这样做的好处，一是可以充分发挥农村"熟人"社会优势，让自发的金融组织生存根基更加牢固。二是能够与所对应的农业生产力水平更加适应。三是为大型金融组织和其他社会资金创造了更加充分的合作平台和机会。四是为把农村资金真正有吸引力地留在农村提供了更加丰富的实现载体。五是当农业经济达到"生人"社会的更高效率境界时，也为金融组织由非契约式管理转换为契约式管理提供了更加有利的条件。六是能够使农村金融服务的多样化和全覆盖变为现实。

（四）小结

从我国正规农村金融产生的背景看，具有强制性配给的特征，因而在发展过程中明显反映出正规农村金融的产权模式和组织形式，与农业生产力水平不相适应、功能定位出现严重偏差、支持"三农"的作用难以得到有效发挥等先天不足。尽管从机构的种类来看，各层次的金融组织似乎都有其代表，但从正规农村金融体系的完整性和应该发挥的职能作用看却残缺不全。

近年来，非正规农村金融异军突起有其客观必然，一方面，市场经济制度不断完善，农村经济的快速发展对金融服务需求的激增，成为激发农民和社会等资金进入非正规农村金融的强大动力；另一方面，正规农村金融发展滞后和商业化改革，引起业务经营范围在农村市场，特别是从小额信贷市场的收缩，出现了越来越大的金融服务空白。这些既是非正规农村金融生产的基础和条件，更是有利于非正规农村金融贴近"三农"、方便"三农"、惠及"三农"，成为正规农村金融的重要补充。

从非正规农村金融产生和形成的机理得知，在制度安排上，需要在继续放宽对社会资本进入农村金融市场准入限制的基础上，不断增加正规农村金融的数量和品种，同时，也要积极鼓励、引导和支持基本符合制度规范的、以民间借贷为主要内容的、形式多样的非正规农村金融试点。在顺应农村经济发展形势的大背景下，通过合理的制度安排，搞好各个时期正规农村金融与非正规农村金融力量强弱的搭配，做到相互促进、相互协调和共同发展。

把促进正规农村金融与非正规农村金融的协调作为建立健全农村金融体系的制度性安排，由于充分考虑了不同农业成长形态地区对不同性质农村金融服务的需求，将更加有利于促进适应"三农"特点的多层次、广覆盖、可持续的农村金融体系目标的实现。

四、把创造良好外部环境作为建立农村金融体系的保障

我国农村金融发展长期滞后是由多种因素影响所致，其中，外部环境不理想是最重要的原因之一。改革开放以来，在社会主义市场经济时期，税收、利率、法制、社会保障、监管、保险等这些外部环境的完善与配套对于实现农村金融的有效供给显得越加重要。但令人遗憾的是，这些外部环境问题一直以来没有得到很好地解决，尽管一些农村金融组织在设立时的初衷是好的，却因受环境条件的限制，也不得不对其一再作出大的调整，而又一次次地延误了农村金融发展的最佳时机。甚至可以说，在相当程度上，由于这些因素的影响，让农村金融因承载了过多的责任、负担和风险而变得生存艰难，在摇摆不定中使机构功能严重错位，让"农字号"金融机构距离"三农"越来越远。长期以来，农村金融不恰当地充当着"救世主"的角色，扭曲了与"三农"共生共存的基本定位，导致了农村金融类型不能得到正确选择。因此，要建立和完善农村金融体系，还必须把搞好外部环境建设作为重要保障。

（一）对农村金融实行税收优惠政策

税收作为经济杠杆，它反映的是对收入分配的调节。对于农村金融而言，通过这种调节来影响其经营行为。秦池江（2007）在向第十届全国人民代表大会的建议中提出，应该对农村金融服务的税收政策和税政监督给予优惠，包括对金

融机构服务"三农"的项目，原则上实行普遍的免税政策或减税政策；农村金融业的纳税对象应该采用纳税行业主体和纳税行为主体双重标准核定的原则；强化对农村金融服务的税政监管；改进对农村金融机构的纳税监管措施和对县及县以上设立的农村信用合作社联合社和农村商业银行，实行比例考核和按比例征税的管理制度等。这些优惠政策的核心，是通过优化成本收益比率来鼓励各农村金融组织增加对"三农"的信贷投入。

由于"三农"贷款多属小额分散、管理成本极高的融资产品，在利率上限尚未放开的情况下，因受履行政策性职能的行政行为驱使，会大大挤压农村金融组织的盈利空间，许多机构甚至还没有盈利，累积亏损的沉重包袱已经危及它们的生存和发展能力。为了规避风险，它们会迅速作出反应，并采取相应的自我保护措施：例如，要么只存不贷（或少贷）；要么减少小额贷款，增加"垒大户"贷款；要么改变其经营的主营业务方向（由农村为主转向以城镇为主）等。农业生产的脆弱性必然会相应地反映到农村金融的经营行为上来，因此，在农业发展需要加大资金投入的情况下，农村金融也需要税收等政策的优惠作支撑。可以说，税收政策对于农村金融在服务"三农"时所给予的优惠，在一定程度上能够消除农村金融支持"三农"的顾虑，保持农村金融支持"三农"的稳定性。

税收杠杆不仅对农村金融行为起着重要的调节作用，也会对社会资金进入农村产生重要的影响。目前，由于农村金融供给严重不足，许多社会资金都有进入农村的意愿。引导社会资金进入农村应该作为制度性安排的重要内容，而税收优惠则是实现这个目标最有力的措施之一。我们知道，社会资金投资于农村有多种方式，其中最主要的有，一是自主投资，如果投资规模较大，必然会导致经营中对信息的搜寻成本相当高，加之定价空间狭窄，资金价格因很难达到风险溢价而留下较大的风险敞口，会使税收带来对利润的"挤出效应"。如果投资规模较小，尽管信息相对充分，管理成本也要低许多，但因为本小利薄，与投资于非农项目相比，其比较收益偏低。二是合伙投资，它的最终结果会与自主投资相同。三是委托代理投资，由于是将资金通过批发或委托等形式给其他农村金融组织经营，因此，它的情况又会与农村金融所面临的实际问题相仿。因此，在税收等外部环境不优的情况下，因为受到比较效益偏低的影响，即便许多投资者有进入农村的意愿，也会因为缺乏激励而很难变为现实。

实际上，税收政策对金融支农的优惠应该科学地划分不同档次，以充分发挥税收政策对金融支农的激励作用。无论是农村金融还是城市金融，只要是支农的，都应当享受这种优惠，因为农村金融中并不是所有的项目都服务于"三农"，城市金融中也会有一定比例的资金用于支持"三农"。在这里，税收政策的作用就是通过对为"三农"提供融资服务的金融组织实行优惠，从税收政策和税政监督的角度，建立起促进农村金融、城市金融和社会资金长期、稳定、持续增加"三农"投入的长效机制。

（二）放开贷款利率上限以实现机构间的平等定价

利率作为资金的价格，在市场经济条件下，它对于资金的合理配置起着决定性作用。2004 年 10 月 29 日，中国人民银行在放开其他金融机构贷款利率上限的同时，却保留了农村信用社贷款利率上限，上调为基准利率的 2.3 倍。到底有没有必要保留农村信用社贷款利率上限呢？我们通过以下分析来说明这个问题。农业在我国处于弱势地位，需要在诸多方面，特别是资金投入上给予更多的支持，但应该怎样增加资金的投入却是需要值得认真研究的问题。由于农业生产风险的不确定性，在目前农村金融严重供给不足和缺乏竞争的情况下，极易形成垄断价格，要么对国家有政策引导的种养业贷款实行低利率供给，要么对非政策贷款实行高利率供给。从实际执行情况看，利率档次单一，利率的确定不是遵从"覆盖风险"的原则，而只是从资金成本角度通过利润加成来确定的。因此，实际运行情况显示，在国家作出利率上限控制的情况下，"一浮到顶"的情况并不多见。

中国人民银行成都分行（2006）调查显示，四川省共有 174 家农村信用社县联社，贷款定价均实行集中统一管理，即定价权在县联社。经过近年来中国人民银行的指导和利率市场化的促进，农村信用社的定价能力有所提高。总体来看，农村信用社的贷款定价主要是采取定量测算与定性分析相结合的方法。定量测算主要是通过贷款资金成本率、贷款管理费用率、风险概率、贷款税负率等的测算进行定价。定性分析主要考虑：市场因素，根据贷款对象的经济状况、生活水平及承受能力定价；竞争因素，若处于垄断市场，价格则定得高，反之则低；利润因素，即资金成本、劳动成本及适当的收益率；政策因素，"三农"贷款及助学贷款利率较低；资金因素，客户对资金需求急，且获利高，利率就高；信用因素，贷款对象信用高，利率低，反之则高。具体到每一家农村信用社，他们往往只重点考虑其中几个甚至一个因素，因此，总体而言，定性的成分更大一些。从整体来看，四川省农村信用社的贷款利率在所有金融机构中最高，贷款利率浮动系数基本集中在（1.3，2）（见表 8-3），只有少量利率浮动系数在（2，2.3），这部分高浮动系数贷款在农村信用社全部贷款中的占比很小，2004 年第四季度至 2006 年第二季度的 7 个季度均没有超过 6%。

表 8-3　　　　　四川省农村信用社贷款利率浮动系数分布表　　　　单位:%

	[0.9, 1]	1	(1, 1.3]	(1.3, 1.5]	(1.5, 2]	(2, 2.3]
2004 年第四季度	1.91	2.38	18.63	37.24	36.16	3.68
2005 年第一季度	3.06	2.86	14.48	35.51	38.17	5.92

续表

	[0.9, 1]	1	(1, 1.3]	(1.3, 1.5]	(1.5, 2]	(2, 2.3]
2005 年第二季度	3.38	2.96	14.06	36.98	38.97	3.65
2005 年第三季度	0.82	4.05	15.25	39.68	35.57	4.63
2005 年第四季度	1.24	4.28	16.30	38.30	34.64	5.23
2006 年第一季度	3.04	8.14	11.95	36.26	39.33	1.28
2006 年第二季度	3.35	2.59	20.47	33.43	38.51	1.65

资料来源：中国人民银行成都分行货币信贷处。

　　从 2004 年 10 月政策调整至 2006 年 6 月的 7 个季度中，四川省有 7 个地区的农村信用社没有发放过高浮动系数贷款，有 10 个地区的高浮动系数贷款占比较低，基本在 5% 以下，只有 4 个地区农村信用社发放过高浮动系数贷款，这些地区都是因为特殊的经济金融环境和民族生活习惯而具有一定的合理性。

　　通过调查分析，多数地区高浮动系数贷款占比不高，其主要原因，一是缺乏竞争环境而普遍缺乏定价基础和定价意识。二是不能有效识别风险，更多的只是看到账面利润，并没有意识到因提取风险准备严重不足而留下了很大的风险敞口。三是受到政府的干预而不得不履行政策性职能。由此所产生的弊端要远远大于有关方面认为的用低利率贷款支农所取得的社会效益。一方面，低利率贷款带来的"虚幻"利润和对政府要求的满足，让农村信用社感到名利双收，由于最终价格不能全部覆盖管理风险、操作风险和市场风险，促使更多的借款者对其低利率贷款形成依赖，而无助于增强农民的市场意识和风险意识。其结果是，随着农村信用社资产业务的增大，风险敞口也会越来越大。另一方面，会给其他社会资金进入农村带来很大障碍，因为其他资金进入的前提是在有钱可赚的基础上实现可持续发展，由于农业生产的风险、农产品市场的风险、借款者私人信息优势所带来的管理风险等都普遍较高，要实现在安全的前提下盈利，价格必须覆盖前述风险。又由于农户生产的个体差异极大，加之资金来源构成更加复杂等，如果不把定价限制打开，很难获得比较收益。

　　例如，我们假定，最终价格 = 资金成本 + 风险成本 + 管理成本 + 利润，那么，如果属于自主投入资金，资金成本 = 资金的时间价值成本，对于有着较高生产风险的农户，其贷款管理成本也会随之增加，在受利率上限控制的条件下，或是压缩利润空间，或是不能覆盖风险，使比较收益降低。如果属于代理资金，资金成本 = 资金的时间价值成本 + 代理成本，即使风险和管理成本不变，其比较收益也还会更低。据中国人民银行成都分行（2007）对四川福利派小额信贷项目的调研，除小额信贷的运作成本外，经测算，四川省通江 UNDP 项目的有效年利率达到 15.1%，草海村寨基金年名义利率在 24% ~ 60%，而印度尼西亚农村银行（BPR）贷款的年利率一般在 20%～40%。因此，应尽快放开农村金融贷款利率，为有利于农村金融机构根据成本覆盖风险的原则，合理定价，实现自身财务可持续和鼓励其他社会资金积极进入农村创造一个良好的公平竞争环境，通过差别化利率，创新更多种类的金融产品，以适应不同风险程度农业生产的融资需求。

（三）进一步放松对农村金融的管制

按照分业监管的要求，我国的金融监管体系已初步建立。从银行业监管来看，尽管监管的专业化程度和水平有所提高，但分类监管仍然不够平衡。如农村金融监管，我国并没有建立起区别于其他银行业机构的农村金融监管体制。在现行的农村金融监管中，对中国农业银行采用的是等同于中国工商银行、中国银行、中国建设银行等的监管标准，对中国农业发展银行采用的是等同于国家开发银行、中国进出口银行的监管标准，对农村信用社的监管也基本上采用的是比照其他商业银行的监管标准，对小额贷款组织的监管制度还基本上是个空白。归纳起来，就是既没有对大规模金融组织与小规模金融组织监管标准的区别，也没有对城市金融与农村金融监管标准的区别。由此带来的问题，一是因服务"三农"而应该给予农村金融的特殊政策支持从监管的角度看不到任何体现，例如，在农村信用社等的准入和日常监管中，通常都是与其他商业银行一样，用《巴塞尔资本协议》的有关要求进行统一管理，要么难以达到规定的资本金比例或风险拨备比例要求，要么因规模较小，为了满足相关指标却牺牲了资本收益率；对于农村金融的退市问题，由于没有设置最低资本金比例的预警机制，当出现因资不抵债而不得不退出市场时，往往造成被动地运用国家信用将承担风险的责任推到了纳税人身上。二是对民间资本进入农村金融市场的管制过严，本来应该通过适当降低民间资本准入门槛，以达到扭转农村资金大量外流局面的目的，但因农村金融市场准入的严格管制，一方面较大程度地阻碍了民间资金进入农村的积极性，另一方面也进一步强化了农村信用社在农村金融市场的垄断地位。三是由于没有对农村金融的专门监管机构和多级次的监管标准，这既不利于国家有关特殊农业政策通过农村金融进行传导，也不利于农村金融结构的合理搭配和不同农村金融组织之间的协调发展。

缺乏对新型农村金融组织的监管准备和监管能力。近年来，在试点的基础上各类农村金融机构逐步增加。其机构类型主要有中国邮政储蓄银行、农村商业银行、农村合作银行、村镇银行、贷款公司、农村资金互助组织、小额贷款公司、小额信贷组织等。从中国人民银行农村金融服务研究小组发布的《中国农村金融服务报告》看，虽然对这些农村金融组织都构建了基本的监管框架，如对注册资本、股东人数、股东资格、股权结构等设立了门槛，对资本充足率、核心资本充足率、存款准备金率等资产结构和对存款利率、贷款利率等经营指标进行了限制，但也只是涉及设立和经营，而没有对退市等风险的控制作出明确的规定。同时，我们也可以从一些现行的监管框架中看出因受监管能力的制约而不得不作出有违市场原则的规定。如在对农村商业银行、农村合作银行、农村信用社、贷款公司、小额贷款公司的经营性规定中，明确了不得异地经营；要求农村商业银行、农村合作银行、村镇银行、贷款公司、农村资金互助社的资本充足率必须等于或大于8%，而对农村信用社、小额贷款公司却没有任何限制；对农村商业银行、村镇银行、贷款公司、农村资金互助社、小额贷款公司的贷款利率实行中央银行基准利率的 0.9~4 倍，而农村合作银行、农村信用社的贷款利率实行中央银行基准利率的 0.9~2.3 倍等。把农村商业银行仍然列入农村合作金融机构的监管范围，将会大大阻碍其功能的作用的发挥。

尤其是对贷款公司、小额贷款公司明确规定不得吸收公众存款，更加显示出以简单化的监管方式来掩盖其监管能力不足的问题。穆罕默德·尤努斯（2007）在北京"中国—孟加拉国乡村银行小额信贷国际研讨会"上表示，中国有条件成为小额信贷的巨人，但前提是要理顺一系列包括"只贷不存"政策与监管混乱的问题。尤努斯认为，"只贷不存"大大限制了小额信贷机构的集资能力，等于"锯了小额信贷的一条腿"，这是目前我国小额信贷发展的最大障碍，是一个非常有问题的制度设计。并且在他看来，中国对小额信贷的监管政策模糊，不知由谁来监管。他强调，小额信贷的监管环境必须清晰、透明。应当针对小额信贷机构成立独立的监管机构，不能把监管工作留给不懂的人。事实上，之所以坚持"只贷不存"的政策，其出发点并不是这项业务的本身要求，而是监管机构怕风险，担心演化成了集资行为，另外，还要照顾商业银行的利益。实际上，这是缺乏监管能力的表现，也是一种不彻底的创新。就像许多经济学家早就指出的一样，对于一个封闭的市场而言，总是那些敢于践踏法律的人才会"勇敢"地去牟取暴利，封闭市场才是真正的非法集资之源。对于小额贷款的监管，从试点的情况看，小额贷款公司作为普通商业企业在工商部门注册登记和被监管，尽管监管部门不断加强试点的监测与指导，但试点一直缺乏一个明确的监管框架和指引，从而难以确定各方的责任边界。随着小额贷款市场的进一步放开，应明确监管的主体、责任和统一的报表要求。为此，应该有一个明确的机构来有效地和经济地监管所有的放债主体，采用非审慎监管标准，重点关注放债主体放贷业务的特征、设定合理的注册资本限额及准入门槛、要求其公开真实的利率水平，建立信息披露制度，设计类似评级系统的、比较各放债主体业绩的评价体系，帮助客户和投资者得到有关放债主体更充分的信息。

对于英国金融监管优势的评论，英国金融管理局主席卡伦·麦卡锡（2008）把英国金融监管制度描述为"以风险为基础"（risk based）。他认为："我们既不追求规避所有金融企业的经营损失，也不对所有被监管企业采取相同的监管程序，而是根据企业活动可能对我们法定监管目标的潜在影响来分配监管资源。"这给我们的重要启示，一是金融企业是经营风险的企业，面对金融企业，想通过监管规避所有的风险是不可能的，也没有必要，监管要以符合成本收益分析，以有利于市场的良性竞争为前提，不能把金融企业的经营失败等同于监管体系的失败。二是金融企业的风险主要来自于外部风险（借款人的经营和市场风险等）和内部风险（放款人的管理和道德风险等），由于金融企业面对的服务对象和自身控制风险的能力不同，因此，对所有的金融企业不能采取相同的监管程序。它有两层意思，对于自身风险控制能力有明显差异的金融企业，需要运用不同的监管程序突出监管重点；对服务于不同对象（如城市经济或"三农"）的金融企业，由于其风险系数存在较大差异，也需要采取不同的监管程序。三是在金融企业充满风险隐患且表现各异的情况下，需要在提高对风险识别能力的基础上，有效地分配监管资源，例如，我国的农村金融多属于中小型或微型金融企业，不能因为规模小，认为达不到监控标准而分散监管资源，以确保法定监管目标的实现。

上述启示揭示出：监管能力强，监管资源分配得当，即便在放松金融管制的情况下也能实现法定监管目标。反之则相反。在我国农村金融机构种类较少、层次单一的情况下，在监管资源的分配上并没有把农村金融机构作为重点，即便是近几年来，新型农村金融组织增加的速度不断加快，也制定了一些监管标准，但是由于监管资源的分配与农村金融机构发展状况严重不相适应，因此，为了弥补监管能力不济的缺陷，只能收紧对农村金融的管制，这又大大地阻碍了农村金融的创新和发展。这需要引起我们的高度重视。

（四）加大对农村公共产品的投入力度

公共产品（public goods）是指具有消费或使用上的非竞争性和受益上的非排他性的产品，能为绝大多数人共同消费或享用的产品或服务。它的基本特征是非竞争性和非排他性。由于消费不具有排他性而使收费存在困难，为了保证最优化公共产品的供应量，就只能由政府来供应。

公共产品与发展农村金融有什么关系呢？我们知道，金融的基本原理，是将人们闲置的钱集中起来后，按照效益原则调剂给缺钱的人们，它追求的是效率和可持续。但是，在农村金融中，由于不能实现所期望的效率和可持续，使得一些农村金融机构从县级以下地区大量撤并，一些农村金融机构的小额信贷业务大量收缩，一些撤不了、业务也不能收缩的金融机构，则面临着资产质量不断恶化和累积亏损的数额不断增加的问题。究其根本原因是违背了金融的效益原则。造成这种局面的原因很多，如产权不清、法人治理结构不完善、功能定位不清、管理体制混乱、内部控制薄弱等，另外，还有一个非常重要，却被长期忽视和没有得到很好解决的问题，就是缺乏对农村公共产品的供给。

农户既是一个需要投资的生产单位，也是一个需要消费的生活单位。由于农户具有的这种特殊性，从对资金需求的总量来看，特别是在经济基础较差、生产方式落后、收入水平低的地区的农户，用于生活方面开支的比重较大。如谢平、徐忠等（2005）在利用亚洲开发银行的研究资金对贵州省组织的大型实地调查中，揭示出了农户的信贷需求状况：除存款之外，孩子的教育、农业生产和房屋是最常被农户选择的用途。在生活方面的用途中，教育、房屋、结婚和葬礼、购买食物、疾病、日用品等的占比达 41.8%。用于农业生产、非农业生产、为赚钱而借款等的占比仅为 23.3%。在农户生活消费的信贷需求中，教育、医疗、养老和就业等社会保障属于非生产性信贷需求，但它不仅对农户很重要，同样也对国家很重要。因此，国家应该对上述社会保障以公共产品的方式提供给农户，以减轻农村金融机构的额外负担，促进农村金融切实维护效益原则。

公共产品的非竞争性，要求一部分人对某一产品的消费不会影响另一部分人对该产品的消费，一部分人从这一产品中受益不会影响另一部分人从这一产品中受益，受益对象之间不存在利益冲突。国家在向农民提供义务教育补贴、医疗保障、养老基金、再就业保障以及向农村提供水网、电网、公路网等产品时，使广大农民能够平等地消费这些产品，并从消费这些产品中得到收益而不会发生利益冲突。在这样的环境中，能够使农村金融避免在"三农"因缺乏上述产品而又不得不借款购买时存在的巨大风险隐患。说它存在金融风险隐患，是因为这些产品和服务一旦由农户花钱自行承担，那么，一方面，会使它成为私人产品，由此而大大加重农民的负担，也因为农民消费（而不是生产）这些产品和服务而不能相应地带来归还借款的收益，造成还款难。另一方面，谁购买了这些产品和服务，谁就能从中受益，而其他人却不具有共享消费的权利，就使得这些产品具有了竞争性特征，按照农户的经济能力根本没有能力消费，即便借钱消费，也很难归还借款。如果由国家提供这些产品，上述矛盾就可以迎刃而解，让农村金融的信贷投放能够更加专注于生产、经营或会带来投资回报等领域，这样也可以有效地降低农户贷款的违约率。

公共产品的非排他性，要求产品在消费过程中所产生的利益不能为某个人或某些人所专有，要将一些人排斥在消费过程之外，不让他们享受这一产品的利益是不可能的。当上述产品由国家提供后，可以使农村居民能够在消费过程中共同享受这些产品所带来的利益，他们也不用为了获得这些力不能及的产品而支出不能带来货币收益的开销，这在很大程度上解决了农民的后顾之忧。公共产品的非排他性表明，在农户受益广覆盖的前提下，既满足了国家履行社会保障职能的需要，也满足了农民生产生活的基本保障需要，可以让"三农"尽快降低由其自行借款购买公共产品而产生的信贷需求比重，有效提高生产、经营的信贷需求比重，为农村金融可持续发展创造良好的外部环境，以利于实现农村金融的效率目标。

（五）加快农村金融法制建设

目前，我国的金融法律主要有《中华人民共和国中国人民银行法》、《中华人民共和国商业银行法》、《中华人民共和国保险法》、《中华人民共和国证券法》，除此之外，几乎没有其他形式的金融法律，尤其是在政策性农村金融、农村合作金融等领域，立法更是一片空白，这与国外形成了极大反差。在国外，尤其是在美国，在农村金融的发展问题上，基本上都是先立法，后设立机构。即按照法律要求，事先确定了金融机构的设立条件、资产结构、经营限制等，使机构的功能定位、经营范围、管理体制等一开始就非常明确。尽管这样做需要在机构设立之前耗费许多精力用于立法准备，但是，它带来的好处也是显而易见的。最明显的好处是，在金融机构依法设立之后，由于定位准确，使机构的产权模式与组织形式能够与农业的生产力水平相适应。

在我国，往往是先设机构，后立法，在现有的农村金融机构中，一些机构在设立了许多年后才有了其合法存在的法律依据，而一些机构从设立至今仍然得不到法律保护。这种不规范的操作理念，会因事前考虑不够周全，造成机构在运行中始终处于摸索状态，一旦遇到问题和矛盾，就停滞不前，极易出现因先天不足而开始重新寻找方向，或进行重大调整的弊端，严重阻碍了我国农村金融的发展。

可以说，我们在这方面的教训是深刻的。例如，我国的政策性农村金融机构已经成立了十多年，在这一进程中，一直没有被列入国家立法部门的议事日程。目前，规范中国农业发展银行的只有一个《中国农业发展银行章程》，一般来讲，银行章程类似于企业的公司章程，根本不具有法律效力，就如同企业仅有公司章程而无《中华人民共和国公司法》保护一样，其结果是步履蹒跚、裹足不前，严重影响了中国农业发展银行功能和作用的发挥。进而使得中国农业发展银行业务萎缩、职能定位不清、走走停停，当粮油收购管理体制改革以后，甚至许多人都认为中国农业发展银行已经完成了历史使命。现在看来，中国农业发展银行自身经营中存在的一系列问题和困难都与法律不健全有着直接关系。缺乏应有的法律保障，不利于政策性农村金融的健康发展，其重要表现就是政策的随意性大、业务经营不稳定、经营方向不明确、左右摇摆等。

我们再来看农村信用社。我国的农村信用社经历了50多年的发展历程，直到现在仍然存在定位不清、产权不明、管理无序等问题。避开计划经济时期不说，改革开放30年来，尽管农村信用社几经变故，可谓动静不小，却依然迟迟未能步入正轨，最突出的表现是，一直以来，还在为是"恢复合作制"还是"走商业化改革之路"而争论不休。由于各种观点争执不下，而使其失去了发展方向，即在定位不清的情况下不断变更管理体制、在官营和民营的摇摆中不断寻找明晰产权的路径、在商业化经营和政策性经营的多变政策中不断探索为农服务的经营模式等。诸多因素的不确定性，更加模糊了农村信用社的发展轨迹，多年来使得农村信用社总是处于与"三农"若即若离的状态，为农服务功能受到很大抑制，严重阻碍了农村信用社的健康有序发展。造成这种状况的根本原因就是因为没有立法，在改革开放30年来，由于没有能够得到《农业合作金融法》等相应法律的保护，农村信用社的现实状况与农村经济发展状况严重不相适应，也为此付出了巨大的改革成本。

贷款公司、小额信贷组织和微型金融等作为新型的农村金融组织，在我国也是最近几年才开始出现的。它们中的一些已经经过了试点阶段，并逐步得到了监管部门的认可，按照仍然相对比较严格的规定开始准许进入市场。但是，由于它们起步时间不长，在资金结算、准备金交纳、账户管理、风险控制等方面都还不完善和不配套，因此，为了吸取中国农业发展银行、农村信用社立法滞后所带来的深刻教训，在它们一开始的时候就应该考虑如何对它们进行市场定位，厘清其组织形式、营运目标、业务范围、运行机制和规则、管理制度和风险控制措施等，以更好地能保证它们实现可持续发展。通过对新型农村金融组织的及时立法，从法律的角度对上述内容予以明确，在充分发挥它们为农服务功能的同时，最大限度地减少它们在发展中出现大的波折。

商业性农村金融、农村合作金融、政策性农村金融、小额信贷组织等作为特殊的金融形式，需要特殊的金融立法。如果把眼光放得再宽一些，我们会进一步认识到农业的特殊性，一方面，农业是国民经济的基础，在农业现代化进程中需要向外转移大量劳动力；另一方面，它又面临生产基础脆弱、生产方式落后、生产经营风险较大、缺乏自我发展能力等问题。农业的这些特殊性也充分反映了农业的弱质性，要改变这种状况，单纯用市场的方法，依靠农业自身的发展来吸纳外部资金的进入是很困难的。必须借助国家的力量，充分运用立法手段在确立各类型农村金融组织法律地位的基础上，对政策性农村金融、商业性农村金融、农村合作金融、农村微型金融以及其他非正规农村金融等进行有别于城市金融的统一立法。在法律的保护下，让农村金融在支持和服务"三农"中实现自我更好的发展，也让城市金融在自身发展壮大的同时承担起促进农业产业不断升级的责任。

（六）大力发展农业保险

农业保险是降低和分散农业风险、促进农业发展的一种特殊而有效的经济补偿制度。经过二十多年的发展，我国农业保险仍然远远滞后于农业产业的发展。到目前为止，我国还没有专门的农业政策保险机构，尽管一些农业保险曾经也存在或产生过，而且这些形式的保险在实质上都是政策性的，但是最后都没有获得成功。大体上主要有三种形式：第一种是保险企业专业化经营。这是由中国人民保险公司对农业保险实行"低保额、低收费"的经营组织形式。1982～1990年，在农业保险的恢复与试办期间，当时它是我国农业保险唯一的组织形式。到20世纪90年代后期，国有商业保险公司都可以经营农业保险，但农业保险费率低、赔付率高，国有商业保险公司均未涉足此项业务。1996年，随着中国人民保险公司的商业化经营，农业保险的险种由原来的100多个调整为30多个，保费规模只维持在5亿元左右，随后几年又不断下降，到2002年年末，农业保险保费收入只有3亿元，这样的规模实际上已经使农业保险失去了存在的意义。第二种是联合共同保险。这种形式是由中国人民保险公司与地方政府或有关部门，共同对保险人承担经济补偿责任的一种组织形式。基本做法是：将县以下的农业保险业务化做地方性险种，由地方政府组织推动，保险公司办理具体业务；双方按照"利益均沾，风险共担"的原则，各自分享一定比例的收益，同时承担相应的风险。1992年，全国曾发展到近900个县，使我国农业保险保费收入在1993年达到最大，达8.3亿元。但由于利益矛盾和相互推卸责任，严重影响了被保险人的利益，到1995年就基本停办了。第三种是农村互助合作保险组织。这种形式包括农业保险合作社和农村统筹保险互助会，是农民互助性质的保险组织，具体业务由中国人民保险公司代理。但由于缺乏利益协调机制和相关法律的规范，尤其是与1994年开始的新会计制度相冲突，在河南省84个县试点后，便逐步停办了。

农业保险发展的坎坷经历说明了这样一个事实：离开了政府的支持，农业保险是无法正常运行的。农业保险具有分散农业风险、稳定农民收入、均衡收入再分配等社会效益，是提高社会经济福利的重要手段。为确保农业保险的有效供求，政府需要进行一定的市场干预。如果政府不干预，农业保险的有效供求就会不足，相反，如果国家对农业保险给予补贴等支持，农业保险的有效供求将会上升，可以有效改善市场失灵的问题，提高社会福利，因此，政府的政策支持对农业保险的发展必不可少。

实际上，政府支持农业保险已是国际惯例，发达国家普遍利用农业保险对农民和农业进行补贴。如在美国、日本、西班牙等发达国家，通过农业保险及其进一步发展出来的农户收入保险，来减少农户收入的波动，是社会福利政策的组成部分。而在发展中国家，通过农业保险，使农业生产在遭受自然灾害后能迅速恢复再生产，保障农业的持续和稳定增长，为市场提供充足的产品。同时，对农业保险实行低费率、高补贴政策，且不负担任何保险的行政业务支出，保费的其余部分由政府和农业保险集团承担。除了对农业保险的经营给予税收支持外，对农业保险部门的资本、存款、收入和财产免征一切税负，并通过法律的形式给予保障。

我国农业保险的发展，应该是在全国统一的农业保险政策框架下，成立专门的农业保险管理机构，对全国农业保险发展进行协调统一的管理，各地区根据自身条件选择适当的农业保险组织体系，充分利用当前商业保险公司组织体系，通过政策支持引导商业保险公司发展农业保险业务。通过对农业保险的政策支持，逐步把农业保险建设成为农业自然灾害救助体系的重要组成部分，将国家在自然灾害救助方面支出的一部分"前移"用于支持农业保险的发展；把对农业保险的补贴作为对农民和落后地区进行转移支付的重要渠道；把农业保险作为促进粮食生产，保障粮食安全的重要手段。

这样我们就可以看到，随着农业保险体系的不断建立和完善，农户因灾损失的农业生产和经营就能够及时得到保险资金的及时补偿和救助。这时，在农户的信贷需求总量中，也会因此而大大减少此类资金需求比重，农村金融在灾害风险得到有效分散的情况下，其信贷资金的运用效率也能够切实得到保障，也能够极大地增强农村金融加大对"三农"信贷投入力度的信心。

（七）小结

税收杠杆对农村金融行为起着重要的调节作用。税收政策对于农村金融在服务"三农"时所给予的优惠，在一定程度上能够消除农村金融支持"三农"的顾虑，保持农村金融支持"三农"的稳定性。税收政策对金融支农的优惠应该科学地划分出不同档次，以充分发挥税收政策对金融支农的激励作用。

放开农村金融贷款利率上限，不仅有利于农村金融机构根据成本覆盖风险原则，合理定价，实现自身财务可持续和鼓励其他社会资金积极进入农村，也有利于实行差别化利率、创新更多种类的金融产品，以实现农村金融及其机构间的定价平等。

放松农村金融管制并非放松农村金融监管，而是应该在健全和完善农村金融管理体制的前提下，降低社会资金进入农村金融市场的门槛，在实现农村金融对"三农"多层次、广覆盖的同时，为农村金融提供一个公平的市场竞争环境。

如果由国家为"三农"提供了充足的公共产品，就能让农村金融的信贷投放更加专注于生产经营或会带来投资回报的领域，这样也可以有效降低农户贷款的违约率，也能让农民消除后顾之忧，尽快降低由其自行借款购买公共产品而产生的信贷需求比重，有效提高生产经营的信贷需求比重，有利于实现农村金融的效率目标。

完善农村金融法制建设，可以在充分发挥它们为农服务功能的同时，最大限度地减少它们在发展中出现大的波折。要改变农业弱质性的状况，单纯用市场的方法，依靠农业自身的发展来吸纳外部资金的进入是很困难的。必须借助国家的力量，充分运用立法手段在确立各类型农村金融组织的法律地位的基础上，还需要对政策性农村金融、商业性农村金融、农村合作金融、农村微型金融以及其他非正规农村金融等进行有别于城市金融的统一立法。

建立和完善农业保险体系，农户因灾损失的农业生产和经营就能够及时得到保险资金的及时补偿和救助。这时，在农户的信贷需求总量中，也会因此而大大减少此类资金的需求比重，农村金融在灾害风险得到有效分散的情况下，其信贷资金的运用效率也能够切实得到保障，也能够极大地增强农村金融加大对"三农"信贷投入的信心。

参 考 文 献

[1] 中国人民银行：《2003 年以来中国人民银行主要工作情况》，中国人民银行网站，2008。

[2] 中国人民银行农村金融服务研究小组：《中国农村金融服务报告》，载《金融时报》，2008 - 09 - 25。

[3] 卡伦·麦卡锡：《金融监管：神话与现实》，载《中国金融》，2008（18）。

[4] 苗俊杰、章太懿：《政策频出助力中小企业》，载《瞭望》，2008（34）。

[5] 李宏伟、李永禄：《政府职能定位：农村信用社管理体制改革成败的决定因素》，载《金融时报》，2008 - 07 - 28。

[6] 陈敏昭：《人性与激励》，价值中国网，2008。

[7] 邹建平：《农村金融服务充分性调查》，载《中国金融》，2008（9）。

[8] 中国人民银行货币政策分析小组：《中国货币政策执行报告（2007 年第三季度)》北京，中国金融出版社，2007。

[9] 蒋定之：《有效解决农村信用社体制机制和效率问题》，载《中国金融》，2007（23）。

[10] 金宏、陈耀芳、金炜东：《股份合作制模式下农村信用社股权稳定性研究》，载《金融研究》，2007（10）。

[11] 中国人民银行成都分行：《农村信用社财务信息对其内在价值反映程度的调查》，2007。

[12] 张利原：《农村信用社发展面临的新挑战》，载《中国金融》，2007（16）。

[13] 秦炜：《秦池江建议给农村金融服务减免税收》，载《证券日报》，2007 - 03 - 07。

[14] 哈尔·R. 范里安：《微观经济学：现代观点》，中译本，上海，上海三联书店、上海人民出版社，2006。

[15] 罗杰·A. 麦凯恩：《博弈论——战略分析入门》，中译本，北京，机械工业出版社，2006。

[16] 白钦先、徐爱田、王小兴：《各国农业政策性金融体制比较》，北京，

中国金融出版社，2006。

[17] 穆争社：《农村信用社改革政策设计理念》，北京，中国金融出版社，2006。

[18] 张建国：《专用性资产的价值评估》，http：//www. faba. cn，2006。

[19] 刘仁武：《新农村建设中的金融问题》，北京，中国金融出版社，2006。

[20] 谢平、徐忠、程恩江等：《建立可持续的农村金融框架——中国农村金融需求与供给研究》，亚洲开发银行，2005。

[21] 易宪容：《农信社改革：花钱能否买到机制?》，中国经济网，2005。

[22] 卢现祥：《西方新制度经济学》，北京，中国发展出版社，2005。

[23] 庞浩、李南成：《计量经济学》（第二版），成都，西南财经大学出版社，2005。

[24] 中国网：《2004 年至 2005 年中国农村市场经济形势分析与预测》，2005。

[25] 李莹星、汪三贵：《农村信用社缘何热衷“转贷”》，载《调研世界》，2005（1）。

[26] 中国人民银行货币政策司：《深化农村信用社改革试点资金支持方案操作指引》，北京，中国金融出版社，2004。

[27] 陈锡文：《资源配置与中国农村发展》，载《中国农村经济》，2004（1）。

[28] 周小川：《关于农村金融改革的几点思路》，载《经济学动态》，2004（8）。

[29] 温铁军：《深化农村金融体制改革如何破题》，中国金融网，2004。

[30] 闫永夫：《中国农村金融业：现象剖析与走向探索》，北京，中国金融出版社，2004。

[31] 房德东、王坚等：《试论我国农村领域的金融抑制问题》，载《中国农村信用合作》，2004（8）。

[32] 叶敬忠等：《社会学视角的农户金融需求与农村金融供给》，载《中国农村经济》，2004（8）。

[33] 文贯中：《农村金融改革能走多远?》，载《21 世纪经济报道》，2004 - 08 - 29。

[34] 钱凯：《深化我国农村信用社改革问题的观点综述》，载《经济研究参考》，2004（15）。

[35] 陆磊：《谁有权选择农信社改革模式?》，载《财经》，2004（1）。

[36] 姜长云：《农业结构调整的金融支持研究》，载《经济研究参考》，

2004（3）。

　　［37］姜旭朝：《合作金融的制度视角》，载《山东大学学报》，2004（1）。

　　［38］沈明高：《省级信用联社的垄断是在酝酿道德风险》，中国金融网，2004-10-14。

　　［39］郭沛：《中国农村非正规金融规模估算》，载《中国农村观察》，2004（2）。

　　［40］宁国芳、朱冬梅、刘德仲：《当前农村信用社法人治理结构的缺陷及相应对策》，载《西南民族大学学报》，2004（9）。

　　［41］王忠坦、秦培忠：《激励约束机制的构建与农村信用社法人治理》，载《中国农村信用合作》，2004（3）。

　　［42］张杰：《解读中国农贷制度》，载《金融研究》，2004（2）。

　　［43］陈建新：《农村金融研究的最新进展》，载《金融时报》，2003-09-01。

　　［44］马晓河、蓝海涛：《当前我国农村金融面临的困境与改革思路》，载《中国金融》，2003（11）。

　　［45］陆磊：《以行政资源和市场资源重塑三层次农村金融服务体系》，载《金融研究》，2003（6）。

　　［46］朱守银等：《中国农村金融市场供给与需求》，载《管理世界》，2003（3）。

　　［47］朱泽：《我国地下金融发展状况和治理对策》，载《牛若峰工作室通讯》，2003-08-01。

　　［48］陈剑波：《当前农信社改革的几个问题》，载《中国经济时报》，2003-07-03。

　　［49］章奇：《中国农村金融现状与政策分析》，北京大学中国经济研究中心，2003。

　　［50］何田：《地下经济与管制效率：民间信用合法性问题研究》，载《金融研究》，2002（11）。

　　［51］高帆：《我国农村中的需求型金融抑制及其解除》，载《中国农村经济》，2002（12）。

　　［52］史清华、陈凯：《欠发达地区农民借贷行为的实证分析》，载《农业经济问题》，2002（10）。

　　［53］Benoit Tremblay，Daniel Cote：《合作制还是商业化：信用合作资本结构创新的实证分析》，载《金融研究》，2002（4）。

　　［54］中国人民银行课题组：《论信用合作的混合治理结构》，载《金融研究》，2002（2）。

　　［55］张建军等：《从民间借贷到民营金融：产业组织与交易规则》，载《金

融研究》，2002（10）。

[56] 谢平：《中国农村信用合作社体制改革的争论》，载《金融研究》，2001（1）。

[57] 何广文：《中国农村金融供求特征及均衡供求的路径选择》，载《中国农村经济》，2001（10）。

[58] 范从来、路遥、陶欣等：《乡镇企业产权制度改革模式与股权结构的研究》，载《经济研究》，2001（1）。

[59] 杜朝运：《制度变迁背景下的农村非正规金融研究》，载《农业经济问题》，2001（3）。

[60] 乔海曙：《农村经济发展中的金融约束及解除》，载《农业经济问题》，2001（3）。

[61] 林毅夫等：《中国的农业信贷与农场绩效》，北京，北京大学出版社，2000。

[62] 曹力群：《农村金融体制改革与农户借贷行为研究》，2000。

[63] 张军、冯曲：《集体所有制乡镇企业改制的一个分析框架》，载《经济研究》，2000（8）。

[64] 姜长云：《乡镇企业资金来源与融资结构的动态变化的思考》，载《经济研究》，2000（2）。

[65] 冯曲：《从资金筹集机制看乡镇企业改制：制度变迁动力学的一个案例》，载《改革》，2000（5）。

[66] 张杰：《民营经济的金融困境与融资秩序》，载《经济研究》，2000（8）。

[67] 中国社会科学院农村发展所农村金融课题组：《农民金融需求及其金融服务》，载《中国农村经济》，2000（7）。

[68] 何广文等：《不同地区农户借贷行为及资金来源结构》，1999。

[69] 陈剑波：《市场经济演进中乡镇企业的技术获得与技术选择》，载《经济研究》，1999（4）。

[70] 石恂如、龙劲柏：《苏南乡村企业负债经济的现状分析与对策研究》，载《中国农村经济》，1999（1）。

[71] 谭秋成：《乡镇集体企业中经营者持大股：特征及解释》，载《经济研究》，1999（4）。

[72] 杜朝运、许文彬：《制度变迁背景下非正规金融成因及出路初探》，载《福建论坛经济社会版》，1999（3）。

[73] 秦晖：《十字路口看乡企——清华大学乡镇企业转制问题调查研究报告（上、下）》，载《改革》，1997（6），1998（1）。

［74］国家体改委：《关于发展城市股份合作制企业的指导意见》，http：//www. law – lib. com，1997。

［75］程漱兰：《农村金融体系设计别忘了农民才是主角》，载《经济学消息报》，1997 – 02 – 07。

［76］张军：《改革后中国农村的非正规金融部门：温州案例》，载《中国社会科学季刊》，1997。

［77］吴国宝：《扶贫贴息贷款政策讨论》，载《中国农村观察》，1997（4）。

［78］徐志明、张建良：《乡镇企业资金的高速增长及效益下滑——江苏省苏州市乡镇企业的实证分析》，载《中国农村经济》，1997（3）。

［79］张军：《中央计划经济下的制度变迁理论》，载《经济研究》，1993（8）。

［80］马克思：《资本论》，中译本，第 1 卷，北京，人民出版社，1975。

［81］Tsai, Kelly：*Financing Private Enterprises in China：A Political Economic View from Below*，［C］. presented at the 1999 Association for Asian Studies Annual Meeting，1999，Boston.

［82］Villas – Boas J, and U Schmidt – Mohr：*Oligopoly with Asymmetric Information：Differentiation in Credit Markets*，［J］. The RAND Journal of Economics 30（3），1999.

［83］Hehui Jin and Yingyi Qian：*Public Versus Private Ownership of Firms：Evidence from Rural China*，［J］. Quarterly Journal of Economics，1998，August.

［84］Watson, Andrew：*Conflicts of Interest：Reform of the Rural Credit Cooperatives in China*，MOCT – MOST，［J］. Economic Policy in Transitional Economies 8（3）：1998.

［85］Stiglitz, Joseph, and Andrew Weiss：*Credit Rationing in Markets with Imperfect Competition*，［J］. American Economic Review 1981（3）.

后　记

　　本书是在我的学位论文《我国农村金融类型选择——兼论农村信用社改革》基础上，经过认真细致的修改之后形成的。可以说，这是一个非常艰辛而又非常快乐的过程。在书稿完成的背后，凝聚着许多帮助、支持和关心我的人。

　　所以，在这里，我要特别感谢我的导师李永禄先生。几年来，先生的严格要求和悉心指导，使我在对现代经济理论进行系统学习和把握的基础上，对多年来的实际工作积累，获得了更加科学的梳理和分析方法，也为我今后结合实际工作找到了更好的研究范式。但是，距离先生的要求还有不小差距，这也将成为我今后需要更加努力地去追寻目标的动力。

　　我要感谢王裕国、杜肯堂、周春、刘灿、张树民、刘书祥、黎实、赵国良、郭元晞、李一鸣、吴潮、何永芳、刘锡良、张家瑞、孙林、刘军等各位老师，他们的引导把我领入了一个更加宽广的知识殿堂，使我对系统的基础性经济理论有了更深的理解和掌握，让我学会了如何在理论指导下去认识实际经济现象，以及如何将对实际经济现象的感受上升为理论概括，同时也为本书的顺利完成和开展科研活动提供了较为充分的知识准备。

　　我还要感谢西南财经大学研究生部和工商管理学院的所有老师，他们在我的学习经历中给了非常重要的帮助。感谢各位同学，他们给予了我许多支持与鼓励，让我增添了完成好学业的动力和信心。

　　在本书的形成过程中，我的同事、朋友和家人，在学业学习、资料收集和论文写作等方面也给了我很大的关心和支持。如果没有他们，我是不可能顺利完成本书的写作的。

李宏伟
2009 年 6 月 18 日于成都